RECONSTRUCTION OF
INTERNATIONAL
TAX RULES

国际税收规则重构

缘起演进与挑战应对

励贺林 姚 丽 著

ORIGIN
EVOLUTION
AND
CHALLENGES RESPONSE

社会科学文献出版社
SOCIAL SCIENCES ACADEMIC PRESS (CHINA)

目　录

导　论

　　《求是》杂志在 2022 年第 2 期刊发习近平总书记的重要文章《不断做强做优做大我国数字经济》，在文章中习近平总书记强调，"要站在统筹中华民族伟大复兴战略全局和世界百年未有之大变局的高度，统筹国内国际两个大局、发展安全两件大事，充分发挥海量数据和丰富应用场景优势，促进数字技术和实体经济深度融合，赋能传统产业转型升级，催生新产业新业态新模式，不断做强做优做大我国数字经济"。① 党的十八大以来，党中央高度重视发展数字经济，将其上升为国家战略。党的十八届五中全会提出，实施网络强国战略和国家大数据战略，拓展网络经济空间，促进互联网和经济社会融合发展，支持基于互联网的各类创新。党的十九大提出，推动互联网、大数据、人工智能和实体经济深度融合，建设数字中国、智慧社会。党的十九届五中全会提出，发展数字经济，推进数字产业化和产业数字化，推动数字经济和实体经济深度融合，打造具有国际竞争力的数字产业集群。《网络强国战略实施纲要》和《数字经济发展战略纲要》的出台，从国家层面部署推动数字经济发展。党的二十大报告提出，"建设现代化产业体系""坚持把发展经济的着力点放在实体经济上""加快发展数字经济，促进数字经济和实体经济深度融合，打造具有国际竞争力的数字产业集群"。这些年来，我国数字经济发展较快、成就显著。根据 2021 全球数字经济

---

① 习近平：《不断做强做优做大我国数字经济》，《求是》2022 年第 2 期。

大会的数据，我国数字经济规模已经连续多年位居世界第二。

近年来，全球数字经济进入全面爆发和竞争博弈期。① 在国际税收规则方面，数字经济对发轫于 1923 年的现行国际税收规则提出严重挑战。经济合作与发展组织（OECD）于 2013 年 2 月发布《应对税基侵蚀和利润转移（BEPS）》报告，该报告指出运行近百年的现行国际税收规则已落后于全球商业环境的变迁，税基侵蚀和利润转移不仅造成了难以准确估量的税收损失，② 而且导致了经济扭曲。为此，自 2013 年开始，G20 和 OECD 所有成员首次在平等合作的基础上携手应对国际税收规则面临的挑战，开启并实施应对 BEPS 的 15 项行动计划。2015 年 10 月，OECD 发布 BEPS 15 项行动计划的成果报告，然而作为第 1 项行动报告的"应对数字经济税收挑战行动计划"，只是总结了数字经济的特征和梳理了税收挑战难题，并没有给出应对难题的解决方案。因此，在 G20 和 OECD 的共同推动下，自 2016 年开始应对税基侵蚀和利润转移的行动，进入以应对数字经济税收挑战为核心和主要内容的 BEPS 2.0 时代，所得税国际税收规则开启重构进程。

随着越来越多国家税收利益的考量以及政治因素的裹挟，已有国家陆续开启针对数字经济的单边税收措施。例如，印度于 2016 年开征均衡税（Equalization Levy），法国、英国等国随后开征数字服务税（DST）；而美国于 2019 年 7 月和 2020 年 6 月，分别对法国和 10 个贸易伙伴发起"301 调查"，以贸易关税措施予以反制，围绕数字经济征税权的竞争不断加剧。基于这样的背景，G20 和 OECD 创建 G20/OECD BEPS 包容性框架，以此为平台加快应对数字经济税收挑战的工作进程。2018 年 3 月，OECD 发布《经济数字化税收挑战——中期报告（2018）》，该报告将数字经济税收挑战难题进一步总结为，在数字经济商业模式下

---

① 吴静、张凤：《智库视角下国外数字经济发展趋势及对策研究》，《科研管理》2022 年第 8 期。

② 励贺林：《对欧盟国家援助调查的逻辑梳理和动向评析——以欧盟开启对耐克的国家援助调查为视角》，《财政监督》2019 年第 8 期。

数字企业更容易远程跨境进入另外国家的市场，而不必或甚少在该国市场当地有实体存在，这使得数字企业在通过远程跨境从另外辖区市场经营获利的情况下，却无需向另外国家市场缴纳所得税。2019 年 1 月，OECD 发布《应对经济数字化税收挑战——政策说明》，该文件首次提出"双支柱"方案，之后 OECD 发布了相应的工作路线图和时间表。然而，"双支柱"方案在加快工作进展的同时，也遇到重要分歧，美国特朗普政府提出对"支柱一"方案具有可替代性的"安全港建议"，这使得"双支柱"方案的谈判工作一度停滞不前。

2021 年 1 月，拜登政府改变了对"双支柱"方案的谈判立场，撤回"安全港建议"。尽管此举消除了谈判的关键障碍，但是美国对"双支柱"方案有了另外的策略，以支持其国内税制改革的需要，"双支柱"方案的谈判工作仍在快速推进。2021 年 10 月 8 日，G20/OECD BEPS 包容性框架发布《关于应对经济数字化税收挑战的双支柱方案声明》，136 个包容性框架成员同意加入该声明，以"双支柱"方案为核心内容的国际税制体系改革获得最大限度的全球共识。"支柱一"方案侧重完善对大型跨国企业集团的征税权分配机制，向市场国分配更多的征税权和可征税利润，以平衡经济数字化背景下国际税收权益分配格局。"支柱一"方案聚焦于规模大、盈利高的跨国企业集团，而不是之前仅仅聚焦于数字企业，在同意向市场国重新分配征税权的同时，强调废止数字服务税等任何形式的单边税收措施。"支柱二"方案侧重解决利润转移和税基侵蚀问题，将重点放在全球最低税规则，建立一道不低于 15% 的有效税率底线，以结束"税率逐底竞争的有害税收竞争"。新国际税收规则适应了人类经济活动方式的新变化，有利于缓解跨国公司的跨境所得税在国与国之间分配不平衡的问题，有利于遏制税基侵蚀和利润转移，有利于维护各国人民利益，对于建立公平合理的国际经济秩序具有十分重要的现实意义和深远的历史意义。[1]

---

① 刘昆：《"双支柱"方案达成共识将有效应对经济数字化税收挑战》，2021 年 10 月 14 日，中国政府网，http://www.gov.cn/xinwen/2021-10/14/content_5642609.htm。

中国一贯支持并努力推动达成多边共识方案，以有效应对经济数字化带来的税收挑战，消除单边措施，重塑更加公平、更加稳定、更加可持续的国际税收体系。中国财税部门全程深入参与到 BEPS 2.0 的工作进程，在多边共识形成过程中发挥了重要作用，为方案设计贡献了中国智慧。① 对于"支柱一"方案，中国主张市场是重要的价值创造因素，应给予市场所在辖区合理的税收回报，主张制定新规则的初衷是解决跨国企业集团远程经营而市场国没有征税权的问题，对在市场国设立实体且接受严格监管、承担较高纳税义务的行业应予特殊考虑。对于"支柱二"方案，中国主张税制设计和税率确定属一国税收主权，应由各国自主决定，"支柱二"方案全球反税基侵蚀（GloBE）规则最终不应作为最低标准强制实施，而是作为共同方法供有意愿辖区按统一标准协调实施。中国主张应支持企业全球化发展，为其创造有益环境，"支柱二"方案特别设置了初始国际化豁免机制，使处于国际活动初始阶段的跨国企业集团可以免受全球最低税的影响。

2022 年，G20/OECD BEPS 包容性框架进一步加快"双支柱"方案的技术细节制定工作。截至 2022 年底，"支柱一"方案的 13 个技术节点已有 7 个发布文本草案并且已经完成公众咨询意见建议的收集，工作量完成过半；"支柱二"方案已经基本完成方案的设计工作。2022 年 7 月 15 日至 16 日，由印度尼西亚担任主席国的 G20 财长和央行行长会议召开，OECD 秘书长马赛厄斯·科尔曼向会议提交《向 G20 财长和央行行长会议的税收报告（2022 年 7 月）》，该报告指出，由于"双支柱"方案的复杂性和技术难度，相关的工作时间表需要推迟调整。"支柱一"方案的《实施支柱一金额 A 的多边公约》（以下简称《金额 A 多边公约》）有望在 2022 年年内完成，以便于 2023 年举行《金额 A 多边

---

① 韩霖、高阳、邓汝宇：《数字经济国际税改"双支柱"方案的历史意义与现实应对——专访中国国际税收研究会会长张志勇及国家税务总局国际税务司司长蒙玉英》，《国际税收》2022 年第 2 期。

公约》的签署仪式，目标是使《金额 A 多边公约》获得足够数量税收辖区完成国内法律批准程序，并在 2024 年生效执行。"支柱二"方案的全球反税基侵蚀（GloBE）规则的生效执行推迟至 2024 年，这为 G20/OECD BEPS 包容性框架谈判制定 GloBE 规则提供了更加充足的时间，包括需要时间设计应税规则（STTR）的文本、释义以及多边工具。

经济数字化背景下，全球税制体系改革的大幕已经开启，国家间征税权竞争态势加剧迫使所得税国际规则发生重构，达成全球共识的"双支柱"方案将形成所得税国际规则的重要基础。首先，对数字经济、经济数字化的概念和发展做了系统性研究梳理，对现行国际税收规则，特别是现行国际税收规则对国家间征税权的划分原则进行系统性梳理和阐释，总结经济数字化发展现状以及对现行国际税收规则所形成的挑战。其次，对应对经济数字化税收挑战的"双支柱"方案进行深入研究，详细分析"双支柱"方案的理论源泉与理论基础，对已有的单边方案、双边方案和多边方案进行深入剖析。最后，依据价值创造理论，从数字经济商业模式下用户参与对企业价值创造的贡献角度论证"支柱一"方案的新征税权，并以"双支柱"方案在我国国内法落地实施为基础，多角度、多层面提出我国应对经济数字化税收挑战和所得税国际规则重塑进程中的对策建议，以更好维护我国税收主权和税收利益。

2021 年 10 月 18 日，习近平总书记在中共中央政治局第三十四次集体学习时强调，要积极参与数字经济国际合作，主动参与国际组织数字经济议题谈判，开展双多边数字治理合作，维护和完善多边数字经济治理机制，及时提出中国方案，发出中国声音。从此次国际税制体系改革的进程来看，BEPS 2.0 时代下的所得税国际规则重塑，其范围不再仅限于数字企业，而是拓展到所有大型跨国企业集团，不再有行业限制。因此，此次改革对于国际经济秩序具有重要的现实意义和深远的历史意义。随着"双支柱"方案的生效执行，多边税收征管合作机制必将逐步建立，全球税收治理模式将发生重大变化，国家间的税收争议不再囿于双边基础的协商解决机制，而是转向具有强制性且有约束力的多边国际税收征管合作机制。[①] 中国财税部门全程深入参与到 BEPS 2.0 的工作进程，在多边共识形成过程中发挥了重要作用，为方案设计贡献了中国智慧。在未来的工作中，我们应该进一步在 G20 和 OECD 的框架下发挥积极作用，秉持多边主义精神和开放合作的态度，参与"双支柱"方案的具体技术设计和后续磋商，尤其是要积极参与具有强制性且有约束力的多边税收征管机制的建设工作，推动国际税制体系向着更加公平、更加稳定、更可持续的方向发展。这也是笔者今后的研究方向和研究重点。

---

① 励贺林：《"一带一路"税收征管合作机制将发挥更大全球影响力》，《税收征纳》2023 年第 11 期。

第一章 数字经济、经济数字化
与国际税收

一 数字经济概念的起源与发展

1995 年，被誉为"数字经济之父"的加拿大商业分析师唐·塔普斯科特（Don Tapscott）在他的《数字经济：网络智能时代的承诺与危机》（*The Digital Economy：Promise and Peril in the Age of Networked Intelligence*）一书中首次正式提到"数字经济"（Digital Economy）这一术语，但该书并未直接给出数字经济的定义。20 年后，该书再版，名为《数字经济周年版：对网络智能时代的承诺与危机的反思》（*The Digital Economy ANNIVERSARY EDITION：Rethinking Promise and Peril in the Age of Networked Intelligence*），[①] 书中认为网络智能时代的经济是数字经济，也将数字经济称为"新经济"。与以物理方式流动的旧经济信息不同的是，新经济信息以各种形式转换成数字的方式，通过网络以光速进行传播。唐·塔普斯科特认为，新经济是基于对任何事物的生产及如何生产的人类诀窍应用的一种知识经济。新经济价值的增加依靠智力而非体力。特别值得注意的是，唐·塔普斯科特认为在新经济下，无论是消费

[①] Don, Tapscott, *The Digital Economy ANNIVERSARY EDITION：Rethinking Promise and Peril in the Age of Networked Intelligence* (McGraw Hill, 2014).

者或者生产者，都为知识内容添加想法，对财富创造来讲都是重要的。可见，唐·塔普斯科特认可消费者在新经济下，对价值创造起到重要的作用。1995 年，麻省理工学院媒体技术教授尼古拉斯·尼葛洛庞帝（Nicholas Negroponte）的《数字化生存》（*Being Digital*）一书问世。《纽约时报》称该书为"对数字未来深刻的洞察和异乎寻常的愿景"。1999 年，曼纽尔·卡斯特（Manuel Castells）的《信息时代：经济、社会与文化》（*The Information Age*：*Economy*，*Society and Culture*）三部曲首次集成出版，该书描述了人类从工业社会到信息社会的转化。上述著作的出版开启了人类认识数字经济的起源。

20 世纪 90 年代是互联网兴起的时代，互联网对经济产生了巨大影响。进入 21 世纪以来，信息与通信技术（Information and Communication Technologies，ICT）支撑了经济和社会的发展。数字经济源于互联网经济，伴随信息和通信技术发展与数字化公司的成长，世界经济从信息经济时代步入数字经济时代。

二　何为数字经济

鉴于大数据、云计算、物联网、知识工作自动化等新技术的不断发展和演进，给数字经济下一个精确而被普遍认可的定义是困难的，时至今日仍没有普遍认可的对数字经济的定义。数字经济的内涵和外延是一个动态发展的概念范畴，为数字经济下一个确切的定义是困难的。

如前所述，关于"数字经济"这一术语的起源，多数文章认为是唐·塔普斯科特于 1995 年最先提出的。20 多年间，不同学者、政府部门、研究机构、国际组织和咨询公司分别从资源、流程结构和商业模式等不同的视角，① 诠释数字经济的概念及其构成要件，这包括：中国、

---

① Bukht, R., Heeks, R., "Defining, Conceptualising and Measuring the Digital Economy," GDI Development Informatics Working Papers, 68 (2017).

美国商务部、经济合作与发展组织（OECD）、联合国、美国人口普查局、世界银行、欧盟、欧洲议会、英国计算机学会、麦肯锡、埃森哲和德勤等。在此，本部分选取有代表性的组织和学者对数字经济所下的定义进行阐述。

美国商务部经济分析局（The U. S. Bureau of Economic Analysis, BEA）主要依据互联网及相关的信息和通信技术来定义数字经济。对于数字经济的概念，BEA 引用了 OECD 关于数字经济定义与计量的相关文献，认为数字经济由三部分构成：一是计算机网络存在和运行所需的数字支持基础架构（Digital-enabling Infrastructure）；二是使用该系统进行的数字交易，即电子商务；三是数字经济用户创建和访问的内容，即数字媒体。[①] 具体来讲，数字支持基础架构包括计算机硬件、软件，电信设备和服务，建筑物（Structures）[②]，物联网，数字咨询和计算机维修等支持性服务。电子商务，即所有通过计算机网络进行的产品和服务的采购与销售。BEA 认为电子商务包括数字订购、数字交付或平台交易（Platform-enabled Transactions），具体包括：B2B（Business to Business）、B2C（Business to Consumer）和 P2P[③]（Peer to Peer）。数字媒体，即人们在数字设备上创建、访问、存储或查看的内容，主要包括：直接销售的数字媒体、免费数字媒体和大数据。[④] 可见，美国商务部经济分析局（BEA）仅仅阐述了数字经济的构成要素，并未对数字经济下一个完整的定义。

OECD 认为数字经济是信息与通信技术（ICT）转型过程的产物。

---

① "Defining and Measuring the Digital Economy," BEA, https：//www. bea. gov/system/files/papers/WP2018-4. pdf.

② 这里的建筑物是指数字经济生产者创建数字经济商品或服务的建筑物以及为数字产品提供支持服务的建筑物。

③ 此处的 P2P 指"共享"经济，也称基于平台的电子商务，涉及通过数字应用程序促进的消费者之间的商品和服务交换。

④ "Defining and Measuring the Digital Economy," BEA, https：//www. bea. gov/system/files/papers/WP2018-4. pdf.

信息与通信技术在商业领域的传播催生了数字经济。基于数字经济的创新，新的商业模式发展迅速，诸如电子商务、应用程序商店、网络广告、云计算、参与式网络平台、高频交易和在线支付服务等。OECD 发展中心专家 Dahlman 等[①]认为，数字经济是多种通用技术和人们通过互联网和相关技术开展的一系列经济和社会活动的融合。具体来讲，数字经济涵盖数字技术所基于的物理基础设施（如宽带线路、路由器），用于访问的设备（如计算机、智能手机），上述设施及设备支持的应用程序（如谷歌）和上述设施及设备提供的功能（如物联网、数据分析和云计算）。

2020 年 5 月，联合国贸易和发展会议发布《2019 年数字经济报告》[②]，报告认为数字经济由三部分组成。一是核心方面或基础方面，包括基础创新（半导体、处理器）、核心技术（计算机、电信设备）和支持性基础架构（互联网和电信网络）。二是数字和信息技术部门。该部门的关键产品或服务依赖于核心数字技术，包括数字平台、移动应用程序和支付服务。数字经济在很大程度上受到这些部门创新服务的影响，这些创新服务为经济做出了越来越大的贡献，并可能对其他部门产生潜在的溢出效应。三是广泛的数字化领域，包括那些数字产品和服务正在日益使用的领域（如电子商务）。即使变化是渐进的，许多经济领域也正在以这种方式进行数字化。随着数字技术的发展，新的活动或商业模式已经出现，如金融、媒体、旅游和运输的数字化。尽管很少有人强调数字素养或熟练工人、消费者、购买者和用户对于数字经济的增长至关重要。联合国贸易和发展会议关于数字经济的定义包含经济数字化的进程。与此同时，需要强调的一点是，该报告也指出消费者/用户对价值创造有所贡献。

---

① Dahlman, C., Mealy, S., Wermelinger, M., "Harnessing the Digital Economy for Developing countries," OECD Development Centre Working Papers, 334（2016）.

② 《2019 年数字经济报告》，NUCTAD，2020 年 5 月 1 日，https://unctad.org/system/files/official-document/tdb_ede4d2_ch.pdf。

德勤公司认为，数字经济是人员、企业、设备、数据和流程之间大量在线连接所产生的经济活动。支撑数字经济的是超连通性，这意味着互联网、移动技术和物联网带来的人员、组织和机器之间日益紧密的互联。[1] 埃森哲公司的 Knickrehm、Berthon 和 Daugherty[2] 认为，数字经济是从一系列广泛的"数字"投入中获得的总经济产出的份额。数字投入包括数字技能、数字设备（硬件、软件和通信设备）以及生产中使用的中间数字商品和服务，这些构成了数字经济的基础。

我国学者陈晓红等[3]在对国内外数字经济文献进行梳理后，将数字经济概括为：以数字化信息（包括数据要素）为关键资源，以互联网平台为主要信息载体，以数字技术创新驱动为牵引，以一系列新模式和业态为表现形式的经济活动。陈晓红等关于数字经济内涵的概括表明数字经济下，数据是价值创造的关键要素，创新的边界更加模糊、过程更具融合性，平台经济是连接生产和消费的桥梁。

2016 年 9 月，二十国集团领导人第十一次峰会在杭州举行，此次峰会重要成果之一是提出了《二十国集团数字经济发展与合作倡议》，该倡议诠释了数字经济的概念：数字经济是指以使用数字化的知识和信息作为关键生产要素、以现代信息网络作为重要载体、以信息通信技术的有效使用作为效率提升和经济结构优化的重要推动力的一系列经济活动。这是迄今为止对数字经济所下的较为完整的定义，受到各界普遍认可。

综上，数字经济从各个不同的视角被赋予了不同的定义，其内涵和外延不尽相同。"数字经济之父"唐·塔普斯科特、联合国贸易和发展

---

[1] "What is Digital Economy? Unicorns, Transformation and the Internet of Things," Deloitte, https://www2.deloitte.com/mt/en/pages/technology/articles/mt-what-is-digital-economy.html.

[2] Knickrehm, M., Berthon, B., Daugherty, P., *Digital Disruption：The Growth Multiplier* (Accenture, Dublin, 2016).

[3] 陈晓红、李杨扬、宋丽洁、汪阳洁：《数字经济理论体系与研究展望》，《管理世界》2022 年第 2 期。

会议以及我国学者陈晓红等在其数字经济定义的表述中均表达，消费者和数据是数字经济价值创造的组成部分，承认消费者在数字经济价值创造过程中起到重要的作用，这一理论观点对经济数字化背景下国际税收理论变革给予重要的基础理论支持。

三 从数字经济到经济数字化

近年来，由于数字经济的发展，数字技术、数字产品和服务呈现向不同经济体不断延伸和扩散的趋势，即经济数字化。[①]与此同时，实务界的各行各业也在进行数字化转型，即使用数字产品和服务对传统部门进行改造，尝试将数字化应用于跨部门管理，如农业、制造业、旅游业和交通运输业的数字化提升。

随着数字技术的快速发展，新的商业模式不断涌现，传统实体数字化改造逐步深入，数字经济和经济数字化的界限逐渐模糊，人类社会也逐渐由数字经济向经济数字化迈进。正如 OECD 所表述的那样，数字经济日渐成为经济本身，但真正要将数字经济从经济的其他范畴人为彻底隔离，也相当困难，即人类社会由数字经济向经济数字化转化。

Bukht 和 Heeks[①]认为，数字经济是完全或主要来源于依靠数字技术而形成的商业模式所提供的数字商品或服务而产生的那部分经济产出。从 Bukht 和 Heeks 对数字经济的定义可以看出，依托于数字技术而形成的区别于传统经济的新的商业模式成为数字经济的核心要素。Bukht 和 Heeks 构建了数字经济范畴的理论模型：数字经济包括核心数字（IT/ICT）产业，如硬件制造、软件和 IT 咨询、信息服务和电信服务等；同时也包括更广泛的数字活动，但并非所有的数字活动都归属于数字经济。Bukht 和 Heeks 认为数字经济的狭义范畴既包括核心数字部

---

① Bukht, R., Heeks, R., "Defining, Conceptualising and Measuring the Digital Economy," GDI Development Informatics Working Papers, 68 (2017).

门的数字活动，还包括数字服务、平台经济等新兴商业模式；如果将数字活动进一步扩展，数字经济的广义范畴可以称为数字化经济。数字化经济，除上述提到的数字活动外，还包括电子化业务、电子商务、工业4.0、精准农业、算法经济。共享经济和零工经济介于狭义的数字经济范畴和广义的数字经济范畴之间。从数字技术渗透到经济中的视角看，形成了广义的数字经济。Bukht 和 Heeks 构建了数字经济范畴模型（见图1-1），该理论模型较为清晰地阐释了数字经济和经济数字化概念的内涵和外延。

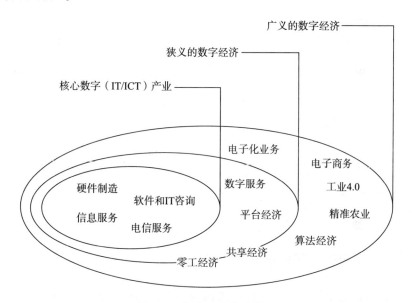

图1-1 数字经济范畴模型

资料来源：Bukht, R., Heeks, R., "Defining, Conceptualising and Measuring the Digital Economy," GDI DevelopmentInformatics Working Papers, 68 (2017)。

四 全球主要经济体数字经济发展现状

从全球范围来看，数字经济也称为"新经济"，相较于传统经济，其发展势头强劲，已成为支撑各国国民经济发展愈加重要的新生力量。

中国信息通信研究院 2024 年 1 月发布的《全球数字经济白皮书（2023年)》①显示，2022 年，全球 51 个主要经济体数字经济增加值规模为 41.4 万亿美元，占 GDP 的比重为 46.1%，同比名义增长 7.4%。2022年，美国数字经济规模为 17.2 万亿美元，位居全球第一；中国数字经济规模为 7.5 万亿美元，位居全球第二，仅次于美国。美国在数字技术基础研发和数字企业全球竞争力上稳居全球前列，欧洲成为美国数字跨国企业集团除本土以外最大的市场。欧洲拥有优质的科技和创新资源，② 在数字治理上具有突出优势。从总体上看，全球数字经济呈现"中美两强叠加、欧洲优势互补"的三极发展格局。

美国和中国是世界上两个数字经济大国，全球一半的超大规模数据中心在这两个国家。从微观层面上看，它们占过去五年人工智能初创企业融资总额的 94%，占世界顶尖人工智能研究人员的 70%，占全球最大数字平台市值约 90%，代表性的数字平台企业有苹果、微软、亚马逊、Alphabet、Facebook、腾讯和阿里巴巴等。③ 数字平台企业在数字经济下起到支配作用，对经济的影响巨大。与此同时，欧盟出台了一系列有关数字经济的法案，依据其数字治理的优势，增强数字经济竞争力，维护自身利益。

（一）美国数字经济发展现状

美国是数字经济第一大国。美国商务部经济分析局（BEA）使用四类商品和服务的产值来统计其数字经济的规模，这四类商品和服务包括：①基础设施，信息与通信技术（ICT）相关硬件和软件的商品和服

---

① 《全球数字经济白皮书（2023 年)》，中国信息通信研究院，http://www.caict.ac.cn/kxyj/qwfb/bps/202401/P020240109492552259509.pdf。

② 姚丽：《组织创新管理能力成熟度模型——基于欧盟创新管理标准》，《河北经贸大学学报》2015 年第 1 期。

③ 《2021 数字经济报告——跨境数据流动与发展：数据为谁流动》，联合国贸易和发展会议，2021 年 9 月 21 日，https://unctad.org/system/files/official-document/der2021_overview_ch.pdf。

务；②电子商务，包含 B2B 和 B2C 在内的通过计算机网络进行交易的商品和服务；③有偿数字服务，即可以向消费者收取费用的、与计算和通信相关的服务，如云服务、电信服务互联网和数据服务以及其他的有偿数字服务；④联邦非国防的数字服务，即服务与数字经济直接相关的联邦非国防政府机构的年度预算。上述统计数字包含大部分其定义的数字经济范畴，但有些项目未包含在内。可见，美国商务部经济分析局（BEA）有关数字经济的统计并未包括经济数字化的统计范畴。

美国商务部经济分析局（BEA）数据显示（见图 1-2），2022 年美国数字经济产值为 2.6 万亿美元，占美国 GDP 的 10%。[①] 依据美国商务部经济分析局（BEA）2023 年 12 月的统计数据[②]，2022 年美国实际GDP 为 1.9%，数字经济实际增加值为 6.3%。2017~2022 年，美国年均增长率为 7.1%，显著高于美国 GDP 平均 2.2%的增速。总体来看，美国数字经济的增速始终远高于美国 GDP 的增速。尽管受疫情和其他

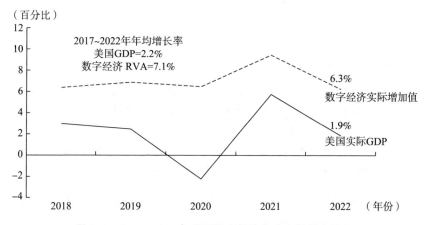

**图 1-2　2018~2022 年美国数字经济年度实际增加值与
实际 GDP 增速比较**

资料来源：BEA. U. S. Digital Economy, New and Revised Estimates, 2017-2022。

---

① "Digital Economy," BEA, https://www. bea. gov/data/special-topics/digital-economy.
② "Digital Economy：New and Revised Estimates, 2017-2022," BEA, https://apps. bea. gov/scb/issues/2023/12-december/pdf/1223-digital-economy. pdf.

因素的影响，2020 年美国 GDP 呈现负增长，但是同期数字经济的增速依旧保持了超过 6% 的增速，2021 年更是达到了 8% 以上。可见，数字经济在美国国民经济中是一支重要的力量，且发展势头迅猛。

从美国数字经济的内部结构来看（见图 1-3），上述数字经济统计口径中，第一类基础设施中的软件商品和服务部分占比最高，第三类有偿数字服务中的云计算服务增速最快。以 2022 年为例，软件商品和服务占美国数字经济的比重为 24%，其次是通信服务占 18%，以及 B2B 电子商务占 16%。2017～2022 年，云服务增长了 232.1%，平均年增长率为 27.2%。

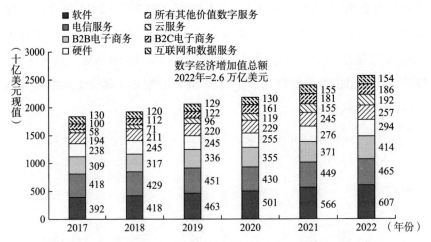

图 1-3　2017～2022 年按详细活动类型划分的美国数字经济增加值

资料来源：BEA. U. S. Digital Economy, New and Revised Estimates, 2017-2022.

从企业层面看，上述美国数字经济的统计数据也得到了验证。云服务是"数字经济"具有代表性和极具财富创造力的产业模式。以云服务为例，全球有 5 大云服务供应商，即亚马逊网络服务、微软、谷歌、IBM 和阿里巴巴。5 大云服务供应商中，4 个来自美国，一个来自中国。亚马逊占据全球云服务份额的 1/3 以上，是全球云服务的绝对领导者。IBM 则是私有托管云的强有力的领导者。2021 年，云基础设施服务市场上，亚马逊占有 33% 的市场份额，微软占有 22% 的市场份额，谷歌占有 10% 的市场份额，总计占 65% 的市场份额；其余 10 个其后的公司占有 21% 的市场份额。①

（二）中国数字经济发展现状

党的十八大以来，党中央高度重视发展数字经济，将数字经济的发展上升为国家战略。2016 年，习近平主席在二十国集团领导人杭州峰会上首次提出发展数字经济的倡议，得到各国领导人和企业家的普遍认同。这些年来，我国数字经济发展较快、成就显著。根据 2021 全球数字经济大会的数据，我国数字经济规模已经连续多年位居世界第二。同时，我们也要看到，同世界数字经济强国相比，我国数字经济大而不强、快而不优。②

2021 年 6 月，国家统计局发布《数字经济及其核心产业统计分类（2021）》，该统计分类标准将数字经济定义为：以数据资源作为关键生产要素、以现代信息网络作为重要载体、以信息通信技术的有效使用作为效率提升和经济结构优化的重要推动力的一系列经济活动。具体包括 5 大类经济活动：数字产品制造业、数字产品服务业、数字技术应用业、数字要素驱动业和数字化效率提升业。其中 1~4 类为数字经济核心产业，第 5 大类为产业数字化部分，即应用数字技术和数据资源为传统产业带来的产出增加和效率提升，是数字技术与实体经济的融合，也可以理解为经济数字化。可见，我国对数字经济的统计口径与美国狭义的数字经济不同，既包括数字产业化，也包括产业数字化，是广义数字经济的概念和统计口径。

中国信息通信研究院 2024 年 1 月发布《全球数字经济白皮书（2023 年）》③，该报告参照国家统计局发布的《数字经济及其核心产业

---

① "Huge Cloud Market Still Growing at 34% Per Year; Amazon, Microsoft & Google Now Account for 65% of the Total," Synergy Research Group, https://www.srgresearch.com/articles/huge-cloud-market-is-still-growing-at-34-per-year-amazon-microsoft-and-google-now-account-for-65-of-all-cloud-revenues.

② 习近平：《不断做强做优做大我国数字经济》，《求是》2022 年第 2 期。

③ 《全球数字经济白皮书（2023 年）》，中国信息通信研究院，2024 年 1 月 1 日，http://www.caict.ac.cn/kxyj/qwfb/bps/202401/P020240109492552259509.pdf。

统计分类（2021）》对各国的数字经济规模进行测算。数字经济的测算值既包括数字产业化，也包括产业数字化。特别值得提示的是，这与美国商务部经济分析局（BEA）对数字经济的统计口径仅包括数字核心产业是有所区别的，在做相应数据对比时要明确统计口径上的差异。中国信息通信研究院《全球数字经济白皮书（2023年）》[①]数据显示：2022年，美国数字经济规模为世界第一，达17.2万亿美元；中国数字经济的规模为7.5万亿美元，位居世界第二。中国数字经济的规模同美国相比还有很大增长空间。

从企业层面看，以互联网、大数据、云计算等为代表的数字技术和算法在中国发展迅速，以阿里巴巴、腾讯和字节跳动为代表的数字企业成为具有影响力的全球数字企业，同时中国具有广阔的数字经济市场（用户和数据）。但是与美国数字经济的海外市场占有率相比，我国数字企业的市场份额大部分在国内，海外市场占比偏低。

（三）欧盟数字经济发展现状

以德国为代表的欧盟成为全球数字经济发展第三极。从数字经济的规模来看，美国、中国和德国位居全球前三位。2022年，美国数字经济产值为17.2万亿美元，多年蝉联全球第一；中国位居第二位，数字经济产值为7.5万亿美元；德国位居第三位，数字经济产值为2.9万亿美元；欧盟以外的欧洲国家如英国，数字经济产值超过1万亿美元。在占比方面，英国、德国和美国数字经济占GDP的比重位列全球前三位，占比均超过了65%。[②]

近年来，尽管欧盟在数字经济规模和全球大型数字跨国企业集团的数量和竞争力方面逊色于美国和中国，但是欧盟致力于加强其在数字主

---

① 美国商务部经济分析局（BEA）统计的2022年美国数字经济产值为2.6万亿美元，该统计仅包括硬件、软件、电子商务和有偿数字服务等数字经济核心产业。

② 《全球数字经济白皮书（2023年）》，中国信息通信研究院，2024年1月1日，http://www.caict.ac.cn/kxyj/qwfb/bps/202401/P020240109492552259509.pdf。

权（Digital Sovereignty）和数字标准制定上的优势，聚焦于数据、技术和数字基础设施建设，如为人工智能初创企业提供更多支持。欧盟出台了一系列有关数字经济的法案，如《数字市场法》（*Digital Markets Act*）、《数字服务法》（*Digital Services Act*）、《欧洲芯片法》（*European Chips Act*）和《欧洲数据法》（*European Data Act*）等，加强其在全球数字治理中的领先优势，维护欧盟利益，助力数字经济发展。

2022 年 5 月 2 日，欧盟《数字市场法》生效。《数字市场法》致力于为所有数字企业提供公平的竞争环境，增加消费者的选择权，为小型数字企业提供新的机遇；同时对大型数字企业制定明确的规则，规定其权利和义务。那么，谁才是大型数字企业呢？《数字市场法》给出了六家需要在 2024 年 3 月履行新规则的跨国数字企业，分别是 Alphabet（谷歌母公司）、亚马逊公司、苹果公司、字节跳动、Meta 和微软。可见，欧盟《数字市场法》主要规范的是以美国为主的大型数字跨国企业集团，暗含保护的是欧盟自身的中小数字企业以及处于初创期的数字企业。上述公司如果违反新规则，将面临最高相当于其全球总营业额 10%的罚款，并会引发欧盟委员会对其展开调查。2022 年 11 月 1 日，欧盟《数字服务法》生效。《数字服务法》规范线上中介和平台业务，旨在防止网上非法和有害活动以及虚假信息的传播，确保用户安全，保护其基本权益，从而创造公平开放的网络环境。

2023 年 9 月 21 日，《欧洲芯片法》生效。《欧洲芯片法》将增强欧洲在半导体技术和应用领域的竞争力和韧性，帮助其实现数字化和绿色化转型。2024 年 1 月 11 日，《欧洲数据法》生效，该法案将于 2025 年 9 月落地实施，预计到 2028 年创造 2700 亿欧元的额外产值。《欧洲数据法》旨在应对数据带来的挑战和释放数据带来的机遇，强调公平访问和用户权利，同时确保对个人数据的保护。

相较于美国等关注数字经济规模上的增长，欧盟则致力于使用自己特殊的方式来发展数字经济，丰富人们的生活。具体来讲，就是要技术

为人类服务，创造公平竞争的经济以及开放、民主和可持续发展的
社会。

五 数字经济和经济数字化对现有国际税收
体系的影响

被冠以"新经济"的数字经济有别于传统经济，在诸多方面展现
其特性。数据、算力和算法成为数字经济的三个核心支撑要素。不同组
织和学者归纳了数字经济的特点，具有代表性的如下。

OECD 认为数字经济的主要特征有：①流动性，包括无形资产的流
动性、用户的流动性和业务功能的流动性；②对数据及用户的依赖性；
③多层面商业模式；④倾向垄断或寡头的趋势；⑤市场准入门槛较低及
技术日新月异导致的波动性。欧盟数字经济税收专家组认为数字经济具
有三个特征：①流动性；②网络效应；③数据的重要性。[1] 联合国贸易和
发展会议在《2021 数字经济报告——跨境数据流动与发展：数据为谁流
动》报告中指出，数据是数字经济下的特殊资源，具有如下特征：①数
据是无形的；②数据具有非竞争性和非排他性；③所有数据的价值大于
单个数据价值的总和；④原始数据具有"期权价值"；⑤数据越详细，
用途就越广泛；⑥数据具有多面性。[2]

国内学者陈晓红等[3]认为数字经济的特征表现为以下三个方面：①数
据支撑，数据资本成为支撑价值创造和经济发展的关键生产要素。②融

---

[1] "Report of the Commission Expert Group on Taxation of the Digital Economy," European Commission Taxation and Customs, https://ec. europa. eu/taxation _ customs/system/files/ 2016-09/report_digital_economy. pdf.

[2] 《2021 数字经济报告——跨境数据流动与发展：数据为谁流动》，联合国贸易和发展会议，2021 年 9 月 21 日，https://unctad. org/system/files/official-document/der2021_o-verview_ch. pdf.

[3] 陈晓红、李杨扬、宋丽洁、汪阳洁：《数字经济理论体系与研究展望》，《管理世界》2022 年第 2 期。

合创新，新一代信息技术使创新边界逐渐模糊，各阶段相互作用，创新过程逐渐融为一体。数字技术使创新主体间的知识分享和合作更高效。③开放共享。数字经济时代各类数字化平台加速涌现，以开放的生态系统为载体，将生产、流通、服务和消费等各个环节逐步整合到平台，推动线上线下资源有机结合，创造更多新的商业模式和业态，形成平台经济。

由上述数字经济所展现出来的特征可知，数字经济的构成要素和价值生成过程与传统经济有很大的区别，数据成为数字经济价值生成和财富创造的核心资源，数字企业正使用数字技术（无形资产）进行远程运营。为此，现有的国际税收基础理论和规则受到质疑。

OECD 在 BEPS（Base Erosion and Profit Shifting）行动计划的解释性声明中也指出：数字经济日渐成为经济本身，即经济数字化，从税收的角度几乎没有可能将数字经济从经济的其他范畴人为彻底圈离。① 随着数字经济以及经济数字化在全球范围内快速发展，现有的国际税收规则受到挑战。Devereux 和 Vella② 认为，随着经济数字化的深入，跨国企业集团从不同国家获取了极大的收益，但是现有的国际税收制度难以保障应税利润合理地分配给不同的国家。其次，数字化使得利润转移到低税收管辖区变得更加容易。同时，跨国企业集团更容易不以物理存在的方式在特定管辖区将产品销售给消费者。显然，这对现有将非居民国在某个管辖区设有常设机构（Permanent Establishment，PE）作为对某一管辖区具有利润享有征税权的联结度门槛这一国际税收基本规则提出了挑战。

---

① 《税基侵蚀和利润转移（BEPS）项目 2015 年成果最终报告：解释性声明》，OECD，2015 年 9 月 21 日，http://www.chinatax.gov.cn/n810219/n810724/c1836574/5083221/files/740e60177d7248b29a841c4fecf4d6a9.pdf。

② Devereux, M., Vella, J., "Implications of Digitalization for International Corporate Tax Reform," Oxford Centre for Business Taxation, www.sbs.ox.ac.uk/sites/default/files/Business_Taxation/Docs/Publications/Working_Papers/Series_17/WP1707.pdf.

通过分析全球主要经济体数字经济发展现状，发现中美数字经济规模远远超出欧盟，尤其是美国大型数字企业在欧洲市场上获取了大量的财富，但并未承担对应的税收义务。对此，欧盟强调所有的社会经济部门都要承担公平的纳税义务，为社会的运转做出贡献。鉴于数字经济对跨境交易税收带来的挑战，原有以物理存在作为征税权的国际税收规则应该做出改变，同时强调用户（消费者）在远程交易中所做的价值贡献。

欧盟对于数字经济下税收政策的关注始于 2017 年，2018 年 3 月欧盟委员会提出确保对数字活动公平征税的新规则。新规则主要聚焦两个方面：一是鉴于现有的国际税收基于物理存在对企业所得赋予征税权的基本规则，欧盟提出基于显著数字存在的企业所得税征税新规则的提案；二是提出征收基于营业额的数字服务税的单边措施。可见，欧盟国家成为推动国际税收体系改革的强有力推动者。

第二章　现行国际税收规则及其演变

现行国际税收体系构建于 20 世纪 20 年代至 30 年代，迄今已历经近百年的历史。1923~1928 年，国际联盟理事会财政委员会准备了四份关于双重征税和偷漏税的报告。1923 年 4 月，四位经济学家①向国际联盟理事会财政委员会提交了一份报告，后三份报告由国际联盟理事会财政委员会的政府官员和技术专家准备，其中包括第一个双重征税协定范本的初稿，这四份报告奠定了现行国际税收协定的基础和基本原则。1927 年，国际联盟制定了《国际税收协定范本草案》。现有国际税收体系的建立是国际联盟成员间不断争论（主要表现为居民国和来源国的征税权之争），以及利益平衡的结果，成为国际税收史上"伟大的妥协"。②

1997 年，OECD 发布《关于所得和财产的税收协定范本》（以下简称 OECD《税收协定范本》），后经多次修订，最近更新的是在 2017 年。③ OECD《税收协定范本》是目前全球普遍使用的双边税收协定范本。1980 年，联合国拟定了《联合国发达国家与发展中国家避免双重征税的协定范本》（以下简称联合国《税收协定范本》）。联合国《税收协定范本》发布后，已历经多次修改，最新的联合国《税收协定范本》

---

① 四位经济学家分别是荷兰的布鲁因斯（Bruins）教授、意大利的伊诺第（Einaudi）教授、美国的萨里格曼（Seligman）教授和英国的斯坦普（Stamp）教授。

② 廖体忠：《国际税收政策的世纪选择与未来出路》，《国际税收》2021 年第 2 期。

③ "Model Tax Convention on Income and on Capital: Condensed Version 2017," OECD, https://www.oecd.org/tax/treaties/model-tax-convention-on-income-and-on-capital-condensed-version-20745419.htm.

于 2017 年发布。相较于 OECD《税收协定范本》，联合国《税收协定范本》更加注重来源地税收，更多地保障发展中国家的税收权益。1976年，美国发布《所得和财产避免双重征税的协定范本》（以下简称美国《税收协定范本》），最后一次修订在 2016 年。美国《税收协定范本》主要用于和美国签订的双边税收协定，美国《税收协定范本》强烈偏向居民国税收，更多地保障居民国的税收权益，这与美国是众多大型跨国企业集团的居民国不无关系。

21 世纪的今天，随着经济全球化和经济数字化发展的不断深入，全球不同经济体在跨境商品和服务的征税权以及利润划分上分歧日益加深，现有的国际税收体系和规则不断受到质疑，尤其是欧盟以及英国等欧洲国家在传统经济下的居民国，逐步成为数字经济的市场国（来源国）。在全球税收利益失衡的新形势下，对存在近百年的国际税收体系进行改革的呼声越来越高，各方利益需要再平衡。例如，OECD 提出的代表多方共识的"双支柱"解决方案，联合国对现有税收协定范本的相关条款（12B）进行修正的双边提议，以及各国纷纷通过国内法实施的以数字服务税（DST）为代表的单边措施不断出台，都是对现有国际税收体系进行改革的实际行动和迫切期望。

本章通过对居民国和来源国征税权、常设机构联结度门槛、独立交易原则（Arm's Length Principle，ALP）、独立实体原则（Separate Entity Principle，SEP）等现有国际税收体系的基本理论和规则进行回顾，为进一步剖析现有国际税收基本规则受到全球化和数字化的挑战提供基础理论支撑。

一 基于居民国和来源国划分的税收管辖权

税收管辖权是一国政府在征税方面所拥有的主权，征税权是国际税收的核心，事关各国的税收利益。税收管辖权一般遵从属地原则和属人原则，依据经济忠诚（Economic Allegiance）原则，分别形成来源地管辖权和居民管辖权。经济忠诚是指国民（包括公司和自然人）或其所得与特定国家（税收管辖区）之间的联系程度。[1] 百年来，国际税收管辖权构建是在居民国和来源国"二分法"的基础上，将财产或所得的征税权赋予居民国和来源国。1892 年，乔治·冯·尚茨（Georg Von Schanz）提出经济忠诚的课税原则，以此为基础在居民国和来源国之间公平、公正地分配税收负担。1923 年，四位经济学家提交给国际联盟财政委员会的《关于双重征税的报告》，成为构建国际税收秩序的重要基础理论，并延续至今。

受益原则（Benefits Principle）和能力原则（Ability to Pay Principle）是最初划分税收管辖权的基本原则。关于受益原则和能力原则的理论渊源，可以追溯到 1776 年亚当·斯密的《国富论》。斯密提出了税赋的四个原则。①公平缴税原则。公平缴税原则是受益原则和能力原则的集中体现。国民须按照各自能力的大小，按照各自从国家获取收益的比例缴纳税赋以维持政府的运作。②缴税确定原则。国民缴税必须是确定的，不能随意变更。纳税者应当对缴税数额、缴税日期以及缴税方式等了解清楚。③缴税便利原则。各种税负的缴纳日期及方式，应当最大程度便利纳税者。④缴税对等原则。一切税赋的征收，须设法使人民所付出的，尽可能等于国家所收入的。

1923 年，四位经济学家在日内瓦会议上提出受益原则，旨在解决跨境交易如何赋予来源国和居民国征税权的问题。受益理论是指一国有权因居民或非居民企业从该国提供的服务中受益而对其征税。[2] 在受益原则下，积极所得[3]应该主要在来源地征税（Source Taxation），消

---

[1] 廖体忠：《国际税收政策的世纪选择与未来出路》，《国际税收》2021 年第 2 期。

[2] "Addressing the Tax Challenges of the Digital Economy, Action 1 - 2015 Final Report, OECD/G20 Base Erosion and Profit Shifting Project," OECD, https://doi.org/10.1787/9789264241046-en.

[3] 积极所得指参与商业活动而获得的收入。

极所得①应该主要在居民地征税（该方案本身就是一种折中）。其背后的经济学逻辑是积极所得主要来源于在来源地所进行的活动，而消极所得主要来源于居住地的资本积累。传统观点认为，受益原则支持来源地征税，政府通过向纳税者提供公共产品和服务，作为交换，纳税人要向政府缴税；而能力原则支持居民地征税，在能力原则下，政府和纳税人不存在上述市场交换关系，因此具有强制性。

美国哥伦比亚大学的经济学家萨里格曼教授在能力原则和受益原则的基础上，沿用尚茨提出的经济忠诚这一术语，构建了经济忠诚学说（Doctrine of Economic Allegiance），该学说成为划分国际税收征税权遵循的原则和思想。与萨里格曼等主要将课税权赋予居民国的建议不同，尚茨认为将征税权划归给居民国是不公平的，居民国和来源国都可以合法地课税。由此可见，尚茨的"经济忠诚"与萨里格曼的"经济忠诚"内涵有所不同，存在根本性的区别。②

跨国企业集团的所得分为积极所得和消极所得。1923年，《关于双重征税的报告》决定采纳的避免重复征税的方案是：依据所得的分类来划分征税权，即来源国对积极所得拥有优先但有限的征税权；居民国对消极所得拥有最终且无限的征税权。当今，跨国企业集团的所得，越来越依据其无形资产的价值贡献，而非其日常经营所得。现有的国际税收规则规定来源国具有优先但有限的征税权，只要非居民企业在来源国设有常设机构，来源国便对归属于该常设机构的营业利润（积极所得）拥有征税权，而居民国则获取无形资产（消极所得）的征税权。

第二次世界大战后，经济开启了全球化的进程，这主要体现在贸易、金融和投资的全球流动。随着全球化进程的逐步深入，国际税收竞

---

① 消极所得指获得者不参与商业活动所产生的收入，如股息、利息、租金收入、特许权使用费等。

② 克雷格·埃利夫、刘奇超、宋雨博、沈涛：《论数字时代来源地课税的合理性》，《税务与经济》2021年第6期。

争日益加剧，跨国企业集团在利润转移上存在巨大空间，个人和企业收入的来源确定愈加困难，有经济学家怀疑收入来源地征税是否还有意义？有鉴于此，美国密歇根大学的鲁文·阿维-约纳（Reuven S. Avi-Yonah）教授[①]对受益原则在全球化背景下是否还具有其合理性提出了质疑，认为如果将国际税收规则改变为消极所得主要在来源地征税，积极所得主要在居住地征税，便可有效地解决 BEPS 问题。我国学者徐海燕[②]也赞同鲁文·阿维-约纳教授的这一观点。在鲁文·阿维-约纳教授看来，解决企业双重征税或不征税的方案是对跨国企业集团总部的所在国取得的所得征税（在居住地征收积极所得），并限制其移动的能力。该方案认为，目前超过 90% 的跨国企业集团总部都在 G20 国家，20 个国家相对好沟通和协调。鲁文·阿维-约纳教授认为百年来遵从的"单一课税原则"（Single Tax Principle）对企业所得税依旧至关重要，但受益原则需要进行修正。

传统经济下，现有国际税收遵循经济关联原则，通过构建常设机构这一联结度门槛赋予来源国对来自常设机构的经营利润拥有征税权，对于消极所得（股息、利息等）赋予来源国优先且有限的征税权。一般来讲，居民国对跨国企业的所得具有无限的征税权，但承担消除双重征税的义务。同时，跨国企业集团的所得大部分来源于无形资产形成的消极所得。由此可见，现有国际税收偏重于居民国的税收利益的。随着全球化和经济数字化的不断发展，英国和欧盟部分国家日渐成为美国大型数字跨国企业集团的市场，其税收地位也逐步由原来的居民国转变为当今的来源国（数字经济下的市场国），基于居民国和来源国的现有国际税收利益平衡被打破，重新划分居民国和来源国的征税权的呼声越来越高。

---

① Reuven S. Avi-Yonah, "The International Tax Regime: A Centennial Reconsideration," The University of Michigan, https://ssrn.com/abstract = 2622883 or http://dx.doi.org/10.2139/ssrn.2622883.

② 徐海燕：《国际税法变革中的多边主义：兼评 OECD/G20 的 BEPS 一揽子方案》，《经贸法律评论》2019 年第 4 期。

二 定性的常设机构联结度

常设机构的概念最早诞生于德国，1845 年出现在《普鲁士工业法典》中，后来逐步发展成为现有国际税收的主要概念，并成为现有国际税收体系的基石。[①] OECD 于 1963 年拟定的《关于对所得和财产避免双重征税协定范本（草案)》正式使用了"常设机构"的概念。常设机构概念的发展，贯穿着经济发展水平不同的国家之间争夺征税权的斗争。[②] OECD《避免双重征税税收协定》规定，缔约国一方企业的营业利润仅在该居民国征税，除非该企业在缔约国另一方设有常设机构，该缔约国的另一方仅对由该常设机构生成的营业利润具有征税权。常设机构用作联结度的门槛，用来判断非居民企业在某税收管辖区的经济存在，从而赋予该税收管辖区对来源于该常设机构的营业利润具有征税权。这与 20 世纪 20 年代提出的经济关联（抑或经济忠诚）原则一脉相承。常设机构原则作为双边税收协定的一个基本原则，是判断一国非居民企业是否存在"充分程度经济存在"的判定标准，长久以来成为国际共识。

OECD《税收协定范本》和联合国《税收协定范本》均将常设机构定义为企业进行全部或部分营业活动的固定营业场所。其相应的注释部分分别解释了常设机构应包含如下条件：①存在一个营业场所；②该营业场所必须是固定的，即它必须建立在某个明确的地点，并具有一定程度的永久性；③该企业通过该固定营业场所进行营业活动。与 OECD《税收协定范本》不同的是，联合国《税收协定范本》对常设机构界定的范围更宽，更多地维护来源国（通常是发展中国家）的税收利益。

[①] Michael P. Devereux, Alan J. Auerbach, Michael Keen, Paul Oosterhuis, Wolfgang Schön and John Vellal, "Residual Profit Allocation by Income," https∥oxfordtax. sbs. ox. ac. uk/ files/tpiage-6-rpaipdf.

[②] 朱炎生：《国际税收协定中常设机构概念的历史变迁及其启示》,《厦门大学法律评论》2001 年第 1 期。

尽管两个范本对常设机构的认定范围有所不同，但是均采用定性的方法来认定常设机构。

可见，物理存在是现有国际税收规则下判定常设机构的重要依据。来源国通过常设机构认定获取有限的征税权。然而，在数字经济背景下，跨国企业集团的跨境交易可以不通过传统的物理存在的联结度，即常设机构的形式，而是通过远程的方式运营并获取利润。高科技跨国企业集团的所得更多的是无形资产创造的"剩余利润"（Residual Profit），而非正常经营的营业利润或者称之为常规利润（Routine Profit）。在经济数字化背景下，依据现有国际税收规则，来源国（市场国）征税权进一步受到挤压。以常设机构来判断数字化的跨国企业集团在某个司法管辖区是否构成经济存在的联结度规则受到质疑。科尔曼·茉莉、刘奇超和陈明认为常设机构能否准确判定是数字经济对税收政策带来的核心挑战之一，就此提出传统常设机构向数字化常设机构转型的设想，并构建了一个总体框架。[①] 我国学者对经济数字化背景下的常设机构做了一系列研究，提出了不同的解决方案和思路。崔晓静和赵州提出构建虚拟常设机构、显著经济存在（Significant Economic Presence）等判定数字经济下跨国企业集团在市场国的经济联结度。[②] 后续的"支柱一"解决方案通过量化的方法判定新联结度的方法也应运而生。

三 现行国际税收体系的定海神针

——独立交易原则

独立交易原则源于 1930 年的美国国内法。国际联盟专家委员会 1935 年发布的税收协定范本第 6 条明确规定，跨国企业集团关联企业间的交易

---

① 科尔曼·茉莉、刘奇超、陈明：《经济数字化背景下常设机构的规则调整：一个总体框架》，《国际税收》2018 年第 6 期。

② 崔晓静、赵洲：《数字经济背景下税收常设机构原则的适用问题》，《法学》2016 年第 11 期。

适用独立交易原则和独立会计原则（或独立实体原则）。《OECD 跨国企业与税务机关转让定价指南》（2022）明确指出独立交易原则是国际税收转让定价的准则。OECD《税收协定范本》第 9 条对独立交易原则①的权威表述为："当"两个"关联"企业之间商业或财务关系达成或施加的交易条件不同于独立企业之间商业或财务关系达成或施加的交易条件，并且由于这些条件的存在，导致其中一个企业没有取得其本应取得的利润，则可以将这部分利润计入该企业的所得，并据以征税。建立在独立实体原则下的可比性分析，是独立交易原则的核心。

鲁文·阿维–约纳教授认为，独立交易原则的概念有狭义和广义之分。狭义概念即传统的独立交易原则，是通过使用可比物来确定关联纳税人之间的转让价格；而广义的独立交易原则是指关联方和非关联方都会取得相同的结果。②由于独立交易原则可以避免关联企业和独立企业在税收上相对竞争地位的扭曲，从而促进国际贸易和投资的增长。

OECD《跨国企业与税务机关转让定价指南》（2017）明确表示要维护独立交易原则作为国际共识的地位，成为现行国际税收体系的定海神针。随着全球化、经济数字化的深入发展，跨国企业集团的业务呈现出的一体化特征愈加明显，采用独立交易原则征收所得税不断受到质疑。同时，OECD《跨国企业与税务机关转让定价指南》（2022）也认为转让定价不是一门精确的科学。

独立交易原则是神圣不可侵犯的吗？鲁文·阿维–约纳等认为独立交易原则不适用于确定跨国企业集团的税基。由于信息和通信技术的发展，跨国企业集团在全球范围内，采用一种高度集中化的运营方式，取代先前通过在某个国家分散管理的方式开展业务。在这种情境下，找到

---

① 独立交易原则有独立交易方法、独立交易标准、独立交易方式等多种称谓。

② Reuven S. Avi-Yonah, "The Rise and Fall of Arm's Length: A Study in the Evolution of U. S. International Taxation," University of Michigan Law School, Law Working Paper, http://repository. law. Umich. edu/cgi/viewcontent. cgi? article = 1074&context = Law econ archive.

非受控的可比交易变得愈加困难和不可行。因此，无论多努力地进行功能分析，也很难找到以识别与跨国集团企业成员相似的非不受控制的可比物[1]，况且企业和政府部门要为此付出大量的时间成本和金钱成本。从执行结果来看，双方在确定独立交易价格上存在重大分歧。鲁文·阿维-约纳教授提倡采用一种更为简单、实用的方法来替代现有的独立交易原则。英国牛津大学的迈克·德沃罗（Michael Devereux）教授等也认为独立交易原则没有为转让定价问题提供令人满意的答案。[2] 在以无形资产作为主要价值创造要素的数字经济下，基于可比性的独立交易原则的转让定价方法在执行层面愈加显示出其实践的困难。

四 自下而上的独立实体原则或独立会计原则

1935 年，国际联盟专家委员会发布的税收协定范本第 6 条明确规定，跨国企业集团关联企业间的交易适用独立实体原则/独立会计原则（Separate Accounting Principle，SAP），独立会计原则、常设机构和独立交易原则，作为现行国际税收体系的基石，一直沿用至今。[3] 独立实体原则是现有国际税收的基本原则，跨国企业集团内的子公司被视为独立实体，这一原则对跨境税收产生重大影响。国际税收基本原则是将跨国企业集团的积极所得的征税权赋予来源国，将消极所得的征税权赋予跨国企业集团母公司（或总部）所在的居民国。跨国企业集团分布在不同司法管辖区的独立实体间的合同安排受到认可。因此，将资产所有

---

[1] Reuven S. Avi-Yonah, "Formulary Apportionment: Myths and Prospects-Promoting Better International Policy and Utilizing and Misunderstood and Under-Theorizeal Formulary Alternative," *Social Science Electronic Publishing* 3 (2010).

[2] Devereux, M., Auerbach, A., Keen, M., Oosterhuis, P., Schön, W., Vella, J., *Taxing Profit in a Global Economy* (Oxford University Press, 2021), https://oxford. universitypressscholarship. com/view/10. 1093/oso/9780198808060. 001. 0001/oso-9780198808060.

[3] 廖体忠：《全球化与国际税收改革》，《国际税收》2021 年第 8 期。

权、金融资金和业务风险按合同分配给集团内的特定实体会对征税权的分配产生重大影响。出于税收的目的，跨国企业集团分布在不同的司法管辖区按独立实体征税，最直接的后果是造成了跨国企业集团在全球范围内的利润转移，即将利润从高税率的司法管辖区转移到低税率的司法管辖区。

相较于独立实体原则，单一税制（Unitary Taxation）是在税收上将跨国企业集团视为单一的法人，而非各个独立的实体。单一税制的三个核心为：单一业务、统一申报和公式分配法。OECD 最新的《跨国企业与税务机关转让定价指南》（2022）秉承一贯理念，坚持捍卫独立交易原则作为国际共识的地位，赞同将非独立交易原则的方法（全球公式分配法）进行排除。目前，公式分配法（FA）仅限于某些国家在其内部使用，这包括在美国国内各个州计算所得税税基以及在欧盟共同统一公司税基方案（Common Consolidated Corporate Tax Base，CCCTB）中得以运用。单一税制并未真正出现在各个国家间使用的先例。然而，这一切将随着"支柱一"方案中的公式分配法的应用，有望在未来被打破。

第三章　经济数字化背景下现行国际税收规则面临挑战

　　在经济数字化背景下，现行国际税收基本规则面临挑战。现代国际税收体系建立在经济忠诚理论基础上，将征税权在居民国和来源国之间进行划分。非居民企业在来源国以具有物理存在的常设机构（PE）为联结度，确认来源于该税收管辖区的营业所得是否具有征税权。依据独立实体原则和独立交易原则，对跨国企业集团所获取的收益进行分配。然而，在经济数字化背景下，新的商业模式层出不穷，物理存在不再成为跨国企业集团进行全球运营的必要条件，远程的方式代替了物理存在；数字技术的应用改变了跨国企业集团价值创造的方式，数据（用户）成为价值创造的新要素。与此同时，由于美国高科技企业全球化进程的不断深入和对市场的逐步渗透，以欧洲国家为代表的原有的居民国，逐步演变成数字经济下的来源国（或称之为市场国），原有的国际税收利益格局被打破。以法国为代表的国家纷纷采取单边措施，推出数字服务税（DST）或类似的举措，来应对经济数字化为本国带来的税基侵蚀和利润分配问题。一时间，各国间有关数字经济的征税权大战此消彼长，现有国际税收基本规则面临重大挑战。

一 传统"二分法"征税权利益失衡

如前文所述，现有国际税收的征税权是在居民国和来源国之间进行分配的，对于积极所得，来源国具有有限的征税权（基于常设机构的联结度）；而消极所得在居民国和来源国之间进行分配，来源国有权优先征收一定比例（通常占比较小）的预提所得税，而居民国拥有占较大比例的消极所得的征税权，但是同时负有消除双重征税的义务。征税权体现一个国家的税收主权，同时也决定不同税收管辖区的税收利益，是国际税收体系的核心之一。现有的以居民国和来源国划分的"二分法"征税原则，是居民国和来源国为了各自的税收利益妥协和平衡的结果，已沿用近百年。显而易见，在现有的国际税收规则下，居民国获取更多的税收利益，是其受益者。

随着全球化进程的加剧，跨国企业集团在全球极端的税务筹划，跨税收管辖区的利润转移也愈演愈烈，使得部分国家的税基受到严重侵蚀。① 依据现有来源地管辖权和居民管辖权划分税收管辖权的"二分法"征税规则的合理性受到质疑。

在经济数字化背景下，随着亚马逊、谷歌等美国超大型数字化跨国企业集团全球化布局的深入，这些跨国企业集团依靠数据、算法和算力的优势逐渐形成垄断。美国成为国际垄断资本主义的头号强国，攫取了全球最多的利润和财富。② 欧洲国家由于缺乏像谷歌、亚马逊、奈非（NFLX）等具有高市场渗透率的数字化跨国企业集团，而逐步成为这些跨国企业集团最大的海外市场。因此，欧洲国家逐步由原来的居民国演变成经济数字化背景下的市场国，税基受到侵蚀，税收利益受到侵占，

---

① 励贺林、赵玉、姚丽：《跨境逃税问题的国际应对及启示》，《财务与会计》2021 年第 18 期。

② 廖体忠：《全球化与国际税收改革》，《国际税收》2021 年第 8 期。

全球税收利益的平衡被打破。来源国对跨国企业集团由无形资产生成的大量剩余利润没有征税权，来源国与居民国在税收利益方面的冲突不断加深，经济数字化进程更凸显了这一矛盾。因此，欧洲国家作为数字经济的市场国纷纷举起单边数字服务税的大旗，来应对由此带来的税收损失。同时，积极谋划和设计其他方案，呼吁国际税收改革。

2019 年 6 月，在日本福冈举行的 G20 财长和央行行长会议，批准了OECD 于 5 月呈报的《形成应对经济数字化税收挑战共识性解决方案的工作计划》（以下简称《工作计划》）。① 该《工作计划》在参考文献的脚注部分回应了何为"市场管辖区"的问题。在《工作计划》适用的情境下，"市场管辖区"是指企业的消费者所在的司法管辖区，或者在企业向其他企业提供服务的情况下，使用该服务的司法管辖区。在数字化商业模式背景下，这一定义将涵盖用户所在的司法管辖区，因为用户直接从在线供应商那里获得商品或服务，以及在线供应商针对这些用户向其他企业提供服务（如广告）。显然，在经济数字化背景下，以欧盟和英国为代表的欧洲国家作为新型的市场国，为了其获取应得的税收利益而强烈呼吁变革现有的国家税收制度。

全球化和数字化背景下，国际税收管辖权从传统"二分法"原则扩展到基于目的地的原则。尽管基于目的地征税权的原则普遍适用于流转税领域，但 OECD "支柱一"方案赋予市场国对跨国企业集团剩余利润的征税权，体现了其创新性和包容性。

二　基于物理存在的常设机构联结度不再适用

常设机构原则是现有国际税收的基础性原则之一，是来源国征税最

---

① "Programme of Work to Develop a Consensus Solution to the Tax Challenges Arising from the Digitalisation of the Economy, OECD/G20 Inclusive Framework on BEPS," OECD, http://www.oecd.org/tax/beps/programme-of-work-to-develop-aconsensus-solution-to-the-tax-challenges-arising-from-the-digitalisation-of-the-economy.htm.

为重要的限制条件。① 当跨国企业集团的非居民企业在来源国被认定为常设机构时，来源国有权对来源于该常设机构的营业利润征收所得税。OECD《税收协定范本》（2017）第 5（1）条规定，在税收协定中，常设机构是指企业通过其进行全部或部分营业活动的固定营业场所。可见，物理存在是现有国际税收规则中判断是否构成常设机构的核心标准，其判定方式是定性的。以物理存在的常设机构作为联结度门槛，来判断跨国企业集团在来源国是否构成足够的经济存在并据此对来源于该常设机构的经营所得征收所得税，是现有国际税收体系的基本原则，历经百年，延续使用至今。

在数字经济背景下，高科技跨国企业集团可以借助互联网、大数据以及云计算等科学技术手段，以远程的方式为市场国的用户提供商品或服务，而无需建立物理形式的实体，这对依赖常设机构建立联结关系的来源地税收管辖权提出了挑战。② 随着全球化和数字化的逐步加深，以亚马逊等平台企业为代表的数字化跨国企业集团通过线上交易在全球市场运营。与传统零售商不同的是，这些跨国企业集团可以实现以无物理存在的，通过互联网运用远程方式来销售第三方的产品和服务，并获取巨额利润。也就是说，这些跨国企业集团可以将来源于市场国的利润记录到美国或其他任何地方的会计报表中，从而避免在市场国（来源国）缴税。即便这些数字化跨国企业集团在市场国计有销售收入，也可以通过对知识产权（Intellectual Property，IP）提交特许权使用费的方式，将利润转移到称之为避税天堂低税率税收管辖区的关联企业，从而最大限度地避免了在市场国缴纳所得税。

依据现有国际税收规则，由于数字化的跨国企业集团在市场国没有

---

① Arnold, B. J., "Threshold Requirements for Taxing Business Profits under Tax Treaties," *Bulletin for International Taxation* 10（2003）.

② 励贺林：《对数字经济商业模式下收益归属国际税收规则的思考》，《税务研究》2018年第 7 期。

物理存在，也就不构成现有的国际税收规则定义的常设机构，因此，也就没有义务向市场国的税务机关纳税。数字化的跨国企业集团确实在市场国实现了销售，而并未纳税的事实，显然有悖于税收公平的基本原则。现有以物理存在为判断标准的常设机构构成的联结度标准不再适用。从实践上看，2015 年，日本法院判定美国纳税人通过线上交易进行销售活动时使用的日本仓库，构成其在日本的常设机构；① 从理论上看，有的学者提出设计"虚拟常设机构"或是"数字常设机构"的概念，来解决现有常设机构概念的不适用问题。

三　独立交易原则和独立实体原则下的
利润分配困境

独立交易原则是现有的跨国企业集团转让定价所遵循的根本原则。可比性是独立交易原则在操作层面的核心要求，无论是比价格（可比非受控法、再销售价格法和成本加成法），还是比利润［交易净利润法和利润分割法（Profit Split Method）］，都需要通过可比性分析对跨国企业集团的转让价格进行调整并据此征税。

在经济数字化背景下，数字化跨国企业集团的盈利方式通常是依据无形资产所创造的，具体表现在使用云计算、人工智能、大数据等数字化技术，通过算力和算法，形成具有各自不同方式的创新商业模式来创造财富，其创造财富的路径与传统的商业模式极为不同。无形资产有别于传统的有形资产，其价值难以估量；同时数字化的跨国企业集团无形资产的创造往往是一个高度融合的过程，价值创造的过程难以分割。因此，使用可比性的手段来对比关联交易的价格或关联公司的利润，在经济数字化背景下则成为一件更加困难，甚至无法达成

---

① 崔晓静、孙奇敏：《日本线下仓库构成常设机构案法律评析》，《税务与经济》2017 年第 6 期。

的事情。

与此同时，现有国际税收规则依据独立实体原则（或称为独立会计原则），自下而上地对跨国企业集团利润进行征税，在经济数字化和全球化背景下，致使来源国税基受到严重侵蚀。由于协同效应的存在，全球化给跨国企业集团带来更为丰厚的利润，跨国企业集团的总利润也大于各个独立实体的利润总和，这也恰恰是跨国企业集团的优势所在。数字化的跨国企业集团由于其垄断性，表现尤甚。然而，传统的国际税收规则是以独立实体为单位，对跨国企业集团在来源国有物理存在的常设机构形成的营业利润进行征税。因此，在现有国际税收体系下，依据独立实体原则，跨国企业集团的总体税基要小于单一税制下的税基。经济数字化呼吁未来构建一个具有创新性的自上而下的税基计算和利润分配机制。

四　现有国际税收治理秩序亟待重塑

习近平总书记指出，中国要积极参与数字经济国际合作。要密切观察、主动作为，主动参与国际组织数字经济议题谈判，开展双多边数字治理合作，维护和完善多边数字经济治理机制，及时提出中国方案，发出中国声音。[1]

现有国际税收治理秩序，建立在以国内税法和税收协定（OECD《税收协定范本》和联合国《税收范本》）为主、多边税收治理为辅的框架上，其中 OECD《税收协定范本》更倾向于居民国（或发达国家）的税收利益，而联合国《税收协定范本》则更加关注于来源国（发展中国家）的税收关切。国际税收协调手段由传统的以单边和双边税收协定为主向单边、双边及多边方式混合发展，多边合作机制是国际税改的

---

[1]　习近平：《不断做强做优做大我国数字经济》，《求是》2022 年第 2 期。

必然结果。①

　　在全球化和数字化背景下，如何通过适当的改革对全球利润和公司税基实施再分配，以构建相对公平的国际税收体系，是时代赋予我们的重大课题。② 应对经济数字化税收挑战的"支柱一"方案，将跨国企业集团在不同税收管辖区的利润分配由自下而上的方式，创新性地发展成自上而下的税基计算和分配方式，这种新的利润分配机制必然要在一个多边机制下进行。

---

　　① 张志勇：《近期国际税收规则的演化——回顾、分析与展望》，《国际税收》2020 年第 1 期。

　　② 廖体忠：《全球化与国际税收改革》，《国际税收》2021 年第 8 期。

第四章　应对全球化数字化税收挑战的 "支柱一" 方案设计

　　数字经济和经济数字化在激励创新、提高企业运营效率、促进经济增长、增进人类福祉等方面起到重要作用。全球化和数字化加剧了不同税收管辖区以及纳税者间的不公平与不公正，对现有的国际税收规则提出了新的挑战。诞生于 20 世纪 20 年代的国际税收规则，历经百年，不断受到税务机关、学者和企业界的质疑，现有国际税收基本规则亟待变革。主要表现在：以物理存在为认定标准的常设机构（PE）构成联结度的征税权设定；依据独立交易原则的现有转让定价方法；以独立实体原则或独立会计原则进行的税基核算方式。随着跨国企业集团跨境商品和服务的进一步渗透，数字化的超大型跨国企业集团从崛起到垄断，以及跨国企业集团极端的避税筹划，造成来源国（或市场国）税基不断遭到侵蚀，加速对现有国际税收体系改革的进程。

　　为应对跨国企业集团愈演愈烈的税基侵蚀和利润转移问题，从 2013 年起，二十国集团（G20）① 委托经济合作与发展组织（OECD）开展税基侵蚀和利润转移（Base Erosion and Profit Shifting，BEPS）项

---

① 二十国集团是一个连接世界主要发达国家和新兴经济体的战略性多边平台，成员包括 19 个国家：阿根廷、澳大利亚、巴西、加拿大、中国、法国、德国、印度、印度尼西亚、意大利、日本、韩国、墨西哥、俄罗斯、沙特阿拉伯、南非、土耳其、英国、美国；以及非盟和欧盟。2023 年 9 月，非盟加入 G20 后，G20 成员 GDP 约占全球的 85%，占全球贸易的 75% 以上，占全球人口的 2/3。

目。BEPS 项目包含 15 项行动计划，第 1 项行动计划就是应对经济数字化带来的税收挑战。但 BEPS 第 1 项行动计划并未给出可以被普遍接受的具体解决方案。随着数字经济的不断发展和渗透，经济数字化对税收的挑战超越了 BEPS 项目本身。随后 OECD/G20 BEPS 包容性框架①发布一系列有关应对经济数字化的税收挑战的报告，最终形成"双支柱"解决方案。经济数字化背景下的国际税收改革，也逐步从愿景走向现实。② 截至 2024 年 3 月 28 日，147 个包容性框架成员中已经有 142 个成员加入该协议。③ 鲁文·阿维-约纳教授认为，"双支柱"方案是对现有国际税收（诸如常设机构和独立交易原则）基本规则的决定性突破。新的国际税收框架既是对国际税收的一场革命，也是对现有国际税收体系的继承。④

　　本章详细评述了 OECD 应对经济数字化的国际税改方案，即"支柱一"方案设计阶段涉及的主要技术文件，以期完整呈现"支柱一"方案的技术框架和创新性的设计，从而清晰揭示"支柱一"方案的实质。

一　"双支柱"方案提出的背景及演进

　　2013 年 7 月，受 G20 委托，OECD 正式启动并发布了《税基侵蚀和利润转移行动计划》（*Action Plan on Base Erosion and Profit Shift-*

---

① 为了争取更多的国家和地区对本轮国际税改的支持，BEPS 包容性框架由 OECD/G20 于 2016 年 6 月成立，该框架向感兴趣的国家和司法管辖区开放。截至 2024 年 3 月 28 日，包容性框架成员包括 147 个国家（或地区）。详见：https://www.oecd.org/tax/beps/inclusive-framework-on-beps-composition.pdf。

② 姚丽：《愿景与现实：OECD 应对经济数字化税收挑战的"统一方法"》，《税务研究》2020 年第 6 期。

③ "Outcome Statement on the Two-Pillar Solution to Address the Tax Challenges Arising from the Digitalisation of the Economy," OECD, https://www.oecd.org/content/dam/oecd/en/topics/policy-issues/beps/outcome-statement-on-the-two-pillar-solution-to-address-the-tax-challenges-arising-from-the-digitalisation-of-the-economy-july-2023.pdf.

④ Reuven S. Avi-Yonah, "The New International Tax Framework: Evolution or Revolution?" *ASIL Insights* 11 (2021), https://www.asil.org/insights/volume/25/issue/11.

ing, *BEPS*)① （以下简称《BEPS 行动计划》）。该行动计划用来解决跨国企业集团利用不同国家和地区的税收漏洞和空白，通过采用激进的税收筹划（Aggressive Tax Planning）方式，将利润转移到低税或无税的税收管辖区，从而实现不交或少交税的目的。该行动计划包括 15 项具体行动，其中第 1 项行动就是应对经济数字化的税收挑战。应对经济数字化带来的税收挑战是 OECD/G20 BEPS 包容性框架的首要任务，也是BEPS 项目自启动以来一直关注的重点领域。②

2015 年 10 月，OECD/G20 发布《应对数字经济的税收挑战：第 1 项行动计划——2015 最终报告》③（以下简称《第 1 项行动计划最终报告》），报告提出了面向直接税的"三大方案"，以供各国在国内法范围内尝试使用，但并未给出基于共识的应对经济数字化带来的税收挑战的解决方案。2017 年起，G20 授权 OECD 在 BEPS 包容性框架下进一步开展应对经济数字化的税收挑战技术方案的设计。2018 年 3 月，OECD/G20 BEPS 包容性框架发布《数字化带来的税收挑战——2018 中期报告》④，进一步分析了应对经济数字化对更广泛的直接税带来的挑战，但同样没有达成各方一致认可的解决方案。

2019 年 1 月，OECD/G20 BEPS 包容性框架发布《应对经济数字化税收挑战——政策说明》⑤（以下简称《政策说明》），首次提出使用

① "Action Plan on Base Erosion and Profit Shifting," OECD, https://doi.org/10.1787/9789264202719-en.

② "Tax Challenges Arising from Digitalisation," OECD, https://www.oecd.org/tax/beps/beps-actions/action1/.

③ "Addressing the Tax Challenges of the Digital Economy, Action 1-2015 Final Report, OECD/G20 Base Erosion and Profit Shifting Project," OECD, https://doi.org/10.1787/9789264241046-en.

④ "Tax Challenges Arising from Digitalisation-Interim Report 2018: Inclusive Framework on BEPS, OECD/G20 Base Erosion and Profit Shifting Project," OECD, http://dx.doi.org/10.1787/9789264293083-en.

⑤ "Addressing the Tax Challenges of the Digitalisation of the Economy-Policy Note," OECD, https://www.oecd.org/tax/beps/policy-note-beps-inclusive-framework-addressing-tax-challenges-digitalisation.pdf.

"双支柱"方法应对经济数字化带来的税收挑战的设想，并将此作为后续各方达成共识的基础。2019 年 2 月，OECD/G20 发布《应对经济数字化的税收挑战——公众咨询文件》①（以下简称《公众咨询文件》），报告进一步审视了《第 1 项行动计划最终报告》的应对方法，在此基础上归纳出"三大提案"②，用来修正利润分配和联结度规则。2019 年 6 月，在日本福冈举行 G20 财长和央行行长会议，批准了 OECD 于 5 月呈报的《形成应对经济数字化税收挑战共识性解决方案的工作计划》③。该《工作计划》开发了基于新联结度和利润分配原则的"支柱一"解决方案，明确提出将"三大提案"整合为一个基于共识的解决方案。

2019 年 10 月，OECD 发布《公众咨询文件：就"统一方法"的秘书处建议》（以下简称《秘书处建议》），就"双支柱"方案中"支柱一"方案提请公众咨询，进一步提出应对经济数字化税收挑战的"统一方法"（Unified Approach）。④ 2020 年 1 月，OECD/G20 BEPS 包容性框架第 8 次会议发布《关于以"双支柱"方案应对经济数字化税收挑战的声明》⑤（以下简称《双支柱声明》），同意采用"支柱一"下的"统一方法"

---

① "Public Consultation Document：Addressing the Tax Challenges of the Economy，" OECD， https://www.oecd.org/tax/beps/public-consultation-document-addressing-the-tax-challenges-of-the-digitalisation-of-the-economy.pdf.

② "三大提案"即英国提出的"用户参与提案"（User Participation Proposal）、美国提出的"营销型无形资产提案"（Marketing Intangible Proposal）和印度等发展中国家提出的"显著经济存在提案"。

③ "Programme of Work to Develop a Consensus Solution to the Tax Challenges Arising from the Digitalisation of the Economy，OECD/G20 Inclusive Framework on BEPS，" OECD， http://www.oecd.org/tax/beps/programme-of-work-to-develop-aconsensus-solution-to-the-tax-challenges-arising-from-the-digitalisation-of-the-economy.htm.

④ "Public Consultation Document，Secretariat Proposal for a 'Unified Approach' under Pillar One，" OECD， http://www.oecd.org/tax/beps/public-consultation-document-secretariat-proposal-unified-approach-pillar-one.pdf.

⑤ "Statement by the OECD/G20 Inclusive Framework on BEPS on the Two-Pillar Approach to Address the Tax Challenges Arising from the Digitalisation of the Economy，" OECD， http://www.oecd.org/tax/beps/statement-by-the-oecd-g20-inclusive-framework-on-beps-january-2020.pdf.

作为包容性框架各成员国未来谈判的基础，在此基础上构建一个新的"公平、可持续和现代化的国际税制体系"。"支柱一"下的"统一方法"是对国际税收规则近百年来最大的实质性改革。① 2020 年 10 月，OECD/G20 BEPS 包容性框架发布了《数字化带来的税收挑战——支柱一蓝图报告》（以下简称《支柱一蓝图报告》），② 重申以"支柱一"下的新征税权向市场国扩大利润分配的解决方案。《支柱一蓝图报告》提出的应对经济数字化税收挑战解决方案的核心是给予市场国新征税权，而难点在于新征税权的利润分配，这不仅是技术层面的难题，更关系到国家间税收利益格局的再平衡。③

2021 年 7 月，OECD/G20 BEPS 包容性框架发布《关于应对经济数字化税收挑战"双支柱"方案的声明》（以下简称《7 月声明》）。④ 2021 年 10 月，OECD/G20 BEPS 包容性框架再次发布《关于解决经济数字化带来的税收挑战的"双支柱"方案的声明》（以下简称《10 月声明》），⑤ 136 个包容性框架成员同意加入并达成共识。截至 2021 年 11 月，137 个包容性框架成员同意加入该协议。《10 月声明》的附录给出了"双支柱"方案详细的实施计划。有关"支柱一"方案的实施计划指出，"支柱一"方案涉及金额 A 的部分需要通过《金额 A 多

① 张志勇：《近期国际税收规则的演化——回顾、分析与展望》，《国际税收》2020 年第 1 期。

② "Tax Challenges Arising from Digitalisation-Report on Pillar One Blueprint: Inclusive Framework on BEPS, OECD/G20 Base Erosion and Profit Shifting Project," OECD, https://doi. org/10. 1787/beba0634-en.

③ 姚丽、靳东升：《OECD 第一支柱方案蓝图的两难困境：简化目标与技术理性》，《税务研究》2021 年第 6 期。

④ "Highlights Brochure: Addressing the Tax Challenges Arising from the Digitalisation of the Economy," OECD, https://www. oecd. org/tax/beps/brochure-addressing-the-tax-challenges-arising-from-the-digitalisation-of-the-economy-july-2021. pdf.

⑤ "Statement on a Two-Pillar Solution to Address the Tax Challenges Arising from the Digitalisation of the Economy," OECD, https://www. oecd. org/tax/beps/statement-on-a-two-pillar-solution-to-address-the-tax-challenges-arising-from-the-digitalisation-of-the-economy-october-2021. pdf.

边公约》（*Multilateral Convention*，*MLC*）的方式加以实施，具有强制性且有约束力是《金额 A 多边公约》的核心和新亮点，去除所有数字服务税及相关单边措施则是《金额 A 多边公约》的关键意图和重要组成部分。与此同时，包容性框架成员还需要更改其国内法来保障金额 A 新征税权的有效实施，相关立法模板有待开发。至此，OECD 完成了"支柱一"方案，除金额 B 以外所有的技术工作。

继"支柱一"方案技术框架和细节的设计几近完成后，OECD 着手准备"支柱一"方案的实施文档，主要包括草拟《立法模板》及其注释、《金额 A 多边公约》及其《解释性声明》（*Explanatory Statement*）。数字经济工作组①（The Task Force on the Digital Economy，TFDE）负责相关文献的起草。

2022 年以来，OECD 秘书处发布了一系列有关"支柱一"方案不同模块《立法模板》的公众咨询文件。2022 年 2 月 4 日，OECD 秘书处发布了一份工作文件：《支柱一金额 A：联结度和收入来源地规则立法模板草案》的公共咨询文件②（*Pillar One-Amount A：Draft Model Rules for Nexus and Revenue Sourcing*，*PUBLIC CONSULTATION DOCU-MENT*）（以下简称《联结度和收入来源立法模板》）。该文件为"支柱一"方案金额 A 实施中有关联结度和收入来源规则的国内立法及《金额 A 多边公约》相关内容的制定提供了基础和参考，其中的收入来源规则条款相较于《支柱一蓝图报告》有重大调整。2022 年 2 月 18 日，OECD 秘书处发布《支柱一金额 A：税基确定立法模板草案》

---

① 数字经济工作组最初成立于 2013 年，是 OECD 财政事务委员会（The Committee on Fiscal Affairs，CFA）的附属机构，负责处理应对经济数字化税收挑战相关工作。2017 年成为 OECD/G20 BEPS 包容性框架下的附属机构，其职责是推动金额 A 的实施，主要负责制定《多边公约》及其《解释性声明》、《立法模板》及其《注释》等文件来支持金额 A 的落地实施以及追踪后续发展等相关工作。

② "Pillar One-Amount A：Draft Model Rules for Nexus and Revenue Sourcing," OECD, https：//www. oecd. org/tax/beps/public-consultation-document-pillar-one-amount-a-nexus-reve-nue-sourcing. pdf.

的公共咨询文件① (*Pillar One-Amount A*：*Draft Model Rules for Tax Base Determinations*，*PUBLIC CONSULTATION DOCUMENT*) (以下简称《税基确定立法模板》)。2022 年 4 月 4 日，OECD 发布《支柱一金额 A：适用范围国内法立法模板草案》(*Pillar One-Amount A*：*Draft Model Rules forDomestic Legislation on Scope*) (以下简称《适用范围立法模板》)的公共咨询文件。② 2022 年 4 月 14 日，OECD 发布《支柱一金额 A 下的采掘业排除》的公众咨询文件 (*Pillar One-Amount A*：*Extractives Exclusion*，*PUBLIC CONSULTATION DOCUMENT*)。③ 2022 年 5 月 6 日，OECD 发布《支柱一金额 A 下的受监管金融服务业排除》(*Pillar One-Amount A*：*Regulated Financial Services Exclusion*，*PUBLIC CONSULTATION DOCUMENT*)④ 的公众咨询文件。2022 年 5 月 27 日，OECD/G20 BEPS 包容性框架发布《支柱一下金额 A 税收确定性框架》(*Pillar One-A Tax Certainty Framework for Amount A*，*PUBLIC CONSULTATION DOCUMENT*)⑤ 和《支柱一下金额 A 相关税收确定性问题》(*Pillar One-Tax certainty for issues related to Amount A*，*PUBLIC CONSULTATION DOCUMENT*)⑥ 两份公众咨询文件。2022 年 7 月 11 日，OECD 秘书处发布《支柱一金额 A 进展报告：应对经济数字化税收挑战

---

① "Pillar One-Amount A：Draft Model Rules for Tax Base Determinations," OECD, https://www. oecd. org/tax/beps/public-consultation-document-pillar-one-amount-a-tax-base-determinations. pdf.

② "Pillar One-Amount A：Draft Model Rules for Domestic Legislation on Scope," OECD, https：//www. oecd. org/tax/beps/public-consultation-document-pillar-one-amount-a-scope. pdf.

③ "Pillar One-Amount A：Extractives Exclusion," OECD, https://www. oecd. org/tax/beps/public-consultation-document-pillar-one-amount-a-extractives-exclusion. pdf.

④ "Pillar One-Amount A：Regulated Financial Services Exclusion," OECD, https://www. oecd. org/tax/beps/public-consultation-document-pillar-one-amount-a-regulated-financial-services-exclusion. pdf.

⑤ "Pillar One-A Tax Certainty Framework for Amount A," OECD, https://www. oecd. org/tax/beps/public-consultation-document-pillar-one-amount-a-tax-certainty-framework. pdf.

⑥ "Pillar One-Tax Certainty for Issues Related to Amount A," OECD, https://www. oecd. org/tax/beps/public-consultation-document-pillar-one-amount-a-tax-certainty-issues. pdf.

的双支柱解决方案》（*Progress Report on Amount A of Pillar One：Two-Pillar Solution to the Tax Challenges of the Digitalisation of the Economy*）[①]，并开展公众咨询。2022 年 10 月 6 日，OECD/G20 BEPS 包容性框架发布《支柱一下金额 A 的征管和税收确定性方面的进展报告》[②]（*Progress Report on the Administration and Tax Certainty Aspects of Amount A of Pillar One*），并就此展开公众咨询。2022 年 12 月 20 日，OECD BEPS 包容性框架发布《第一支柱下金额 A：关于数字服务税和其他相关类似措施的多边公约条款草案》（*Pillar One-Amount A：Draft Multilateral Convention Provisions on Digital Services Taxes and other Relevant Similar Measures*）的公众咨询文件。去除数字服务税和其他相关类似措施成为《金额 A 多边公约》的重要内容，其实也是美国继续进行"支柱一"谈判的主要筹码和关键意图。随着"支柱一"方案的持续探索与完善，各国也从未停止在其国内法中引入数字服务税的步伐。

2023 年 7 月，OECD/G20 BEPS 包容性框架发布《应对经济数字化带来的税收挑战的双支柱解决方案的成果声明》。[③] 2023 年 10 月，数字经济工作组批准发布《金额 A 多边公约》[④] 和《解释性声明》[⑤]。试图

---

① "Progress Report on Amount A of Pillar One Two-Pillar Solution to the Tax Challenges of the Digitalisation of the Economy," OECD, https：//www. oecd. org/tax/beps/progress-report-on-amount-a-of-pillar-one-july-2022. pdf.

② "Progress Report on the Administration and Tax Certainty Aspects of Amount A of Pillar One," OECD, https：//www. oecd. org/tax/beps/progress-report-on-the-administration-and-tax-certaint-aspects-of-amount-a-of-pillar-one-two-pillar-solution-to-the-tax-challenges-of-the-digitalisation-of-the-economy. htm.

③ "Outcome Statement on the Two-Pillar Solution to Address the Tax Challenges Arising from the Digitalisation of the Economy," OECD, https：//www. oecd. org/tax/beps/outcome-state-ment-on-the-two-pillar-solution-to-address-the-tax-challenges-arising-from-the-digitalisation-of-the-economy-july-2023. pdf.

④ "The Multilateral Convention to Implement Amount A of Pillar One," OECD, https：//www. oecd. org/tax/beps/multilateral-convention-to-implement-amount-a-of-pillar-one. pdf.

⑤ "Explanatory Statement to the Multilateral Convention to Implement Amount A of Pillar One," OECD, https：//www. oecd. org/tax/beps/explanatory-statement-multilateral-convention-to-im-plement-amount-a-of-pillar-one. pdf.

通过具有强制性且有约束力的《金额 A 多边公约》构建国际税收多边治理新机制是 OECD 雄心勃勃的创举，但是也有学者认为，这很难成功。①

二 "支柱一"方案关键技术文件设计详解与评述

"双支柱"方案的设计，不仅事关世界各国的国家主权和税收利益，而且规则本身的创新和复杂程度较高，使得国际谈判进展一波三折，在细则设计和落地衔接过程中积累了诸多亟待解决的问题。②

"支柱一"方案设计具有高度的复杂性和创新性，不仅体现在革命性地提出赋予市场国新征税权和公式化的利润分配方法，而且体现在 OECD 发布了大量技术文件，且多数文件页数都超过百页之多。同时，文件中创造了繁多的仅在"双支柱"方案情景下适用的术语，一些关键术语甚至无法直接找到对应的中文，这为准确理解"双支柱"方案带来了巨大的技术鸿沟。为此，本部分详细阐述有关"支柱一"方案的主要技术文件，并对其核心要义加以评述，旨在揭开其神秘的面纱，为更好地理解"支柱一"方案的新规则，参与相关规则的制定提供支持。

（一）BEPS《第 1 项行动计划最终报告》

《第 1 项行动计划最终报告》③ 认为，数字经济带来的税收挑战已经超越了 BEPS 问题。报告首先阐述了适用于电子商务的税收政策的首要原则，即在中立性、效率性、确定性和简易性、有效性、公平性及灵活性④

---

① Reuven S. Avi-Yonah, "Eran Lempert. The Historical Origins and Current Prospects of the MultilateralTax Convention," *World Tax Journal* 3 (2023).

② 朱青、白雪苑：《OECD"双支柱"国际税改方案：落地与应对》，《国际税收》2023 年第 7 期。

③ "Addressing the Tax Challenges of the Digital Economy, Action 1–2015 Final Report, OECD/G20 Base Erosion and Profit Shifting Project," OECD, https://doi.org/10.1787/9789264241046-en.

④ 上述原则被称为渥太华税收框架原则。

的基础上提出公正性，指出公正性是制定税收政策要考量的一个重要原则。国与国之间的税收公正性体现在对各国所得（或损失）的分配，确保各国能够公平分享跨境交易产生的税收。特别地，报告明确指出公正原则是数字经济背景下来源国与居民国征税权之争的一个重点考虑的原则。

《第1项行动计划最终报告》分析了信息与通信技术（ICT）的发展，以及进一步发展到数字经济的演变过程。数字经济的兴起，催生了诸如电子商务、云计算、参与式网络平台等诸多新兴的商业模式。该报告还分析了数字经济的特征及其与税收的关系，具体包括以下六个方面。①流动性。流动性主要体现在无形资产的流动性、用户的流动性和业务功能的移动性等方面。对无形资产的高度依赖是数字经济的主要特征。不同于有形资产，跨国企业集团无形资产的所有权更容易在全球不同企业间进行分配和转移。②对数据及用户的依赖性，尤其是大数据的应用。③网络效应，用户的决定可能对其他用户获得的利益产生直接影响。④多层面商业模式的扩展。具有创新性和不断迭代的商业模式是数字经济的显著特征，[1] 同时也是数字经济价值实现的主要方式和载体。⑤形成垄断或寡头垄断的倾向。⑥多变性。

从直接税（所得税）的角度看，数字经济下税收政策面临三大挑战。①联结度。随着数字技术的发展，跨国企业集团在全球的业务可以通过非实体的方式开展，这对现有体系中依靠物理存在的常设机构构成的联结度门槛提出了挑战。②数据/用户产生的价值归属与度量问题。在数字经济下，数据/用户也创造了价值，需要分配利润的呼声越来越高。③新商业模式下的收入分类与定性等问题。

为应对上述数字经济给税收带来的挑战，数字经济工作组考量了不同的方案，包括修改常设机构例外条款、改变现有常设机构构成门槛的

---

① 姚丽、靳东升：《OECD 第一支柱方案蓝图的两难困境：简化目标与技术理性》，《税务研究》2021 年第 6 期。

替代方案、对某些数字交易征收预提税、引入均衡税（Equalization Levy）等。在此基础上，数字经济工作组进一步提出了数字经济下有关直接税的"三个方案"。①以具有"显著经济存在"（基于收入的因素、基于数字化的因素、基于用户的因素）作为测试门槛的新联结度规则。②对特定类型数字交易征收预提税。③征收均衡税。虽然 OECD 并未在最终报告中建议此阶段推行上述"三个方案"中的任何方案，但各国可以在其国内法采用上述"三个方案"，尝试引入备选方案。

在直接税方面，数字经济工作组虽然讨论、分析和评估了不同方案，但并未明确提出应对经济数字化税收挑战的解决方案。在 BEPS 15 项行动计划中，只有第 1 项行动计划的成果未形成任何实质性的改革举措，① 这也恰恰说明了应对经济数字化的税收挑战是一项复杂的工作。

（二）《数字化带来的税收挑战——2018 中期报告》

2018 年 3 月，OECD/G20 BEPS 包容性框架发布了《数字化带来的税收挑战——2018 中期报告》② （以下简称《中期报告》）。《中期报告》作为 OECD/G20《第 1 项行动计划最终报告》，以及该报告所提及的包容性框架需要在 2020 年提交的共识性最终报告的中间成果，具有明显的过渡性色彩。③

从数字经济到经济数字化，《中期报告》在《第 1 项行动计划最终报告》的基础上进一步分析了数字化④对商业模式和价值创造的影响。

---

① 刘奇超、沈涛、曹明星：《从 BEPS 1.0 到 BEPS 2.0：国际税改"双支柱"方案的历史溯源、体系建构与发展趋势（上）》，《国际税收》2024 年第 1 期。

② "Tax Challenges Arising from Digitalisation-Interim Report 2018," OECD, http://dx.doi. org/10.1787/9789264293083-en.

③ 姜跃生、姜奕然：《过程、要害及对策：对 OECD 统一方法支柱一方案的分析与透视（上）》，《国际税收》2020 年第 12 期。

④ 将数字经济的概念引申到经济数字化，体现了数字技术与经济的融合，顺应未来发展的趋势。

报告分别探讨了价值链、价值网络和价值商店的概念、模型，并使用案例分析方法对价值网络和价值商店两种不同商业模式的价值创造过程进行了深入剖析。《中期报告》深入分析了由数字化形成的新商业模式的价值创造过程，以及由此引发的税收挑战。

《中期报告》指出，相较于数字经济，经济数字化体现出如下特征：①无实体的跨境经营（Cross-jurisdictional Scale without Mass）；②严重依赖无形资产，特别是知识产权（IP）；③数据、用户参与及其与知识产权的协同作用的重要性。该报告描述了一个数据价值循环的过程，该过程包括五个不同的阶段：数据生成阶段、数据收集形成大数据阶段、数据分析阶段、知识库阶段和数据驱动的决策阶段。在数字化商业模式中，用户参与（数据）创造了价值，但是对于哪个阶段创造了价值，价值创造的大小如何，不同国家持有不同的观点。一些国家（主要是数字经济下商品和服务的流入国）普遍认为，用户参与会对数字化业务创造价值；而另一些国家（数字经济下商品和服务的输出国，即美国）则认为，数字化企业收集用户数据，但作为交易，数字化企业已经向用户提供了经济或非经济的补偿，真正创造和实现价值的是对数据加工形成的商业智能以及后续具有创新性的商业模式，而非数据（用户）本身。

《第1项行动计划最终报告》明确各国可以在国内法采用"三大方案"[①] 应对数字经济对更广泛的直接税带来的挑战。随后，各国纷纷采取不同的措施，诸如开征数字服务税等单边措施、修正常设机构阈值门槛并提出显著经济存在的新联结度概念、联合国《税收协定范本》中提出的服务型常设机构（Service PE）[②] 条款等方法。关于新联结度规则，显著经济存在测试门槛在 OECD"支柱一"方案中有所讨论，但后

---

① "三大方案"即以显著经济存在为门槛的新联结度规则、对特定类型数字交易征收预提税、衡平税。
② 服务性常设机构（Service PE）的界定见 UNModel Tax Convention, Article 5（3）（b）。

续未被采纳。在预提税方面，英国提议通过立法除扩大特许权使用费的范围外，在某些情况下扩大对来源的定义。而对于对特定类型数字交易征收预提税的方案，在后续的"双支柱"方案中未被提及和采用。关于均衡税等类似措施的方案，包括印度对在线广告征收的均衡税、意大利对数字交易的征税、匈牙利的广告税等。与 2019 年 OECD/G20 BEPS 包容性框架发布的"双支柱"方案①采用多边解决方案不同的是，OECD 最初允许将类似"均衡税"作为应对经济数字化税收挑战的可选方案之一。但随着各国纷纷开征数字服务税和类似税收等单边措施的出台，美国政府和美国高科技跨国企业集团对此提出强烈反对，OECD 的解决方案也逐渐发生了微妙的变化。

对于上述各国纷纷采取的单边过渡措施，各国对"三大方案"持有不同的立场②，《中期报告》依旧不建议使用，希望能达成一个具有共识的解决方案来应对经济数字化给国际税收带来的挑战。

（三）《应对经济数字化的税收挑战——政策说明》

2019 年 1 月，OECD/G20 BEPS 包容性框架发布了《政策说明》，首次提出将"双支柱"方法（Two Pillar Approach）作为共识性解决方案的基石，这一提法具有里程碑意义。其中，"支柱一"方案主要用来应对经济数字化对税收带来的挑战，聚焦征税权以及利润的分配，包括修订联结度规则和修订利润分配规则等；"支柱二"方案主要用来解决 BEPS 的遗留问题。"双支柱"方案的提出标志着 BEPS 1.0 阶段迈入了 BEPS 2.0 阶段。

"支柱一"方案提出的新联结度规则在《第 1 项行动计划最终报告》及《中期报告》中均有所提及。一些国家主张应向市场或用户所

---

① "双支柱"方案要求达成共识的各方在实施该方案后，在国内停止开征类似数字服务税等单边税收措施。

② 三组国家持不同立场，第一组和第二组国家认为有必要对现有的利润分配和联结度规则做出改变，而第三组国家则认为没有必要对超出 BEPS 范围的议题采取进一步的行动。

在地司法管辖区分配更多利润，包容性框架同意在没有偏见的基础上探讨该建议。对于联结度，包容性框架同意探索使用不同的概念，包括改变常设机构的门槛，如引入《第 1 项行动计划最终报告》提及的"显著经济存在"的概念或"显著数字存在"的概念，以及制定特殊的协定规则等。

《政策说明》虽然仅有 2 页半篇幅，但意义重大。相较于《第 1 项行动计划最终报告》和《中期报告》阐释的含糊的解决方案，首次提出了"双支柱"的概念，虽然没有形成"双支柱"的具体解决方案，但为后期提出应对经济数字化国际税收挑战的共识性解决方案指明了方向。

（四）《应对经济数字化的税收挑战——公众咨询文件》

2019 年 2 月，OECD/G20 BEPS 包容性框架发布了《应对经济数字化的税收挑战——公众咨询文件》①。在进一步审视《第 1 项行动计划最终报告》的基础上，归纳出修正利润分配和联结度规则的"三大提案"：用户参与提案（User Participation Proposal）、营销型无形资产提案（Marketing Intangible Proposal）和显著经济存在（Significant Economic Presence）提案。实际上，该报告只着重审视了以欧洲国家为代表提出的用户参与提案和以美国为代表的营销型无形资产②提案，而对于以印度为代表提出的显著经济存在提案则予以淡化。

1. 用户参与提案

用户参与提案是由欧洲国家提出的。用户参与提案主要基于高度数字化的企业（如社交媒体平台、搜索引擎和线上销售平台等），用户的

① "Public Consultation Document：Addressing the Tax Challenges of the Economy," OECD, https://www.oecd.org/tax/beps/public-consultation-document-addressing-the-tax-challenges-of-the-digitalisation-of-the-economy.pdf.

② OECD《跨国企业与税务机关转让定价指南》（2017）将营销型无形资产定义为与市场营销活动相关的无形资产，有助于产品或服务的商业开发，并且对相关产品而言具有重要的营销价值，包括商标、客户名单、专有市场及客户数据等无形资产。

持续互动和积极参与是作为其价值创造的重要组成部分而提出的。现有国际税收框架是以物理存在作为判断标准确定所得的来源国是否具有征税权，但由用户参与所创造的价值，并没有赋予用户所在地的司法管辖区征税权。为更好地将利润分配和价值创造相结合，该提案试图修改联结度规则和利润分配规则，旨在将征税权扩展到用户或市场管辖区所在地进而分配利润。

该提案建议修改利润分配规则，对于某些业务，无论是否有物理存在，用户参与的司法管辖区都应分配部分利润。该提案指出可以采用剩余利润［或非常规利润（Non-routine Profit）］分割法来进行，并将利润分配设计为三步：①计算剩余利润（或非常规利润）；②使用量化（或质化）的信息或者事先同意的简化比例方法，将剩余利润的一部分归属于由用户参与所创造价值的司法管辖区；③按照事先商定的分配指标（如销售收入），将该部分利润在用户所在的司法管辖区进行分配，同时赋予该司法管辖区对剩余利润的征税权，无论其是否达到现有联结度规则要求的门槛。

为了简化，该提案表示也可以使用公式近似计算用户创造的价值。值得注意的是，全球公式分配法这一非遵循独立交易原则的确定各税收管辖区之间利润分配水平的方法，长期以来一直被 OECD 排除在理论上作为独立交易原则的替代方法①。如果是这样的话，是否意味着 OECD 开始承认公式分配法在转让定价方法中的合法地位？后来的事实证明，公式分配法被"支柱一"方案采纳，并成为"支柱一"方案重要的理论源泉之一。

2. 营销型无形资产提案

营销型无形资产提案是由美国提出的。该提案认为，营销型无形资产和市场管辖区间的联系主要通过两种方式来体现：①通过品牌、商号

① "OECD Transfer Pricing Guidelines for Multinational Enterprises and Tax Administrations 2017," OECD, https://doi.org/10.1787/tpg-2017-en.

等无形资产在市场管辖区获得消费者好感的方式建立联系；②通过来自市场管辖区对特定消费者和用户进行的活动而获取客户数据、客户名单等无形资产的方式建立联系。由此可见，不同于用户参与提案，营销型无形资产提案不仅仅聚焦于数字经济相关业务，同时也包含传统业务，这也为后续"支柱一"方案适用范围的扩大埋下了伏笔。

鉴于上述营销型无形资产与市场管辖区建立的联系，营销型无形资产提案建议修改现有的转让定价规则及相关协定，将归属于营销型无形资产和与这些无形资产风险相关的部分或全部非常规收入分配给市场管辖区，其他收入仍按照现有的转让定价规则进行分配。该提案赋予市场管辖区仅就营销型无形资产取得的非常规收入的征税权。具体来讲，可以使用常规的转让定价方法或修正的剩余利润分割法（Modified Residual Profit Split Method，MRPS）来向市场管辖区分配由营销型无形资产生成的非常规收入。显而易见，该提案充分代表了美国的立场和利益。

3. 显著经济存在提案

以印度为代表的国家提出显著经济存在提案。显著经济存在提案的理论逻辑在于，经济的数字化和其他技术进步使企业能够在没有显著实体存在的情况下，大量参与司法管辖区的经济生活，从而使得现有的联结度规则和利润分配失效。

该提案认为，显著经济存在的决定因素包括：①存在一个用户群和相关的数据输入；②来自管辖范围的数字内容的容量；③以当地货币或者当地支付方式记账、收款；④以当地语言维护网站；⑤具有最终向客户交付货物或由企业提供售后服务、维修保养等其他配套服务的责任；⑥使用持续的营销和促销活动，无论是网上还是其他方式，用以吸引客户。

显著经济存在提案设计了包含三个步骤的部分分配法（Fractional Apportionment Method）[①]：①定义划分的税基；②确定用于划分税基的分配因子（Allocation Keys）；③确定分配因子的权重。

---

① 部分分配法类似于公式分配法。

上述"三大提案"都提出了改变现有联结度规则和利润分配规则的诉求。对于联结度规则，"三大提案"提出使用不同参数来改变基于物理存在的联结度判断标准。对于利润分配，显著经济存在提案建议使用部分分配法，而用户参与提案和营销型无形资产提案建议使用剩余利润分割法。剩余利润分割法和公式分配法成为"支柱一"方案具有混合性质的解决方案中的核心理论方法。但与"支柱一"方案倡导使用的剩余利润分割法不同的是，包容性框架依旧坚持使用独立交易原则下的剩余利润分割法。

《应对经济数字化的税收挑战——公众咨询文件》着重分析了用户参与提案和营销型无形资产提案的异同及面临的问题和挑战。两个提案均以价值创造作为基础，因此，将两个提案进一步融合构建一个"统一方法"或将成为可能。在遵循"利润应在经济活动发生地和价值创造地征税"这一指导性原则的前提下，① 包容性框架从技术层面对"双支柱"方案进行了初步设计。"支柱一"方案的设想包括适用范围、业务线细分、利润确定和分配、减少双重征税、征收等部分内容，由此形成了"支柱一"方案的雏形。

（五）《形成应对经济数字化税收挑战共识性解决方案的工作计划》

2019 年 5 月，OECD/G20 BEPS 包容性框架发布了《形成应对经济数字化税收挑战共识性解决方案的工作计划》② （以下简称《工作计划》），正式提出"双支柱"方案的基本框架。

---

① 2013 年 9 月，G20 领导人圣彼得堡峰会的领导人声明中首次提出，为应对跨国公司极端税收筹划和数字经济对国家税收的挑战，"利润应在经济活动发生地和价值创造地征税"这一国际税收的征税基本原则。

② "Programme of Work to Develop a Consensus Solution to the Tax Challenges Arising from the Digitalisation of the Economy," OECD/G20 Inclusive Framework on BEPS, http://www.oecd. org/tax/beps/programme-of-work-to-develop-aconsensus-solution-to-the-tax-challenges-arising-from-the-digitalisation-of-the-economy. htm.

《工作计划》明确表示，将《应对经济数字化的税收挑战——公众咨询文件》中的"三大提案"开发成一个基于共识的解决方案，以此来解决数字时代征税权在各司法管辖区间如何分配的问题。尽管"三大提案"存在重大差异，但最大的共性在于"三大提案"均认为，当某项商业活动在该管辖区创造了价值（有可能是通过远程的方式），就应该向消费者/用户所在的市场管辖区①分配更多的征税权。

《工作计划》提出使用修正的剩余利润分割法、部分分配法和基于分销的方法（Distribution-based Approaches），量化新征税权下如何向市场管辖区重新分配利润。

1. 修正的剩余利润分割法

修正的剩余利润分割法将跨国企业集团部分非常规利润分配给市场管辖区，而该价值创造在现有国际税收的利润分配规则下是无法被识别的。修正的剩余利润分割法共分为四步：①确定要分割的利润总额；②使用现行转让定价规则或经约定的简化方法去除常规利润；③利用现行转让定价规则或经约定的简化方法，确定在新征税权范围内非常规利润的分配比例；④使用分配因子将范围内的非常规利润分配到相关的市场管辖区。

2. 部分分配法

与修正的剩余利润分割法不同的是，部分分配法并不将利润分为常规利润和剩余利润，而是将部分利润（属于新征税权的利润）分配给市场管辖区。该方法共分为三步：①确定要被分配的利润；②选择分配因子（如人员、资产、销售额、用户等）；③使用公式向市场管辖区分配部分利润。该方法的最大亮点是，引入跨国企业集团全球利润率作为确定要分配利润的选项。

---

① 《工作计划》将市场管辖区定义为企业客户所在地的司法管辖区，或如企业向其他企业提供服务，则指使用这些服务所在的市场管辖区。在许多数字化商业模式的背景下，这一定义将涵盖用户所在的司法管辖区，因为用户直接从在线供应商处获得商品或服务，以及在线供应商向另一个以这些用户为目标的企业（如广告）提供服务。

3. 基于分销的方法

基于分销的方法是一种简化的方法。该方法对归属于市场管辖区的营销、分销和用户相关的活动创造的利润设定一个基准利润。使用跨国企业集团的总体利润率或其他参数（不同行业、不同市场）来评估以及调整基准利润，从而有效地将一定比例的常规利润和非常规利润分配给市场管辖区。

与修正的剩余利润法不同的是，基于分销的方法试图除非常规利润外，将与营销相关的常规利润分配给市场管辖区。该方法涉及的使用简化的方法，将与营销相关的常规利润分配给市场管辖区，为后面的"支柱一"方案的金额 B 部分的设计提供了原始思路。

《工作计划》还探讨了在业务线或在区域层面上根据新征税权确定利润的可能，应划归在新征税权范围外的业务以及对亏损的处理等问题。

4. 新联结度规则

《工作计划》开发了"远程应税存在"（Remote Taxable Presence）的概念以及一套判断该应税存在的新标准。同时提出了一个新概念，"应税所得来源"（Taxable Income Sourced）。新联结度规则打破了现有以物理存在的常设机构为联结度的门槛，未来有可能采取的举措包括：①对 OECD《关于对所得和资本避免双重征税的协定范本》中第 5 条常设机构的定义，以及后续对第 7 条的修改；②通过新的"远程应税存在"或"应税所得来源"概念开发一个新的独立的联结度规则。

（六）《秘书处建议》和《双支柱声明》

2019 年 10 月，OECD 发布《公众咨询文件：就"统一方法"的秘书处建议》（以下简称《秘书处建议》）。[①] 2020 年 1 月，包容性框架第

---

① "Public Consultation Document, Secretariat Proposal for a 'Unified Approach' under Pillar One," OECD, http://www.oecd.org/tax/beps/public-consultation-document-secretariat-proposal-unified-approach-pillar-one.pdf.

8次会议发布《关于以双支柱方案应对经济数字化税收挑战的声明》①（以下简称《双支柱声明》）。《秘书处建议》和《双支柱声明》同意采用"支柱一"下的"统一方法"提案作为包容性框架各成员国未来谈判的基础，在此基础上构建一个新的"公平、可持续和现代化的国际税制体系"。这两份报告对"统一方法"提案的适用范围、新联结度、新征税权以及利润分配方法进行了详细规范，尽管有很多关键细节还需要在包容性框架内进一步协商，但总体框架和规则逻辑已经形成。

《秘书处建议》就"双支柱"解决方案中的"支柱一"提出公众咨询，秘书处首次提议通过建立"统一方法"提案来应对经济数字化面临的税收挑战。《工作计划》提出的"支柱一"下的"三大提案"尽管在适用范围、利润分配等方面存在差异，但也存在诸多共性，如向市场管辖区重新分配征税权、构建新的联结度规则等。上述规则修订设计均超越了独立交易原则和独立实体原则，旨在寻求构建简单、稳定的新国际税收体系，并在实施过程中增加税收确定性。为此，秘书处建议构建一个受到包容性框架成员一致同意的基于共识的"统一方法"。"统一方法"提案，虽有美好愿景的期冀设想，但也须客观冷静地看待现实难题。②

1. 以合并利润为起点

"统一方法"提案主张以跨国企业集团合并财务报表（Consolidated Financial Statements）中列示的合并利润作为利润分配的起点，并且建议采用税前利润（Profit Before Tax，PBT）作为首选的利润指标。如果跨国企业集团的业务线（或业务部门）非常广泛，那么就需要将"统一方法"规定的适用范围内的业务（以下简称"规定业务"）从合并财

---

① "Statement by the OECD/G20 Inclusive Framework on BEPS on the Two-Pillar Approach to Address the Tax Challenges Arising from the Digitalisation of the Economy," OECD, http://www.oecd.org/tax/beps/statement-by-the-oecd-g20-inclusive-framework-on-beps-january-2020.pdf.

② 姚丽：《愿景与现实：OECD 应对经济数字化税收挑战的"统一方法"》，《税务研究》2020 年第 6 期。

务报告中分拆出来，得到规定业务的全球合并利润，这是一项看似简单、实际非常艰巨复杂并且极易引发争议的工作。分拆工作不仅关系到会计准则的选择和准则间的差异调整，如美国通用会计准则（GAAP）与国际财务报告准则（IFRS）的差异，也关系到区分规定业务与其他业务的边界确定。同时，跨国企业集团内的管理运作是跨业务线共享的，相应成本费用为所有业务线服务，如何恰当地在各业务线之间分配共享成本费用，得到比较符合实际情况的规定业务合并利润，需要更具指导性和操作性的指南与国际合作。

"统一方法"提案确定的规定业务包括两大类。一是自动化数字服务（Automated Digital Services，ADS），该类业务是指向遍布全球的大型客户群或用户群提供自动化和标准化的数字服务，具体包括线上搜索引擎服务、社交媒体平台服务、线上中介平台服务（如在线市场的运营，包括 B2B 和 B2C）、数字内容流媒体服务、网络游戏服务、云计算服务、线上广告服务等。但是法律、会计、工程和咨询等专业性较强的服务，虽然可能通过线上交付，但因其需要高度的人工干预和自主判断才能完成而未列其中。二是面向消费者的业务（Consumer Facing Businesses，CFB），该类业务是指通过销售给消费者商品和服务的销售行为来获取收入的业务，具体包括个人电子产品（如软件、家用电器、移动电话机）、服装、洗漱化妆品、奢侈品、品牌食品和零食、汽车、特许经营权业务（如餐厅和酒店的特许经营）等。面向消费者的业务（CFB）不仅包括直接向消费者销售的产品和服务，也包括通过第三方分销商和执行常规处理的中间商（仅对产品进行简单装配和包装）而间接向消费者销售的产品和服务。

2. 以定量联结度确定新征税权

"统一方法"提案不再坚持基于物理存在的、以定性判断为标准的传统联结度规则，转而寻求定量判断的新联结度规则。"统一方法"提案主张，无论跨国企业集团在一国是否构成物理存在，只要其从事的规定业务在该国形成的销售收入达到规定的阈值门槛，即可判定该跨国企业集团在该国的业务经营达到显著且持续参与（Significant and Sustained Engagement）的重要程度，便构成新联结度，该国也据此享有对该跨国企业集团所得的新征税权。对于自动化数字服务业务，"统一方法"提案倾向于采用销售收入作为阈值门槛的判定指标；对于面向消费者的业务，可能考虑除销售收入以外的其他指标作为判定指标。

阈值门槛判定指标及其数值水平高低的设定，直接关系到新征税权的覆盖范围。如果指标水平设置过高，将阻挡市场规模较小的国家获得新征税权；如果指标水平设置过低，将加大纳税人的税收遵从成本和各国税务主管机关的管理成本。在设定阈值门槛判定指标时，应综合考虑数字经济全球税收治理的客观需求、各国发展程度、市场规模以及行业特征，在取得多边共识和支持的前提下，恰当设定并且保持足够的弹性。对此，"统一方法"提案提出可以参照 BEPS 第 13 项行动计划对国别报告的门槛设定，将年收入 7.5 亿欧元作为新联结度的阈值门槛。

3. 新征税权的利润分配难题

在确定规定业务合并利润的基础上，"统一方法"提案采用"三段式算法"进行利润分配。首先，遵循转让定价独立交易原则，将因执行基础性营销和分销功能活动（Baseline Distribution and Marketing Activities）应获得的常规利润定义为"金额 B"。其次，如果在执行基础性营销和分销功能活动之外，还执行了其他方面的功能活动，也要遵循转让定价的独立交易原则，再额外确定一部分利润，将其定义为"金额 C"。再次，合并利润减除金额 B 和金额 C 之后的余额，将其定义为默认剩余利润（Deemed Residual Profit，DRP）。"统一方法"认为 DRP 是跨国企业集团的非常规功能活动所创造的，[①] 属于非常规利润，并且以固定

---

① "Public Consultation Document, Secretariat Proposal for a 'Unified Approach' under Pillar One," OECD, https://www.oecd.org/tax/beps/public-consultation-document-secretariat-proposal-unified-approach-pillar-one.pdf.

比例的方式将 DRP 中的一部分确定为"金额 A"，以对应由市场国享有的新征税权。最后，采用公式分配的方法，如考虑以销售额作为分配要素，将金额 A 在各市场国之间进行分配。这一步的利润分配，不是在跨国企业集团内的各关联公司之间进行，而是在各市场国之间分配利润，并且不再遵循转让定价的独立交易原则。

如图 4-1 所示，可以明显看出，确定金额 A 的比例以及对金额 A 进行再分配的分配要素，是"三段式算法"的关键技术环节，决定各市场国享有新征税权的税收利益的含金量，也是"统一方法"新征税权的利润分配难题。一言以蔽之，金额 A 的大小决定市场国新征税权的实质经济意义。由于"统一方法"认为 DRP 是非常规利润，是由非常规的资产投入、功能执行和风险承担所进行的价值创造贡献的，因此对 DRP 的分配要与价值创造的贡献大小相匹配。如前所述，有学者认为数字经济商业模式下，数据生成过程所创造价值（即数据价值）的贡献较低，而数字平台公司以商业模式进行的价值实现过程被认为创造了极大的价值，其价值创造贡献呈指数级增长。[①] 数字化跨国企业集团的居民国往往是发达国家，典型代表是美国。美国在其营销型无形资产

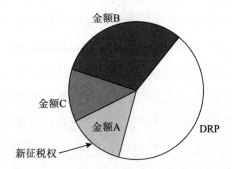

图 4-1 "统一方法"赋予市场国新征税权的利润分配
资料来源：依据 OECD "统一方法"加工整理。

---

① Castellanos, S., "JPMorgan Invests in Startup Tech that Analyze Encrypted Data," *Wall Street Journal* 13 (2018).

提案中坚持认为，剩余利润应主要归属于美国跨国企业集团。由此看来，从 DRP 中确定金额 A 的大小，必然是各方争议的焦点，是新征税权的利润分配难题，表面上是技术指标的确定，而实际上是国家间税收利益的争夺与竞争。

受用户参与提案影响最大的是亚马逊、脸书、谷歌等美国的高科技跨国企业集团，美国为了保护自身利益提出营销型无形资产提案，并试图将新征税权及剩余利润的分配扩大至传统业务，涵盖所有企业，而不仅是数字经济企业。

（七）《支柱一蓝图报告》

2020 年 10 月，OECD/G20 BEPS 包容性框架发布《支柱一蓝图报告》，该报告包含对"支柱一"方案详细的技术设计以及相关议题的政治决断。"支柱一"方案通过构建新的联结度规则和新的利润分配规则，目的是使国际所得税体系适应经济数字化发展的需要。"支柱一"方案旨在经济数字化背景下，提供更为公平和有效的分配征税权。《支柱一蓝图报告》是扩大市场国征税权的第一个综合性提案。①

《支柱一蓝图报告》奠定了"支柱一"方案的整体框架和主要技术设计，但仍存在诸多遗留问题和悬而未决的技术细节，有待于通过政治决断和进一步的技术再设计去解决。《支柱一蓝图报告》技术方案设计繁杂，其中，简化和确保税收确定性是《支柱一蓝图报告》需要解决的主要现实问题。尽管如此，《支柱一蓝图报告》仍具有重要的里程碑意义，为未来有待达成共识的协议提供坚实的基础，可执行的"支柱一"方案已初具雏形。

---

① Reuven S. Avi-Yonah, "The International Tax Regime at 100: Reflections on the OECD's BEPS Project," Law & Economics Working Papers, https://research. ibfd. org/#/doc? u-rl=/linkresolver/static/itpj_2022_01_int_1.

"支柱一"方案由三部分构成：①赋予市场管辖区①对跨国企业集团部分剩余利润的新征税权（金额A）；②依据独立交易原则，对于物理上发生在市场管辖区的基准/最低营销和分销活动给予一个固定的回报（金额B）；③通过有效的争议和预防解决机制明确税收确定性的流程。

"支柱一"方案的框架包括三大部分内容，由11个子模块构成，共同形成了"支柱一"方案的基础。金额A部分是最具革命性的改革，即将跨国企业集团一部分剩余利润②分配给市场管辖区。金额A部分包括适用范围、联结度、收入来源规则、确定税基、利润分配、消除双重征税6个子模块。金额B是对市场管辖区内具有实体存在的基准营销和分配活动给予一个固定比例的回报，体现了简化版的独立交易原则。金额B部分包含适用范围和计算两个子模块。通过构建有效的争议预防和解决机制保证税收的确定性，税收确定性部分包括金额A及金额A以外的争议预防和解决两个子模块。实施与管理子模块贯穿"支柱一"方案的始终。不同于"统一方法"提案中包含金额A、金额B和金额C，"支柱一"方案仅保留了金额A和金额B。"支柱一"方案基本框架如图4-2所示。

"支柱一"方案聚焦经济数字化和全球化背景下的新征税权的划分和利润的再分配，对传统国际税收体系下的常设机构和独立交易原则的核心规则提出挑战。与此同时，希望通过更广泛的多边税务合作，提高跨国企业集团的税收确定性。"支柱一"方案将征税权扩展到远程交易

---

① 《支柱一蓝图报告》中的用户/市场管辖区，简称为市场管辖区，是跨国企业集团销售其产品或服务的司法管辖区，或者对于高度数字化业务，向用户提供服务或向用户征求和收集数据或用户对内容有所贡献的司法管辖区。从《支柱一蓝图报告》对市场管辖区的定义可以看出，此处的市场管辖区业务既包括数字化业务，也包括传统业务。

② 《支柱一蓝图报告》金额A下提及的剩余利润是指超过约定的利润率阈值的利润。这与转让定价中的剩余利润的概念不同。《支柱一蓝图报告》并未给剩余利润下一个概念性的定义，而是给出了一个简单的量化计算方法。

所在的市场管辖区，以此通过交换来去除某些国家采取的单边措施。

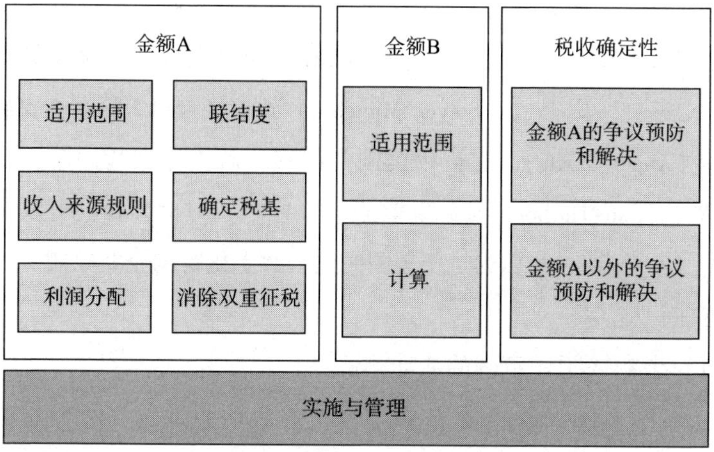

图4-2　"支柱一"方案基本框架

资料来源：《应对数字化税收挑战——支柱一蓝图报告》。

1. 新征税权（金额A）的适用范围

现行国际税收规则赋予一个司法管辖区对其境内具有物理存在的非居民企业的常设机构获取的利润具有征税权。随着全球化和数字化的发展，企业可以通过远程的方式而非传统物理的方式，积极而持续地参与市场管辖区的经济活动，进而获取利润，很少或不必在该市场管辖区具有物理存在。因此，在经济数字化和全球化背景下，市场管辖区无法征收到相应的税款，某些国家的税基受到了侵蚀，欧洲国家成为"重灾区"。为此，以欧洲国家为代表的市场国愈加强烈地提出了改革诉求，以物理存在作为判断是否具有征税权的现有国际规则受到越来越多的质疑和挑战，旧有的规则不再适用，亟待进行变革。

《支柱一蓝图报告》扩大了征税权的范围，引入具有创新性的概念：具有新征税权的金额A。金额A通过活动测试和门槛测试来确定其适用范围。如果一个跨国企业集团通过活动测试和门槛测试，那么该跨国企业集团就会被划入到金额A的征税范围。特别值得注意的是，新征税权（金额A）的征税范围不仅仅是技术问题，更重要的是一个政治议题，因为这关乎哪类和哪些企业包含在新征税权范围内，进而要求重新分配利润，直接影响到不同国家的财政收入和税收利益以及该国跨国企业集团未来在全球的竞争力。就如 2019 年 12 月 3 日，时任美国财政部部长史蒂文·姆努钦（Steven Mnuchin）致信经合组织秘书长安赫尔·古里亚（Ángel Gurría），在重申美国支持多边解决方案的同时，建议在"安全港"（Safe Harbor）基础上实施"支柱一"方案。我们可以将其称为美式"安全港"，其目的是使美国的大型数字化跨国企业集团有通路绕过"支柱一"。

（1）金额 A 适用范围的活动测试

《支柱一蓝图报告》适用于金额 A 的活动测试包含两类业务：一是自动化数字服务（ADS）；二是面向消费者的业务（CFB）。

所谓自动化数字服务（ADS）是指企业通过远程的方式提供给全球用户的自动的和标准化的服务，这类服务无需在当地建设基础设施，自动的和标准化的服务是这类服务的特点。自动化服务的活动测试包括自动化数字服务（ADS）活动的正面清单、非自动化数字服务活动的负面清单和一般定义三部分。活动测试流程步骤包括：首先，识别活动是否包含在正面清单内，如在，则该活动为自动化数字服务（ADS）业务；其次，如果该活动未在正面清单内，则检查其是否在负面清单内，如果在负面清单内，则该活动不是自动化数字服务（ADS）业务；最后，当正面清单和负面清单均无法判断该业务是否属于自动化数字服务（ADS）业务时，则使用一般定义来进行判断。

自动化数字服务（ADS）业务的正面清单包括：在线广告服务、销售用户数据或采用其他方式转让用户数据、在线搜索引擎、社交媒体平台、在线中介平台、数字内容服务、在线游戏、标准化的在线教学服务和云计算服务。负面清单中的非自动化数字服务活动包括：定制的专业服务、定制的在线教学服务、在线销售除 ADS 活动以外的商品和服务、通过网络连接（物联网）销售实物获取的收入和提供访问 Internet 或其他电子网络的服务。自动化数字服务（ADS）业务的一般定义包含两个要素：一是自动化，即服务供应方在向特定用户提供服务时所需最少的人力参与；二是采用数字的方式，通过 Internet 或电子网络来提供服务。

不同于自动化数字服务（ADS），面向消费者的业务（CFB），既包括数字化业务，也包括传统业务。数字技术的发展使得跨国企业集团可以通过远程的方式与市场管辖区的用户进行重要而持续的互动，进而为企业创造价值并获取利润。面向消费者的业务（CFB）是指通过向消费者销售某种类型的商品和服务而产生收入的业务，包括通过中间商、特许经营以及许可等非直接方式销售的产品和服务。这里的"消费者"是指出于个人目的而非商业或专业目的，购买商品或服务的个人（无论其是直接购买者，还是非直接购买者）。这里的业务类型强调是通常销售给消费者个体的业务。某些自然资源、金融服务，住宅物业的建造、销售和租赁，以及国际航空和海运业务将被排除在金额 A 的适用范围内。

（2）金额 A 适用范围的门槛测试

设置门槛测试的目的是，确保只有跨国企业集团年度合并收入超过门槛测试值的超大型跨国企业集团才能落入金额 A 的征税范围内，此举是为降低新规则的合规成本，而采取分阶段实施的方式。门槛测试包括两项指标：一是跨国企业集团的合并收入大于某个门槛；二是从其国内市场外获得的适用范围内的收入大于某个门槛。

《支柱一蓝图报告》并未给出一个具体量化的门槛数值，仅表达了该门槛需要设置在较高水平，以便数量较少的跨国企业集团才能落入到金额 A 的征税范围，后续可以逐步降低该门槛的数值。之所以《支柱一蓝图报告》未给出门槛阈值，是因为门槛阈值的确定不仅是一个技术问题，更是一个政治问题，需要平衡各方利益。

2. 量化的新联结度规则

现有国际税收规则是以定性的物理存在为标准确认常设机构联结

度，显然这并不适合当今数字化的征税环境。适用于金额 A 的以收入为门槛的量化的新联结度规则，是对现有国际税收体系下以物理存在为联结度判定标准的常设机构规则的重大变革，以此赋予经济数字化背景下市场国新的征税权。

上述适用范围测试，旨在捕获哪些跨国企业集团落入到金额 A 的征税范围。而联结度规则是判断某一司法管辖区对非居民企业是否拥有征税权的标准性原则。在经济数字化背景下，市场管辖区呼吁通过改变现有的以常设机构为联结度的规则，构建新联结度来争取新的征税权。《支柱一蓝图报告》中设计的新联结度规则呼应了这一要求，该新联结度规则仅适用于确定市场管辖区对金额 A 的征税权，而非其他税收目的。也就是说，新的联结度规则将不会影响现有的常设机构规则的执行，而现有的常设机构规则将继续运行，未来新旧征税权将并行运行。

对于自动化数字服务（ADS）业务和面向消费者的业务（CFB），《支柱一蓝图报告》设计了新联结度规则。相较于高度数字化的自动化服务，面向消费者业务的市场管辖区的远程参与并不显著，其利润率明显低于自动化数字服务。因此，面向消费者服务的新联结度的设计标准要高于自动化数字服务的诉求是合理的。更高的标准体现在使用除了提高收入这一主要因子的门槛外，还可以引入其他因子。具体来讲，对于自动化数字服务，新联结度的门槛是年收入超过 X 百万欧元的跨国企业集团，且收入是辨别是否存在联结度的唯一标准。然而，对于面向消费者的业务则采用除了年收入超过 X 百万欧元这一标准外，还可以考虑加上可以表明与市场有显著且持续参与的其他附加因子指标。同时，考虑依据 GDP 指标，对较大的市场经济体使用较高的收入门槛，而对较小的发展中经济体使用较低的收入门槛。

3. 收入来源规则："支柱一"方案可行性基石

《支柱一蓝图报告》运用大量篇幅对收入来源规则的细则进行设计与描述，可见其重要性与复杂性。可以说，收入来源规则是"支柱一"

方案可行性的基石，其不仅影响新联结度的判定，甚至直接影响金额 A 税基的计算和利润分配的结果，实质上是影响国家税收利益格局的再平衡。①

收入来源规则（Revenue Sourcing Rules），用来判断跨国企业集团的某项销售收入是否来源于某一市场管辖区。特别是对于市场辖区而言，收入来源确认是决定其是否可以获得新征税权以及获得多少新征税权（金额 A）的关键问题。收入来源规则与上述适用范围、新联结度以及后续的金额 A 的公式分配法密不可分。收入来源规则为金额 A 适用范围的确定、新联结度、税基计算、剩余利润的计算和分配、消除重复征税等"支柱一"方案的关键组成部分的实施，以及金额 A 及金额 A 以外的税收争议预防和解决提供技术支持，是"支柱一"方案的重要内容。

确认收入来源是"支柱一"方案可行性的逻辑起点。《支柱一蓝图报告》以业务类别和层级指标确认收入来源。"支柱一"方案为特定类型的交易分别制定详细的收入来源确认规则，跨国企业集团必须根据具体交易事实和商业情形使用可靠的收入来源确认方法。同时，为不同的业务类别设计了具有层级的指标体系。具体来讲，"支柱一"方案通过设计具有层级结构的一系列可接受的指标来确认收入来源。跨国企业集团需要按照该层级结构指标中的第一个指标来确认收入来源，如果跨国企业集团认为第一个指标是无法获取的，或者能够证明第一个指标是不可靠的，也可以选择使用层级结构指标中的第二个指标，对其收入进行来源确认，以此类推。无法获取的是指跨国企业集团无法拥有信息并且已经采用合理的步骤去获取信息而未能成功的。不可靠的是指跨国企业集团可以证明所用指标不是收入来源规则基本原则的真实代表。

对于自动化数字服务（ADS）业务，按业务类别和层级指标来确认

---

① 励贺林、骆亭安：《收入来源规则：支柱一方案可行性的基石》，《税务研究》2021 年第 10 期。

跨国企业集团的收入来源。首先，将 ADS 业务分为 7 类：线上广告服务、销售或转让用户数据、线上搜索引擎、社交媒体平台、线上中介平台服务、数字内容服务、网络游戏；其次，指明每类业务收入适用的收入来源规则；最后，列出每类收入使用的相关指标。如前文所述，这些指标需要按照层级依次使用，不能打破每类收入来源规则设定的指标顺序。

对于面向消费者的业务（CFB），首先，将 CFB 业务分为 4 大类：直接将面向消费者商品销售给消费者获取收入、通过独立分销商将面向消费者商品销售给消费者获取收入、提供面向消费者的服务获取收入、特许经营和授权获取收入等；其次，指明每类业务收入适用的收入来源规则；最后，列出每类收入使用的相关指标。依据不同类型收入来源的不同应用场景，会有不同层级结构指标。

4. 自上而下确定税基

（1）基于合并财务报表的税前利润计算金额 A 税基

金额 A 体现了新征税权，将跨国企业集团的一部分剩余利润在各市场国进行再分配。与现行的自下而上的独立实体原则不同，金额 A 的税基是以跨国企业集团的全球合并利润作为确定税基的起点，是自上而下的单一制度（Unitary Regime）[①] 的体现。由于全球化的发展，跨国企业集团利用协同效应在全球获取的利润总额远远大于其每个实体利润相加的数额，现行的独立实体原则受到质疑。为此，《支柱一蓝图报告》从跨国企业集团财务报表中合并利润，计算金额 A 的税基。金额 A 的税基确定包含三项主要内容：①标准税前利润用来作为计算金额 A 的基础；②探讨使用细分账户（Segmented Accounts）计算金额 A 的可能性；③设计亏损的结转规则（Loss Carry-forward Rules）。

由范围内的跨国企业集团合并财务报告中记录并经过调整的税前利润成为确定金额 A 税基的量化指标。实践中，由于各国采用不同的会计准则，不同会计准则的账务处理存在差异，《支柱一蓝图报告》规

---

① 前文又称之为单一税制。

定使用国际财务报告准则（IFRS）[①] 或者符合条件的 GAAP[②] 下出具的合并财务报告中列示的税前利润（PBT）作为计算税基的起点。为了方便管理，减少操作上的复杂性，在此阶段，并不需要考虑不同会计准则上的差异，进而进行"会计调整"（Book-to-Book Adjustments），在后续阶段也只是允许计算 PBT 时进行少量的"会税调整"（Book-to-Tax Adjustments）。

具体来讲，使用合并财务报告计算税前利润的方法如下。

金额 A 税基以范围内跨国企业集团最终母公司（Ultimate Parent Entity，UPE）采用的财务会计准则下合并财务报表中的利润作为计算的起点。尽管不同的会计准则之间存在差异，但是其共同点多于其差异。因此，金额 A 的税基计算规则允许跨国企业集团使用任何 GAAP 下的合并报表中的利润计算税基，只要与 IFRS 下的合并报表中的利润生成同等的或可比的结果。对于不编制合并财务报表的跨国企业集团，则需要按照上述要求准备合并财务报表，以满足金额 A 税基计算的要求。

对于合并财务报表的调整包括两部分：一是会计调整，二是会税调整。会计调整是考虑到不同会计准则之间的差异所做出的调整，金额 A 将不会对由此产生的差异进行任何特殊的协调性调整，这主要是出于简化的目的。取而代之的是，金额 A 税基可能会包含一些保障措施，以确保在引入金额 A 后，会计准则之间的差异不会在跨国企业集团之间产生不一致的结果。此外，金额 A 只允许少量的会税调整。

---

① GAAP 和 IFRS 是企业遵循的两套主要的会计准则。GAAP 通常指 US GAAP，由美国财务会计准则委员会（Financial Accounting Standards Board，FASB）制定，并为大多数美国公司所遵从。IFRS 由国际会计准则委员会（International Accounting Standards Board，IASB）制定，被美国以外的大多数国家要求其国内公司使用，中国的国家会计准则与 IFRS 趋同。GAAP 和 IFRS 在资产负债表、现金流量表、资产重估以及存货计价方法等方面存在差异。

② 澳大利亚、加拿大、中国香港、日本、新西兰、中国、印度、韩国、新加坡和美国使用的 GAAP 都是符合条件的 GAAP（eligible GAAP）。未在符合条件的 GAAP 范围的情况下，允许使用其他的 GAAP，前提是不会对金额 A 的应用造成重大竞争性扭曲，是经 UPE 所在司法管辖区具有法律权利相关机构允许使用的会计准则。

PBT 计算起来较为复杂，在多数 GAAP 中并未给出 PBT 明确的定义，只是出于会计的目的，对如何确认各种收入和费用项目提供指南。金额 A 下计算税基的起点为，跨国企业集团 UPE 所在税收管辖区符合条件会计准则下生成的合并会计报表中《损益表》最末行的利润或亏损（即总利润或总亏损）。之后，允许做一定的会税调整（扣除一定的所得和加回一定的费用），得到标准的 PBT 数额。

（2）细分框架

由于跨国企业集团的某些业务是金额 A 范围内的业务，有些属于金额 A 范围外的业务，某些跨国企业集团可能需要从细分层面上计算金额 A 的税基。为此，《支柱一蓝图报告》设计了一个细分框架。

细分框架下确定税基的流程包含三个步骤：①金额 A 范围内的跨国企业集团依据适用范围和联结度规则将其收入按自动化数字服务（ADS）、面向消费者的业务（CFB）和范围外活动进行分解；②设置一个"细分豁免"门槛，[①] 允许某些全球收入低于这一门槛的跨国企业集团以集团为单位来计算金额 A 的税基；或者设计成安全港，跨国企业集团的全球收入低于上述门槛，可以选择按集团或者按细分来计算金额 A 的税基，但要遵循第三步中列出的约束条件；③对于那些不符合"细分豁免"条件或者设计成安全港而未选择"细分豁免"的跨国企业集团，需要测试其是否需要对金额 A 的税基进行细分以及基于什么进行细分。这个过程采用下述步骤进行：首先，使用细分特征（Segmentation Hallmarks）确定是否需要对税基进行细分。如不需要，则以其集团收入来计算其税基。其次，对于具有细分特征的跨国企业集团，对其财务报表披露的细分市场进行测试，以确定是否符合一致同意的细分特征。如果符合，将使用细分市场的收入来计算金额 A 的税基。财务报表披露的细分市场具有相似利润率的跨国企业集团将获得豁免，可以依据集团全球收入来计算金额 A 的税基。最后，对于财务报告披露的细

---

① 该细分免税金额初步定为 X 十亿欧元，五年过渡期后再降低。

分市场划分不符合第一步细分列示的三个类别①的，可以选用可供选择的其他细分类别。

（3）亏损结转规则

亏损结转规则在集团或细分层面引入"或有对价机制"（Earn-out Mechanism）。也就是说，计算金额 A 税基时，在某一给定的纳税期间产生的损失不会像生成的利润一样被分配到市场管辖区。取而代之的是，亏损将被汇集到集团或分部的一个独立账户中并结转至后续年度，且在该账户中报告的历史亏损完全消耗之前，该分部不会产生金额 A 下的利润以及将其再分配到不同的市场管辖区，这与现有的国内亏损结转机制有所不同。

5. 公式分配法下的利润分配

《支柱一蓝图报告》使用公式分配法来计算和分配金额 A。公式分配法这一非独立交易原则的方法，突破了以独立交易原则作为核心规则的转让定价方法，是对现有国际税收规则的重大变革。

（1）公式分配法下金额 A 利润分配的三个步骤

步骤一：设置利润率门槛，即税前利润 PBT/收入的比率，为简化起见，采用一个固定的比例。

步骤二：识别一个合适再分配比例，将剩余利润的一部分分配给市场管辖区，即得到可分配的税基。

步骤三：使用"分配因子"将可分配的税基分配给符合条件的市场管辖区。

对于步骤一中的固定利润率门槛，OECD 秘书处进行了测算。如果将该门槛定义为 10%，年收入超过 7.5 亿欧元的范围内的跨国企业集团，将有大约 780 家跨国企业集团的剩余利润可供分配。

《支柱一蓝图报告》认为跨国企业集团（或分部）的剩余利润只有

---

① 即自动化数字服务、面向消费者的业务和范围外活动。

一部分归属于金额 A。其余占较大比例的，由与金额 A 无关的活动生成的剩余利润仍需要按照现有独立交易原则下的转让定价规则进行分配，不归属于金额 A 的剩余利润包括来自营销型无形资产、资本和承担风险等活动生成的剩余利润。可见，金额 A 仅主张将一小部分剩余利润分配给市场管辖区。

对于步骤二中的固定剩余利润再分配比例，据 OECD 秘书处测算，如果利润率门槛定义为 10%，剩余利润再分配比例定义为 20%，将会有 980 亿美金（2016 年数据）分配给市场管辖区。也就是说，按照此分配方法，80%的跨国企业的剩余利润依旧会按照现有的独立交易原则进行利润分配，而只有 20%的剩余利润会按照非独立交易原则，使用公式分配法在金额 A 下分配给市场管辖区。

关于步骤三确定分配因子，当可供分配的税基确定后，就需要使用收入作为分配因子，将利润分配给符合条件的市场管辖区。这里的收入是指依据会计准则，记录的扣除各种税金（包括销售税、使用税、增值税和消费税）的总收入。

计算和分配金额 A 进行公式化的分配可以采用两种方式：一是绝对利润法，即基于利润的方法；二是比例利润法，即基于利润率的方法。两种方法都需采用上述的三步法，同时也会得出相同的结果。

（2）利润分配的差异处理机制

金额 A 的公式分配法在不同的情境下使用可能会有所差异，这就需要构建一系列差异处理机制来化解差异。具体包括：对于计算可分配税基时产生的差异，可以采用提高步骤二中再分配比率的方法；对于使用分配因子向不同市场管辖区分配可分配税基产生的差异，可以采用加权的方法来进行分配；对于其他差异，可以通过为某些数字活动（如 ADS 业务），在市场管辖区无实体存在的业务增加特定的常规回报。

对于是否需要处理数字化差异，包容性框架成员并没有达成一致的意见。有的框架成员认为不存在任何差异，不需要采取行动去处理；有的成员则认为对于自动化数字服务（ADS），可以通过降低公式分配法步骤一中的利润率门槛，或者提高公式分配法步骤二中的剩余利润再分配的比例来调整数字化差异；有的包容性框架成员认为可以通过使用阶梯利润来调节数字化差异，也就是说，在公式分配法的步骤二中仅依据跨国企业集团（或相关分部）的利润率这一指标，引入累进的再分配百分比来调节数字化差异。该观点是基于跨国企业集团能够获得更高的回报，是因为市场对其利润率提供了更大的贡献（如垄断租金）这一前提假设提出的。

另外，一些包容性框架成员认为无论是自动化数字服务（ADS）还是面向消费者的业务（CFB），只要是在某一司法管辖区内采用数字化的方式与客户建立联系进行远程销售，那么该司法管辖区还应该获取通过远程执行营销和分销活动获得的常规利润进行分配的权力。在这些成员看来，一旦达到金额 A 新联结度门槛，拒绝市场管辖区对因数字化而能够远程参与其管辖区经济生活（即进行销售、营销和分销、收款和应对客户投诉等）的企业征税是不公平的。

（3）重复计算问题

金额 A 的利润分配与现有的所得税体系叠加存在，市场管辖区可能会对同一项剩余利润征两次税，一次是通过现有转让定价规则下的应税存在进行征税，再一次是在金额 A 下的征税，进而造成双重征税问题。可以通过设置营销和分销利润安全港和国内业务免税来解决重复计算问题。

这里的营销和分销利润安全港并非传统意义上的安全港。[①] 这与美国一直坚持的针对"支柱一"方案整体框架下的安全港规则也不尽相同。此处设置的营销和分销利润安全港的目的是，在金额 A 利润分配时降低市场管辖区的双重征税。

---

① 《OECD 跨国企业与税务机关转让定价指南》（2017）中的安全港是为应对使用独立交易原则带来的难题，对特定纳税人或交易遵循的事先确定的转让定价规则或豁免适用一般转让定价规则所指定的条款。

使用营销和分销利润安全港的前提条件是，金额 A 应该分配给依照现行利润分配规则未分配剩余利润的市场管辖区，而不应分配（适用范围内活动）至一个跨国企业集团已经在市场上留下了足够剩余利润的市场管辖区。

如果现有的营销和分销利润低于固定回报（Fixed Return），跨国企业集团将无法获得安全港资格；如果现有的营销和分销利润超过固定回报，但低于安全港回报，则分配给该司法管辖区的金额 A 将减少至安全港回报与已分配给当地的利润之间的差额；如果现有的营销和分销利润超过安全港回报，则不会向该司法管辖区分配任何金额 A。

对于避免双重征税，除了设置营销和分销利润安全港外，还可以考虑使用国内业务免税的方法。

6. 避免双重征税的机制

为了调和金额 A 的利润分配和现有国际税收体系下利润分配机制，"支柱一"方案设计了针对此问题的避免双重征税的机制。"支柱一"方案的避免双重征税机制包括两部分内容：一是识别跨国企业集团（或者细分市场）的支付实体（Paying Entities）①；二是采用减少双重征税的方法（免税法或抵免法）。

（1）识别支付实体

由于金额 A 依据利润率门槛将一定比例的剩余利润在集团层面（或细分层面）使用简化的公式分配法计算税基并进行分配，因此，可以考虑使用同样的公式化的方法来识别支付实体。支付实体的识别需要使用利润率测试，但通过利润率测试来识别支付实体存在局限性②；另

---

① 支付实体是指承担金额 A 纳税义务的实体，其税收居民所在司法管辖区应就金额 A 引发的双重征税问题予以免除。这里需要指出的是，支付实体不一定是在市场管辖区物理上具有金额 A 纳税义务的实体。为简便起见，跨国企业集团允许指定集团内的一个实体来承担每个市场管辖区的金额 A 的纳税义务。由此可见，支付实体是专为金额 A 设计的一个新的纳税人类别，其在现有国际税收规则下是不存在的。

② 由于跨国企业集团实体间存在内部交易，因此，在集团层面或细分层面的利润率和实体层面的利润率会有所不同。

外，集团内的各个实体和集团的财务报告有可能使用不同的 GAAP。因此，《支柱一蓝图报告》建议通过一种量化方法来识别支付实体。该量化的识别支付实体的方法分为四步。

第一步，活动测试。识别出为跨国企业集团剩余利润做出重大且持续贡献的实体。

第二步，利润率测试。使用利润率测试，以确保识别出的实体有能力承担对金额 A 的纳税义务。也就是说，生成常规利润、低利润或亏损的实体不能成为支付实体。

第三步，市场关联优先级测试。按照优先顺序，将金额 A 的纳税义务分配给与分配金额 A 的市场有关联的实体。经过活动测试和利润率测试，跨国企业集团中会识别出多个潜在的支付实体。然而，这些潜在支付实体的利润仅从有限的具有金额 A 的利润分配征税权的市场管辖区获得。引入市场关联优先级测试的目的是建立市场管辖区与单个或多个支付实体间的联系。

第四步，按比例分配。在未发现与市场有足够关联，或与关联的市场缺乏足够利润的情况下，将按公式化的比例分配金额 A 的纳税义务。

（2）金额 A 下消除双重征税的方法

消除金额 A 下的双重征税，即对于支付实体来讲，不会对同一利润在不同司法管辖区征两次税。一次是依据现有利润分配规则征税，另一次是依据金额 A 下的利润分配规则征税。通过识别支付实体确保依据现有规则获取剩余利润的实体被设计成支付实体。《支柱一蓝图报告》建议使用免税法和抵免法来消除金额 A 下的双重征税。在使用免税法情形下，支付实体只需将金额 A 下分配给市场管辖区的部分利润的税收予以免除，这一方法的优点是简便。在使用抵免法情形下，支付实体可对适用于金额 A 的在市场管辖区的税收进行抵免。

7. 适用于基准营销和分销活动的金额 B

"支柱一"方案下，金额 A 是对现有国际税收规则的重大变革。主要体现在：新征税权通过使用公式分配法分配跨国企业集团的剩余利润给市场管辖区，是对现有国际税收核心规则中的独立交易原则的突破；通过使用量化的门槛建立新的联结度将征税权赋予市场管辖区，是对现有国际税收规则中以物理存在为主要认定标准的常设机构定性联结度规则的突破。"支柱一"方案中金额 B 的设计则是仅对基准营销和分销活动①的征税采用简化版的独立交易原则加以固定，以达成税收确定性的目标。设计金额 B 的目的是，简化税务机关对转让定价规则的管理和降低纳税人的税务遵从成本，同时提高税收的确定性和减少税务机关和纳税人之间的争议。所以说，金额 B 是对独立交易原则的改良，使用一个标准化的简化方法，得到与独立交易原则下近似的结果。

金额 B 的适用范围较窄，仅适用于基准的营销和分销活动。但也有部分包容性框架成员希望金额 B 能扩展到更广泛的范围，即将代理商/销售代理人，或者分销实体来自基准营销和分销活动以外的利润也采用一个标准化的回报。同时，也有成员建议，如果能证明范围内跨国企业集团的基准营销和分销活动，更适用现有的独立交易原则下的转让定价方法，则可以拒绝使用金额 B。

金额 B 是对跨国企业集团在某市场准确划定交易下，从事基准的营销和分销活动所给予的固定回报，其适用范围不受金额 A 适用范围的限制。

什么样的实体和业务是金额 B 覆盖范围内的呢？金额 B 是跨国企业集团在市场管辖区的居民企业（或常设机构）从事基准营销和分销活动得到的回报，该子公司或常设机构在这里被称为分销实体（Distri-bution Entity）。分销实体从事的范围内的业务包括：①从国外关联企业采购产品主要②用于再销售给居住国的相关客户的被定义为基准分销活动的业务；②分销实体在居住国与国外关联企业交易或处理的被定义的

---

① 这里的基准营销与分销活动是指最低限度的营销与分销活动。
② 这里的"主要"是指至少 50%的产品在分销实体的居住国销售。

基准营销与分销活动的业务。

金额 B 会应用于依据对交易的准确描述、执行功能、拥有资产、承担风险等特征，在独立交易原则下认定为常规分销商的分销实体。

《支柱一蓝图报告》使用定性和定量相结合的方式来确定分销实体是否在金额 B 范围内。首先，使用定性化的正面清单和负面清单的测试方法。同确定金额 A 中自动化数字服务（ADS）适用范围的方法类似，使用正面清单和负面清单的方式来确定哪些活动是金额 B 适用范围内的基准营销和分销活动。参照正面清单列示的常规分销商在独立交易原则下执行功能、拥有资产、承担风险来定义金额 B 范围内的基准营销和分销活动。这里的正面清单是基于狭窄范围定义的，旨在通过定性的方式来衡量常规分销商的情况。负面清单是依据常规分销商在独立交易原则下并非执行功能、并非拥有资产、并非承担风险的其他定性衡量指标而导致分销商在金额 B 适用范围外。但《支柱一蓝图报告》并未给出正面清单和负面清单所包含的具体内容。其次，也可以进一步采用量化指标来识别金额 B 范围内的活动。

如果准确划定交易的结果显示，某市场内的企业被定性为常规营销或销售支持服务供应商（即从事与定义的基准营销和分销活动相比，执行更少的功能和承担更少的风险），则该企业不会落入到金额 B 的适用范围内，其回报应按照现有的独立交易原则来处理。同样，如果准确划定交易的结果显示，某市场内的企业被定性为从事与定义的基准营销和分销活动相比，执行更多的常规功能和承担更多的常规风险，与此类活动和风险相称的报酬也将不在金额 B 的范围内。可见，金额 B 只适用于一个狭窄的范围。

8. 税收确定性

无论采用何种解决方案，税收确定性对于纳税人和不同司法管辖区的政府来讲，都是重要的考量要素。税收的确定性和预期有助于投资、就业和经济增长。税收确定性，同样也是"支柱一"方案中《支柱一蓝图报告》的税收确定性。由两部分内容组成：一是金额 A 的争议预防和解决机制；二是金额 A 以外的争议预防和解决机制。

对于金额 A 来讲，《支柱一蓝图报告》设计了一个明确的、可执行的、具有强制性且有约束力的争议预防的流程，来确保建立早期的税收确定性。这里特别强调的是具有强制性且有约束力，其与 OECD《跨国企业与税务机关转让定价指南》（2022）中的避免及解决转让定价争端的若干种管理措施有很大的不同，重点体现在其强制性上。该程序是建立在一个代表小组机制（Representative Panel Mechanism）上的，该机制包括审核小组（Review Panel）和裁决小组（Determination Panel）两个小组。

对于金额 A 以外的税收确定性问题，《支柱一蓝图报告》设计了一个多步骤的方法：第一步，争议预防；第二步，使用现有的相互协商程序（Mutual Agreement Procedure，MAP）；第三步，采用一种创新性的具有强制性且有约束力的争议解决机制。金额 B 的争议也需要通过具有强制性且有约束力的争议解决机制来实现。

（1）金额 A 争议预防和解决的新框架

金额 A 争议预防和解决流程包括不同阶段和一系列的构成要素。

第一阶段：开发自我评估申报表，并填报、核查和交换信息

第一，开发标准化的金额 A 自我评估申报表和文件包。

开发适用于所有司法管辖区标准化的金额 A 自我评估申报表（Self-assessment Return）和文件包，将其作为模板提供给跨国企业集团填报和准备，供所有司法管辖区使用。无论跨国企业集团是否提交早期税收确定性的请求，都需要填报该表格和相关支持文件。

第二，跨国企业集团金额 A 协调实体（Co-ordinating Entity）向牵头国税务机关（Lead Tax Administration）填报自我评估申报表和文件包。

跨国企业集团内部的协调实体，在商定的提交截止日期之前，负责向牵头国税务机关填报和准备代表整个跨国企业集团的金额 A 自我评估申报表和相关支持文件。

第三，牵头国税务机关确认自我评估申报表。

牵头国税务机关对跨国企业集团自我评估申报表进行确认。多数情况下，该牵头国税务机关是跨国企业集团最终控股母公司（Ultimate Parent Enterprise，UPE）居民国所在司法管辖区的税务机关。值得注意的是，该牵头国税务机关仅对自我评估申报表的完整性和一致性是否在截止日期完成等事项进行确认，并不对其提供信息的准确性以及决定和分配金额 A 所使用的规则进行确认。也就是说，这一过程的目的是在与其他税务机关交换资料之前进行形式审查而不是实质性审查。

第四，交换自我评估申报表和文件包。

上述牵头国税务机关，将评估申报表和支持文件与跨国企业集团达到应用门槛的市场管辖区等受此影响的税务机关进行交换。受影响的司法管辖区的税务部门可以对自我评估申报表和支持文件进行审查并提出反对意见。为了确保受影响的司法管辖区都能看到自我评估申报表和文件包，需要建立一个信息交换机制，以便信息能够共享。可以通过开发一个中央管理平台，来保存跨国企业集团提供的金额 A 相关信息这一简化方式进行信息交换。

第二阶段：跨国企业集团对税收确定性提出请求

跨国企业集团如果要获得早期税收确定性，需要其协调实体向主管税务机关提出请求；是否采用早期税收确定性，由跨国企业集团自行决定，跨国企业集团可以向居民国所在牵头税务部门提出采用税收确定性的请求。跨国企业集团可就集团是否在金额 A 征税范围内以及是否同意决定和分配金额 A 两方面，对牵头国税务机关提出早期税收确定性请求。

通常跨国企业集团应向集团最终控股母公司（UPE）所在司法管辖区的牵头国税务机关提出早期税收确定性请求。该牵头国税务机关应根据跨国企业集团提供的信息，向跨国企业集团拥有实体或市场的所有司法管辖区的主管当局发出通知。

第三阶段：税收主管当局进行初步审查，以确定是否需要审核小组的介入

对于低风险的跨国企业集团，牵头国税务机关可以决定不启动审核小组。下述情况下，可以开展小组审核流程：跨国企业集团提出税收确定性请求后，牵头国税务机关没有进行初步审查或没有就审查结果得出结论；牵头国税务机关已经进行了初步审查，并认为需要进行小组审查；受影响的税务机关要求进行专家组审查等情况。

第四阶段：组成审核小组并开展审核小组的工作流程

关于审核小组的组成，按照商定的标准，跨国企业集团最终控股母公司（UPE）所在的牵头国税务机关，从对此感兴趣且受影响的税务机关名单中抽取组成审核小组。如果能够成立秘书处担此责任，结果会更为客观。审核小组由 6~8 个税务机关组成，跨国企业集团最终控股母公司（UPE）所在的税务主管机关不包括在内。审核小组的构成应能反映所有经济体的共识，无论国家大小，发展中国家还是发达国家。审核小组应能广泛地反映跨国企业集团在不同地理分布的司法管辖区的意见。有必要确保所有税务机关都有机会参与小组审核流程（尽管不一定是通过加入审核小组的方式），并考虑到他们的利益和能力。如果一个跨国企业集团在金额 A 范围内有多个业务线，理想的情况是审核小组应包括涉及每一个利润分配的司法管辖区的税务机关。跨国企业集团不参与审核小组成员的确定。

为确保包容性框架成员都能全面参与整个税收确定性流程，特别是参与审核小组的工作，对发展中经济体的能力建设至关重要。这包括编写指南和手册，在线和面对面培训，以及通过经合组织无国界税务稽查员（Tax Inspectors Without Borders，TIWB）项目提供直接支持。

关于审核小组的工作流程，为确保流程简化，与跨国企业集团有关早期确定性审查的所有约定将通过牵头国税务机关进行。审核小组成立后，牵头国税务机关会联系跨国企业集团的协调实体确定审查开始日

期。审核小组会对跨国企业集团提交的自我评估申请表的文件进行审查，审查内容包括金额 A 确定和分配相关的要素、跨国企业集团提供的用于测试的事实信息等。该流程主要通过电话会议和邮件沟通的方式进行，极少数情况需要召开线下会议。该审查流程期望从开始日算起，三个月内能够完成。如果牵头国税务机关清楚地确认审核小组无法达成一致意见，就会结束小组审查，流程进入裁决小组阶段。

审核小组的工作成果有两个：一是审核小组同意跨国企业集团提交的自我评估并将其提交给受影响的税务机关以供批准；二是审核小组不同意跨国企业集团提交的自我评估并开展意见征询。

需要强调的是，一旦跨国企业集团提交的金额 A 下的自我评估经审核小组同意并被受影响的税务机关批准，则对跨国企业集团的组成实体（Constituent Entities）和所有包容性框架成员司法管辖区的税务机关具有约束力。

第五阶段：组建裁决小组，开展裁决流程

如果审核小组未能就跨国企业集团的自我评估达成一致意见，牵头国税务机关将通知跨国企业集团和所有受影响的税务机关，相关问题将提交给裁决小组以获得最终结果。

关于裁决小组的组成，《支柱一蓝图报告》提出了裁决小组组成成员的多种设想，但并未明确提出裁决小组的组成方案。

关于裁决小组的工作流程，审核小组将提出具体问题以及持不同立场的书面分析供裁决小组审议。在可能的情况下，裁决小组应努力以协商一致的方式就每个问题达成一致意见，同时考虑到所有小组成员的意见。如果无法做到这一点，则可接受就每个问题以简单多数做出的决定。在简单多数也不能提供明确结果的情况下，裁决小组主席将有额外的投票权，在两个或多个备选答案之间做出裁定。在可能的情况下，裁决小组应在审核小组提交问题和书面分析后的六个月内做出决定。然后，裁决小组主席应撰写一份简短的结论，列出所作决策的主要原因，并由牵头税务局提供给受影响的税务机关。

如果裁决小组确认的方法得到跨国企业集团的认可，那么，金额 A 下的自我评估将对跨国企业集团的组成实体和所有包容性框架成员司法管辖区的税务机关具有约束力。如果裁决小组得出任何其他结论，牵头国税务机关将邀请跨国企业集团的协调实体接受该结果，该结果也同样具有上述约束力。

第六阶段：跨国企业集团不接受审核小组或裁决小组结论的处理

如果跨国企业集团不同意审核小组的建议或者裁决小组的结论，可以撤回早期税收确定性的请求，依据各司法管辖区的国内程序进行。

（2）金额 A 外的争议预防和解决

金额 A 外的税收确定性并不仅仅依靠具有强制性且有约束力的争议解决方法。金额 A 外的税收确定性流程包括三步：第一步，争议预防；第二步，使用现有的相互协商程序（MAP）；第三步，采用一种创新性的具有强制性且有约束力的争议解决机制。

第一步，改进的争议预防程序和工具。

税收争议预防是处理解决税收争议的第一步，也是最有效的方法。改进的争议预防程序和工具主要包括：

一是国际税收遵从保障项目①。国际税收遵从保障项目（International Compliance Assurance Program，ICAP）是在多边领域，采用自愿的方式，对跨国企业集团的税收风险进行评估和保障的试点项目。国际税收遵从保障项目虽然不能给跨国企业集团提供如预约定价安排（Advance Pricing Arrangement，APA）这样的法律层面的税收确定性，但是通过税务机关参与税收风险的评估，对金额 A 范围内的跨国企业集团的税收确定性尤其有利。

---

① ICAP 是由 OECD 下设的税收征管论坛（Forum on Tax Administration，FTA）于 2018 年 1 月首次启动的试点项目，旨在通过高效协调的方式为参加试点的跨国企业集团提供某些活动和交易的税收确定性。

二是联合审计。早期以联合审计的形式进行协调干预可能比让多个税务机关各自对一个跨国企业集团进行转让定价审计更有效。目前，在税收征管论坛（FTA）内开展工作，以支持更多地使用联合审计，作为支持金额 A 范围内跨国企业集团税收确定性的补充工具。

三是改进的双边和多边预约定价安排。国际税收遵从保障项目（ICAP）和改进的双边和多边预约定价安排（APA）联合使用，可以为跨国企业集团提供税收确定性并避免潜在的转让定价争议。

第二步，改进的相互协商程序（MAP）。

OECD《税收协定范本》第 25 条提出了相互协商程序（MAP）的争议解决机制，通过该机制缔约国主管机关可以在相互协商基础上解决有关协定解释与适用的分歧。BEPS 第 14 项行动计划《使争议解决机制更有效》是对相互协商程序（MAP）的效率和效力的加强，从而保证税收协定一致且适当的执行。各国同意通过实施、落实解决协定争议的最低标准及辅助的一系列最佳实践的方式来解决相关的税收争议。《支柱一蓝图报告》指出，在金额 A 外实施具有强制性且有约束力的争端解决机制使得相互协商程序（MAP）更为有效。

第三步，构建金额 A 外具有约束力的争议解决机制。

构建具有强制性且有约束力的争端解决机制（Mandatory Binding Dispute Resolution Mechanism），有别于上述（第二步）提出的相互协商程序（MAP），该机制是"支柱一"方案构建的全新的争端解决机制，主要体现在其具有强制性且有约束力的特征上。然而，包容性框架成员对这一全新的强制性且有约束力争端解决机制的适用范围尚存不同意见。

9."支柱一"方案的实施与征管

《支柱一蓝图报告》是"支柱一"方案具有里程碑意义的一份文件，该报告构建了一个包含 11 个模块的框架，对金额 A 新征税权的联结度规则、利润分配规则、金额 A 的适用范围、收入来源规则、消除双重征税机制以及具有强制性且有约束力的争议与预防解决机制做了详细且全面的设计，至此，"支柱一"方案技术层面的设计已经基本完成。关于如何实施"支柱一"方案，《支柱一蓝图报告》也给出了初步的设想。

随着"支柱一"多边方案的渐行渐近，如何迅速、有效、协调一致地实施成为下一个阶段跨国企业集团及税务机关关注的重点。"支柱一"方案的实施需要将"支柱一"规则转换成国内法、国际公法，制定国内法、国际公法相应的补充指南。同时《支柱一蓝图报告》指出，如果"支柱一"方案得以实施，包容性框架成员应当承诺取消单边措施。

（1）"支柱一"方案实施对国内税法提出的要求

一是创建符合金额 A 设计要求的国内征税权。为了配合金额 A 的实施，国内税法应首先制定对于金额 A 征税权相关要素的规则，包括如何识别和确定纳税人、征税对象（支付实体），确定税基、纳税期间和税率等。

二是消除双重征税。如果一个居民实体被认定为纳税人，国内税法应制定如何减少双重征税相关规则，包括授权消除双重征税以及使用的特定方法。

三是设计金额 A 新征税权和避免双重征税的实施程序。包括促进集中化和简化的管理体系①以及制定金额 A 税收确定性的流程。

四是金额 A 外其他税收确定性流程。包括改进金额 A 外税收确定性的相关流程，特别是通过提供有效的争议预防和解决机制。对于新的争议解决机制，国内法规定将案件提交给专家小组的可能性，专家小组将做出具有约束力的决定。

---

① 使用单一实体（有可能是 UPE 下的一个协调实体）来计算金额 A 和处理与之相关的税收遵从问题。也就是说，跨国企业集团的某一实体在国内的纳税责任有可能要满足位于另外司法管辖区的一个非居民实体制定的纳税要求。

（2）“支柱一”方案实施对国际公法提出的要求

尽管在国内法层面对涉及金额 A 部分进行了更正和补充，但现有国际税收协定依旧存在实施障碍。例如，现有的双边协定中规定的跨国企业集团只有在某司法管辖区有物理存在，即常设机构的情况下，该司法管辖区才拥有对来源于此的常规利润具有征税权。因此，有必要对双边协定进行修改以适应未来金额 A 的如期运行。

为了顺利实施“支柱一”方案，《支柱一蓝图报告》认为有必要构建一个新的《多边公约》。新的《多边公约》的制定与实施，本身也是“支柱一”方案具有重要变革的部分之一。新的《多边公约》为不同司法管辖区沟通和实施“支柱一”方案提供了一个多边框架，确定金额 A 的税收及减少双重征税部分将取代或优于现有双边协定的条款。新的《多边公约》将与现有的税收协定并存。

新的《多边公约》应为实施金额 A 清除现有税收协定上的障碍。新的《多边公约》应包括适用所有司法管辖区的确定金额 A 的事项，如金额 A 的适用范围、新的联结度、各种门槛、金额 A 下税收争议预防与解决规则以及避免双重征税等，而不考虑现有的税收协定对上述相关安排是如何规定的。由于《金额 A 多边公约》只涉及金额 A 相关的税收，因而将会与现有双边税收协定共存。当《多边公约》与现有双边税收协定存在冲突时，《多边公约》会取代现有的双边税收协定。也就是说，《多边公约》比现有双边税收协定具有优先裁决权。

由于双边税收协定对金额 A 外跨境税收仍具有效力，新的《多边公约》并不是完全取而代之，而是与其共存，只是在与其有冲突时，取代现有双边协定的相关条款。同时，新的《多边公约》也不同于多边工具 MLI[①]，并不会修改现有税收协定的有关条款（如现有税收协定中

[①] 《实施税收协定相关措施以防止税基侵蚀和利润转移的多边公约》（*Multilateral Convention to Implement Tax Treaty Related Measures to Prevent Base Erosion and Profit Shifting*），简称《BEPS 多边公约》或 MLI，该公约首次联合签字仪式于 2017 年 6 月 7 日在巴黎举行，由 68 个管辖区签署，并于 2018 年 7 月 1 日生效，目前覆盖 99 个司法管辖区。

常设机构的定义），而是使用新的独立规定来管理新征税权。

同时，《支柱一蓝图报告》明确指出，一旦实施了"支柱一"方案，包容性框架成员应承诺撤销单边措施，今后也不采取类似的单边行动。

（八）《关于应对经济数字化税收挑战双支柱解决方案的声明》

2021 年 7 月 1 日，OECD/G20 BEPS 包容性框架同意采用《关于应对经济数字化税收挑战双支柱解决方案的声明》① （以下简称《7 月声明》）。2021 年 10 月 8 日，OECD/G20 BEPS 包容性框架再次发布《关于应对经济数字化税收挑战双支柱解决方案的声明》② （以下简称《10月声明》）。截至 2021 年 11 月 4 日，有 137 个包容性框架成员同意加入该协议，该事件对于"支柱一"方案具有里程碑意义。

1. 《7 月声明》

《7 月声明》指出，"支柱一"方案的目的是确保更公平地将受益于全球化（而非数字化）的跨国企业集团的利润及征税权在国家间进行分配。特别值得注意的是，这与前一段"支柱一"方案强调的金额 A 主要应对经济数字化的税收挑战有较大不同。从关注数字化到强调全球化，成为"支柱一"方案的重大转向点，这主要体现在金额 A 适用范围的扩大上，与美国政府及其跨国企业集团一直以来的诉求不谋而合。《7 月声明》对《支柱一蓝图报告》中提及的重要的适用范围门槛赋予确切的量化指标；同时对于某些构成要素的表述给予澄清和修正，但《7 月声明》并未给出最终的详细解决方案。相较于《支柱一蓝图报

---

① "Statement on a Two-Pillar Solution to Address the Tax Challenges Arising from the Digital-isation of the Economy," OECD, https：//www. oecd. org/tax/beps/statement-on-a-two-pillar-solution-to-address-the-tax-challenges-arising-from-the-digitalisation-of-the-economy-july-2021. pdf.

② "Statement on a Two-Pillar Solution to Address the Tax Challenges Arising from the Digitalisa-tion of the Economy," OECD, https：//www. oecd. org/tax/beps/statement-on-a-two-pillar-solution-to-address-the-tax-challenges-arising-from-the-digitalisation-of-the-economy-october-2021. pdf.

告》,《7 月声明》对于金额 A 的适用范围做出重大调整,对于主要模块的细节更加明确。主要体现在如下几个方面。

(1)适用范围

《7 月声明》指出涵盖在"支柱一"方案范围内的公司,是全球营业额超过 200 亿欧元并且利润率(税前利润 PBT/收入)超过 10%的跨国企业集团。采掘业和受监管的金融服务不包括在"支柱一"的适用范围内。

这一更新后的适用范围与《支柱一蓝图报告》中预想的适用范围有较大变化:首先,将"支柱一"方案的涵盖范围由先前自动化数字服务(ADS)和面向消费者的业务(CFB)扩展到所有业务领域,尽管《支柱一蓝图报告》中面向消费者业务(CFB)已经包含数字业务和传统业务。也就是说,金额 A 的适用范围不再依据《支柱一蓝图报告》的活动测试和门槛测试的两步测试法加以确认,仅保留了门槛测试便能确定落入金额 A 的跨国企业集团的范围。其次,《支柱一蓝图报告》提及门槛测试,但并未明确标明门槛测试的最终数值。《7 月声明》则明确最终门槛的数值。将由原来的预期跨国企业集团自动化服务(ADS)或面向消费者的业务(CFB)的收入超过 7.5 亿欧元,提升到跨国企业集团全球收入超过 200 亿欧元,同时满足集团利润率超过 10%这一指标。通过这一巨大变化,"支柱一"方案将聚焦于全球规模最大、盈利水平最高的跨国企业集团,而不再局限于自动化数字服务(ADS)和面向消费者的业务(CFB)。据估算,世界 500 家最大的公司[①]的 78 家跨国企业集团将会落入"支柱一"范围内。[②] 其中,总部位于美国的占 63.8%;中国位居第二,占比为 9.5%;其次为英国

[①] 该数据来源于 2020 年《财富》全球 500 强,这里将其称为全球最大 500 家企业,因为该榜单以跨国企业集团的全球收入作为评价指标,笔者认为称其为 500 大更符合其实质。

[②] Martin Simmler, Michael Devereux, "Who Will Pay Amount A?" https://Oxfordtax. sbs. ox. ac. uk/article/who-will-pay-amount-a.

（3.8%）、德国（1.6%）、法国（0.7%）、日本（0.6%）。从行业来看，45%为科技公司。金额A范围的扩大，大大降低了美国超大型科技公司受金额A的影响。

可见，"支柱一"方案适用范围变更后更强调全球化而非数字化，即由经济数字化引发的新征税权和新的利润再分配规则转化成解决全球化和数字化下跨国企业集团的利润再分配问题。这一变化更符合数字服务具有优势的美国及其跨国企业集团的利益。可以说，这是迄今为止，"支柱一"方案的最大变化，也是多方长期政治博弈的结果。

目前看来，"支柱一"方案只对少数大型跨国企业集团产生影响，对为数众多的中小型跨国企业影响不大。但是，应该引起重视的是，"支柱一"方案在某些方面是具有突破性的，并且在具体实施过程中采用的是渐进方式。本声明亦表示如果金额A成功实施，7年后经过审议，跨国企业集团销售额门槛将会由原来的200亿欧元下调到100亿欧元，这意味着有更多的跨国企业集团未来会落入到金额A的新征税权的范围内，势必在未来的几十年持续影响全球的跨境交易。因此，我国有必要未雨绸缪，提前做好应对准备。

（2）联结度

联结度界定了哪个市场管辖区可以分配金额A。《7月声明》将新的联结度规则表述为，符合上述范围内的跨国企业集团在某市场管辖区获得至少100万欧元的收入时，可获得对金额A的征税权。对于GDP低于400亿欧元的较小规模的市场管辖区，联结度的门槛则降低至25万欧元。可见，"支柱一"方案考虑到了较小经济体的税收诉求，但是一些国家由于担心其自身税收征管能力有可能无法争取到应得的税收利益，对此仍存有疑虑。

（3）金额A的分配额

市场国有多少金额A的利润可供分配，这一核心问题将直接影响各国的税收利益。《7月声明》指出将范围内的跨国企业集团剩余利润的 20%~30%①用来分配给市场国。与先前方案中将剩余利润的 20% 用来分配不同，此次给出了一个分配的区间，并有所提高。特别值得关注的是，《7 月声明》对剩余利润给出了一个量化的定义，即超过收入 10%的利润。② 据测算，假设按照剩余利润的 20%（金额 A）门槛来计算，用于分配的金额 A 的数额将达 870 亿美元③，其中总部位于美国的跨国企业集团用于分配的金额 A 数额为 560 亿美元。按行业划分，科技公司金额 A 的数额为 390 亿美元，其中最大的 5 家美国科技公司（苹果、微软、谷歌、英特尔和脸书）被分配的金额 A 的数额将为 280 亿美元。

（4）收入来源规则

收入来源（地）是指使用或消费商品和服务的最终市场管辖区。对于特定类型交易的收入来源规则还有待日后制定。同时，也需要跨国企业集团依据其特定的事实和环境采用可靠的方法来确定收入来源。

（5）确定税基

《7 月声明》指出用于确定税基的是跨国企业集团财务会计报表计量的合并报表的利润和亏损，并且只允许少量的调整，同时允许使用亏损结转。对于如何进行亏损结转，还有待后续文件的确定和细化。

（6）细分

只有在例外情况下，跨国企业集团才能依据财务报表披露的信息进行细分，从而认定该细分是在金额 A 的适用范围内。

（7）营销和分销利润的安全港

如果落在适用范围内的跨国企业集团的剩余利润已经在市场管辖区

---

① 《7 月声明》并没有给出具体的数字，这需要不同经济体的谈判与妥协才能达成。

② 对于剩余利润没有一个统一的概念，不同的文献有不同的解释。"统一方法"也没有对剩余利润明确给出描述性的定义。《支柱一蓝图报告》中将剩余利润解释为超过商定的利润（y%）水平的收入。

③ Martin Simmler, Michael Devereux, "Who Will Pay Amount A?" https://www.econpol.eu/sites/default/files/2021-07/EconPol_Policy_Brief_36_Who_Will_Pay_Amount_A_0.pdf.

被征税，营销和分销利润安全港将限制市场管辖区通过金额 A 将剩余利润分配给该市场管辖区。对于如何设计营销和分销利润安全港还需要后期进一步明确。

（8）消除双重征税

对于引入金额 A 而引发的双重征税问题，《7 月声明》明确可以采用免税法或抵免法来消除分配给市场管辖区带来的双重征税问题。

（9）税收确定性

《7 月声明》明确表示将采取具有强制性且有约束力的方式来构建争议预防和解决机制，来避免金额 A 的双重征税。该机制包括与金额 A 相关的所有事项（如转让定价和有关利润分配的争议等）。这也就意味着，今后可能避免类似目前拖而不决的争议和预防的解决方式来处理新征税权的税收争议问题。

"支柱一"方案提出通过构建具有约束力的"多边公约"的方式解决涉及金额 A 的争端预防和解决机制，并且具有强制性。这与现行各国普遍采用的双边税收协定，即 OECD 的《关于对所得和资本避免双重征税的协定范本》和《联合国发达国家与发展中国家避免双重征税的协定范本》等具有软法性质的国际税收治理方式，存在实质性的区别。这就意味着，随着"支柱一"方案的落地实施，国家要让渡一部分的税收主权，全球税收治理从软法治理过渡到软法和硬法并重的治理模式。也就是说，在国际税收领域将会出现类似《联合国宪章》《维也纳条约法公约》《联合国海洋法公约》等具有硬法性质的国际税收争议预防与解决机制，这一倾向需要密切关注。这里面的硬法是指对国家等国际行为具有强制约束力的国际法。①

考虑到发展中经济体的诉求，《7 月声明》还指出可以考虑对于符合延期实施 BEPS 第 14 项行动计划同行审查，以及没有或很少有相互协商程序（MAP）争议的发展中经济体；对于与金额 A 相关的事项，

---

① 崔晓静：《全球税收治理中的软法治理》，《中外法学》2015 年第 5 期。

可以有选择性地采用强制争议解决机制。

（10）金额 B

《7 月声明》进一步指出，境内最低限度的营销和分销活动依旧适用现有的独立交易原则，但会被简化和改进，特别是对税收征管能力较低的国家。

（11）单边措施

《7 月声明》表示在应用新的国际税收规则和消除数字服务税或其他类似措施时会提供适当的协调。取消数字服务税等单边措施是美国在"双支柱"方案谈判中一直坚持的诉求，有利于美国的跨国企业集团在全球业务的税收确定性，并减少在不同司法管辖区的税收遵从成本。

2.《10 月声明》

《10 月声明》的适用范围和联结度规则同《7 月声明》相比，没有变化。对于金额 A 的分配额，《7 月声明》指出将范围内的跨国企业集团剩余利润的 20%~30%用来分配给市场国。《10 月声明》则明确将范围内的跨国企业集团剩余利润的 25%用来分配给市场国。由此可见，"支柱一"方案的关键细节得到逐步的明确，目前的结果是各方利益相关者博弈的结果。

关于收入来源规则，《7 月声明》遗留的问题在《10 月声明》中没有新的进展，可见收入来源规则对于"支柱一"的实施具有的基础性和复杂性，一些细节问题仍有待后续完善和解决。

关于税基、细分、营销和销售利润安全港，《10 月声明》同《7 月声明》，没有变化。

关于税收确定性部分，《10 月声明》进一步明确了可选择的具有约束性争议解决机制在发展中经济体的适用范围，即包括发展中国家以及非 OECD 或 G20 国家等相互协商程序体系有待改进的司法管辖区。将会对获得实施选择性约束性机制资格的管辖区进行定期审查，对于审查不通过的司法管辖区，在后续年份均无此资格。

关于金额 B 部分，《10 月声明》同《7 月声明》，没有变化。

在单边措施方面，《10 月声明》不同于《7 月声明》，其明确表示《金额 A 多边公约》要求废除所有的数字服务税和类似相关措施，各方需要承诺未来不会使用上述措施。并且自 2021 年 10 月 8 日到 2023 年 12 月 31 日（或者《金额 A 多边公约》生效）这段时间，不能颁布新的数字服务税或其他类似措施并向任何公司征税，但可以就取消数字服务税和其他类似措施的方式进行协商。

但是，在《10 月声明》发布不久，2021 年 12 月 14 日，加拿大联邦政府发布了实施数字服务税的立法草案，这为后续的立法提供了基础。至此，加拿大也加入了单边实施数字服务税的国家队伍。可见，世界各国在税收利益上的博弈从未减弱或停止，"双支柱"方案的落地实施仍面临重重困难和挑战。

《10 月声明》在其附件中列出了"双支柱"方案的详细实施计划。金额 A 是需要在《金额 A 多边公约》框架下实施的，《金额 A 多边公约》需要协调多方利益，如果能够得到包容性框架成员的认可并签署，将成为一个真正的全球范围内实施的税收多边公约，其复杂性不仅在于技术设计，更在于要在政治层面达成共识，因此签署日期一拖再拖。但是 OECD 对此信心满满，积极推动、力争尽早开放供包容性框架成员签署。

至此，"支柱一"方案基本成型，但一些技术细节和需要进行政治决断的部分还悬而未决。因此，OECD 就"支柱一"方案的不同模块展开了一系列的公众咨询，以期能够达成一个完整的可执行的"支柱一"方案供包容性框架成员在实施过程中提供了相关立法模板。

第五章 "支柱一"立法模板及新多边机制构建

随着《支柱一蓝图报告》《7月声明》《10月声明》的发布，"支柱一"方案的技术框架和各个模块（除金额B）设计基本完成。下一步的工作是如何将"支柱一"方案由蓝图变为现实。由于"支柱一"方案的实施需要修改国内法相关部分，数字经济工作组着手准备编写涉及金额A各模块的立法模板并发起公众咨询，以期供包容性框架成员修改国内法时参考使用，并非必须使用。

一 "支柱一"方案立法模板及相应系列公众咨询

（一）《联结度和收入来源立法模板》

2022年2月4日，OECD秘书处发布了《联结度和收入来源立法模板》的公众咨询文件。① 《联结度和收入来源立法模板》就"支柱一"方案下金额A的适用范围、联结度、收入来源、确定税基、利润分配及消除双重征税6个模块中的联结度和收入来源子模块有关国内立法的

---

① "Pillar One-Amount A: Draft Model Rules for Nexus and Revenue Sourcing," OECD, https://www.oecd.org/tax/beps/public-consultation-document-pillar-one-amount-a-nexus-revenue-sourcing.pdf.

一般条款与详细条款给出了立法模板草案，其总体架构按照通用立法条款设计，并就该草案提出公众咨询。值得注意的是，对于收入来源规则，无论是一般条款还是详细条款都具有约束力。

新联结度赋予市场管辖区以新征税，新征税权是"支柱一"方案具有创新性的核心规则，依据收入来源规则确认收入来源则是"支柱一"方案得以实施的基础。收入来源规则的制定更具包容性和细节性，但同时也会导致规则过于复杂，为后续规则的执行带来挑战。① 《联结度和收入来源立法模板》的公众咨询文件共 36 页，其中大量篇幅是关于收入来源规则的示范条款，可见收入来源规则于"支柱一"方案下金额 A 的重要性和复杂性。②

《支柱一蓝图报告》将金额 A 的适用范围仅限定在自动化与服务（ADS）和面向消费者业务（CFB）两类行业范围内。《7 月声明》则将金额 A 的使用范围扩展到所有业务领域，适用于所有行业（不包括采掘业和受监管的金融服务），尽管面向消费者业务已经包含数字业务和传统业务。传统业务的加入，使得收入来源规则变得更加复杂。从收入来源规则的示范条款的设计上来看，并未刻意将收入分为来自传统业务的收入和来自数字化业务的收入，而是将二者融合到产品和服务的分类中。可见，为了配合金额 A 适用范围的扩大，收入来源规则有意模糊传统经济与数字经济的界限，从而面向跨国企业集团的所有类型的交易。

1. 联结度一般条款

《联结度和收入来源立法模板》范围内的跨国企业集团在规定期间内，在某市场管辖区获得等于或大于 100 万欧元的收入，则通过新的联

---

① 励贺林、文悦逸、于红：《支柱一收入来源地规则制定进展及方向》，《国际税收》2022 年第 4 期。

② "Public Consultation Document on Pillar One—Draft Model Rules for Nexus and Revenue Sourcing," KPMG Report, https://home.kpmg/us/en/home/insights/2022/02/tnf-kpmg-report-public-consultation-document-on-pillar-one-draft-model-rules-for-nexus-and-revenue-sourcing.html.

结度测试，该市场管辖区获得对金额 A 的征税权。对于全年 GDP 低于 400 亿欧元的较小规模的市场管辖区，联结度的门槛低至 25 万欧元。与《7 月声明》不同的是，《联结度和收入来源立法模板》进一步解释了收入门槛的期间，不足 12 个月的，需要按获得收入的期间结合比例进行调整。

收入是新联结度的重要概念。在这里，《联结度和收入来源立法模板》进一步明确了"收入"的含义。这里的收入是指来源于第三方的，剔除采掘和受监管金融服务业务收入后集团的总收入。该总收入是由可接受的财务会计准则编制的集团合并财务报表中所记录的收入。

2. 收入来源规则一般条款

金额 A 下联结度规则和收入来源规则密不可分。收入来源规则一般条款明确收入的来源需基于逐笔交易① (Transaction-by-Transaction) 的方式进行。也就是说，范围内的跨国企业集团每笔交易产生的收入都必须确认其收入来源。对于范围内的跨国企业集团来讲，将每笔交易产生的收入单独划分出收入来源，似乎也是不太可能的，因为在某种情况下，可能无法找到在特定市场生成的销售信息。在这种情况下，《联结度和收入来源立法模板》规定可以使用不同类型的分配因子②，对收入在不同来源地进行分配。问题是，跨国企业集团如何逐笔记录不同来源的收入？尽管收入需要依据每笔交易来确定其来源，但是范围内的跨国企业集团并未要求保留所有逐笔交易数据。在纳税遵从上，范围内的跨国企业集团仅需在系统层面而非业务层面进行收入确认。这意味着范围

---

① 交易"Transaction"是指产生收入的每一项交易，而非发票（或合同）上记载的包含多项不同价格的不同商品或服务交易。如果发票（或合同）上不同价格的不同交易发生在不同的辖区，收入需要按比例而非平均地分配到不同的辖区，价格的差异也要考虑在内。

② 收入分配因子是一个较为复杂的定义，收入来源规则条款设计了多个分配因子，以适应对不同类型及不同情形下对收入进行分配，包括区域分配因子、低所得司法管辖区分配因子、全球分配因子、总人数分配因子、航空货物运输分配因子、非航空货物运输分配因子、人数、航空客运分配因子、非航空客运分配因子等。

内跨国企业集团需要向税务机关展示其具有一个清晰智能的内部控制框架，该内部控制框架需要阐述确认收入来源的概念性方法、如何获取必要的数据，以及具有健全的内部检查手段来监控数据的准确性。

收入来源规则一般条款要求范围内的跨国企业集团必须依据不同的交易类型来确认收入来源，并且对其所有的收入都要确认来源。对于具有多种交易要素而可能落入不同交易类型的交易，依据其主要特征来确认其收入来源；对于辅助性交易①（Supplementary Transaction），可以依据主交易②（Main Transaction）确认收入来源。范围内的跨国企业集团必须依据其拥有的实际情况和具有的条件，使用可靠方法（Reliable Method），确认所有收入的来源。这里的可靠方法是指使用可靠指标③（Reliable Indicator）或授权使用分配因子（如收入来源规则详细条款中定义的）来识别收入来源的方法。首先要使用可靠指标，在可靠指标无法获取的情况下，还需要使用分配因子来确认收入来源。

收入来源规则一般条款对于产成品④（Finished Good）和组件⑤（Components）如何确认来源做了一般性的规定：①对于将产成品销售给最终客户⑥的交易而获取的收入，以产成品交付给最终客户所在地方的税收管辖区来确认该交易收入来源；②对于销售组件交易产生的收入，由组件构成的产成品交付给最终客户所在地方的税收管辖区来确认该交易收入来源。

---

① 辅助性交易是指符合：如果有主交易辅助性交易就不会订立；范围内的跨国企业集团同主交易的相同客户所订立；不超过主交易和辅助性交易构成的总收入5%（假设）的交易。

② 主交易是指范围内的跨国企业集团与客户达成的由多交易捆绑（Multi-transaction Bundle）驱动下获取主要利润的交易。

③ 指标是指除"分配因子"外识别收入来源的信息。

④ 产成品是指销售给最终客户（Final Customer）的任何有形商品。

⑤ 组件是指出售给商业客户合并形成另一种商品才能进行销售的有形商品或数字商品。

⑥ 最终客户是指获取产成品、受版权保护的作品或服务用于消费或使用的人（包括政府），组件除外。这里的"政府"包括政府本身、其政治分支机构或地方当局、该司法管辖区的中央银行或由该司法管辖区或其政治分支机构或地方当局全资拥有的任何机构。

来自数字商品①交易获取的收入，依据最终客户的不同（是消费者②还是商业客户③），分别按下述 B2C 服务和 B2B 服务的收入确认规则来确认收入来源。

对于提供服务的交易，依据不同的服务类型制定不同的规则来确认收入来源：①特定地点的服务（Location-specific Services）。对于提供与有形资产相关的服务和在客户④所在地点提供服务的交易获取的收入，以提供服务的地方所在的税收管辖区来确定收入来源。②广告服务⑤。来自在线广告业务的收入，以广告的观看者⑥所在地点⑦的税收管辖区来确定收入来源。除此之外的广告业务的收入，以广告的展示地或接受地来确定收入来源。③线上中介服务⑧（Online Intermediation Services）。对于提供线上中介服务以促进有形商品、数字商品或数字服务⑨的销售或购买，发生在两个地方的交易所产生的收入，销售者和购买者所在地点的税收管辖区各确认 50%的收入。对于提供线上中介服务以促进线下销售或采购服务发生在两个地方的交易所产生的收入，线下服务⑩的购

① 数字商品是指通过数字的方式提供的内容（如音乐、书籍、视频、文本、游戏、应用程序、计算机程序、软件、线上报纸、线上图书馆和线上数据库），无论是一次访问，还是在有限期限内访问或永久访问。

② 消费者是指出于个人目的而非商业或专业目的而获得商品或服务的个人。

③ 商业客户是指以消费者以外的身份获得商品或服务的人，包括"政府"。

④ 客户是指与范围内的跨国企业集团进行正常贸易过程中获得商品或服务、数字内容、用户数据或无形财产的人。其中，人指个人或企业。

⑤ 广告服务是指提供或促进广告的服务，包括用于购买、存储和分发广告信息，以及用于广告监控和绩效衡量的服务。

⑥ 观看者是指向其展示广告的个人。

⑦ 对于企业而言，地点是指该企业从事运营的物理营业场所所在地；对于个人而言，地点是指个人习惯性所在地。

⑧ 线上中介服务是指提供线上平台，使用户（销售方）能够向其他用户（购买方）出售、租赁、广告、展示或以其他方式提供商品或服务，获取的收入来源于促成双方交易的完成所提供的服务。不包括平台在线销售自有库存的商品和服务。

⑨ 数字服务是指通过互联网或电子网络提供的服务，包括用于访问在线内容的流媒体、游戏或其他服务，但不包括数字商品。

⑩ 线下服务是指不通过互联网或电子网络提供的服务，与服务获取的方式无关，包括提供短期或长期个人或企业商务住宿或营业场所的服务。

买者所在地点的税收管辖区确认 50%的收入；线下服务履行的地点所在的税收管辖区确认 50%的收入。④运输服务。客运服务业务产生的收入，以客运服务的目的地所在税收管辖区来确认收入来源；货运服务业务产生的收入，以货物运输服务的来源地或目的地所在的税收管辖区来确认收入来源。⑤客户奖励计划①（Customer Reward Programs）。以活跃会员的百分比份额的比例在不同地点的税收管辖区确认收入。⑥提供融资（Provision of Financing）的服务。提供融资业务获取的收入，如果借款人是消费者，以消费者所在地方的税收管辖区确认收入来源；如果借款人是商业客户，以融资服务使用地所在的税收管辖区确认收入来源。⑦B2C 服务。不适用于上述情形（①~⑥条）的 B2C 业务产生的收入，以消费者所在地点的税收管辖区确认收入来源。⑧B2B 服务。不适用于上述情形（①~⑥条）的 B2B 业务产生的收入，以服务使用地所在地的税收管辖区确认收入来源。

对于从许可、销售或其他转让无形资产②交易产生的收入，由受无形资产支持的使用服务所在地的税收管辖区来确认收入；其他情况下，由使用无形资产的最终客户所在地税收管辖区来确认收入。对于从许可、销售或其他转让用户数据交易产生的收入，以与数据相关用户的地点所在的税收管辖区确认收入来源。

来自不动产交易获取的收入，以不动产所在地的税收管辖区确认收入来源。来源于政府补助③（Government Grants）的收入以授予或资助政府补助的税收管辖区确认收入来源。非客户收入（Non-customer Revenues）按照上述收入类型在不同税收管辖区获取的收入比例份

---

① 这里的客户奖励计划是商家常用的营销手段，如通过会员、积分等回馈手段增加客户的忠诚性，扩大销售等。

② 这里的无形资产是指能够被企业拥有或控制以用于商业活动的非有形资产，包括版权、商标、商号、标识、设计、专利、专有技术和商业秘密，但不包括金融资产、数字商品、用户数据、受益于《世界知识产权组织版权条约》保护范围内的计算机程序。

③ 这里的政府补助是指政府或国际组织以现金或实物形式向范围内跨国企业集团转移的款项，包括支付业务费用、购置固定资产的成本、补贴、补助和可退还的税收抵免。

额来确认收入来源。

3. 收入来源规则详细条款

收入来源规则详细条款对 7 种不同类型的收入，即来自产成品、组件、服务、无形资产、不动产、政府补助和非客户收入等收入，就如何确认各类收入来源做了较为详细的规定。[①] 收入来源规则详细条款共分为 10 个部分，其中包括交易分类、可靠方法、7 种不同类型收入的来源确认规则和上述条款涉及的相关术语的定义等。

第一部分：交易分类

交易依据其具有的常规的、占有优势的性质特征来分类。交易的性质主要取决于交易的实质而非其法律形式。

收入来源规则将交易分为主交易和辅助性交易两类。设置辅助性交易的目的在于简化，以减少合规成本。如果范围内的跨国企业集团收入来源于两个或更多项交易，如包含一项主交易和一项或多项相关但依据本详细条款处于不同收入类别的辅助性交易，范围内的跨国企业集团可以依据主交易适用的收入来源规则确认这些辅助性交易的收入来源；如跨国企业集团为消费者提供购买服务时，汽车销售（主交易）和道路救援服务（辅助性交易）是单独销售的，可以分别确认收入来源。但为了简化计算，辅助性交易条款允许范围内的跨国企业集团将汽车销售和道路救援服务合并计算确定收入来源。

第二部分：可靠方法

确定收入来源必须首先使用可靠指标，在确需使用分配因子的情形下，方可使用分配因子来确认收入来源。可靠指标需要满足如下两个条件：一是该指标必须与相关交易的收入来源规则产生的结果一致；二是该指标需要满足如下一个或多个可靠性测试。①范围内的跨国企业集团出于商业目的或履行法律、监管或其他相关义务依赖该指标；②该指标

---

① 尽管如此，关于收入来源规则还有众多细节问题需要在后续解释性文件中进行补充和确认。

须由第三方提供给范围内的跨国企业集团，并根据其自身的商业、法律、监管或其他义务收集的信息进行验证；③该指标和收入来源规则中包含的一个或多个其他指标用来识别同一税收管辖区；④与上述结果功能等效的其他方式进行验证的指标。这里的其他可靠指标（Another Reliable Indicator）是指范围内的跨国企业集团列举的可获取的或准备的持续使用以及符合上述可靠指标以外的信息构成的指标。

范围内跨国企业集团所使用的确认收入来源指标须始终一致，除非证明新的指标能更好地克服现有指标的缺陷。

收入来源详细条款还规定了能使用分配因子确认收入来源的情形，仅当：①相关收入来源规则允许的情况下；②范围内跨国企业集团证明其已采取合理步骤来识别可靠指标，但结论是没有可靠指标可用；③应用剔除规则①（Knock-out Rule）以后。此外，在以下情形中，范围内的跨国企业集团必须使用收入来源规则提供的分配因子分配收入，或者在缺乏该类分配因子时，使用全球分配因子②（Global Allocation Key）进行收入分配。①范围内的跨国企业集团使用的指标（包括其他可靠指标）被税务确定性专家组（Tax Certainty Panel）或牵头税务机关认定为非可靠指标，并且范围内跨国企业集团证明自身没有可用于应用任何可靠指标的信息；②范围内的跨国企业集团证明没有可用于应用任何可靠指标的信息，以及没有相关收入来源规则提供的分配因子；③范围内的跨国企业集团并未采用合理步骤使用可靠指标。

范围内的跨国企业集团必须证明其内部控制框架可以确保使用可靠方法。

---

① 这里的剔除规则是指在使用分配因子对收入进行分配的情形下，要求范围内的跨国企业集团必须识别出在合理的假设情况下，收入并非来源于某个或某些司法管辖区。

② 这里的全球分配因子是指依据每个税收管辖区在联合国贸易和发展会议公布的最终消费支出所占的百分比份额所占的比例视为来源于该税收管辖区的收入，范围内的跨国企业集团依据剔除规则证明收入并非来自某些税收管辖区除外。

第三部分：产成品①的收入来源规则条款

产成品确认收入来源分为两种情形：①收入来源于范围内的跨国企业集团直接将产成品销售给最终客户；②收入来源于独立分销商②将产成品销售给最终客户。

第一种情形，收入来源于范围内的跨国企业集团直接将产成品销售给最终客户。此种情形下，将交付产成品给最终客户（未通过独立分销商销售）所在地的税收管辖区视为收入来源地。可以使用如下可靠指标进行收入确认：①最终客户的收货地址；②向最终客户销售产成品的零售店面所在地；③其他可靠指标。

第二种情形，收入来源于独立分销商将产成品销售给最终客户。此种情形下，同样将交付产成品给最终客户所在地的税收管辖区视为收入来源地。但是，需要使用如下可靠指标进行收入确认：①同一情形下使用的可靠指标，但需要向范围内的跨国企业集团报告；②独立分销商所在的地点，前提是独立分销商在合同上仅限于在该地点进行销售，或者可以合理地假设独立分销商坐落在将产成品交付给最终客户所在地；③其他可靠指标。

在无法获取上述可靠指标，且符合使用分配因子条件的情况下，使用如下方法确认收入来源。如果范围内的跨国企业集团可以证明出于法律或商业原因，一部分收入来自某个区域③，该部分收入可以认作来自该税收管辖区的收入，前提是该税收管辖区在该区域范围内。任何剩余收入——尾端收入将被视作使用低收入司法管辖区④分配因子进行收入确认的税收管辖区，前提是该税收管辖区是低收入司法管辖区。如果范围内

---

① 这里的产成品是指销售给最终客户的任何有形商品。

② 这里的独立分销商是指非范围内跨国企业集团成员从事分销或转售范围内跨国企业集团产成品的企业。

③ 这里的区域是指独立分销商分销或转售范围内跨国企业集团产成品的一组司法管辖区，其关联性与地理位置无关。

④ 这里的低收入司法管辖区是指被世界银行在某期间定义为低收入经济体或中低收入经济体的司法管辖区。

的跨国企业集团能够证明上述剩余收入并非来自任何低收入司法管辖区，则该尾端收入被视为使用全球分配因子进行收入来源确认的司法管辖区。

如果范围内的跨国企业集团的尾端收入等于或大于某期间来自销售产成品交易获取收入的 5%（假设），范围内的跨国企业集团必须采取合理措施来减少后续期间产生的尾端收入的规模。合理措施必须在尾端收入等于或大于 5%（假设）的第一个期间后的两个期间内完成。除非或直到范围内的跨国企业集团能够证明可以使用可靠指标来确认其收入来源，或者视作使用区域分配因子（Regional Allocation Key）来确认收入来源，否则其尾端收入仍然被视作来自使用低收入司法管辖区分配因子（Low Income Jurisdiction Allocation Key）进行收入确认的税收管辖区，无论其尾端收入是否等于或大于 5%（假设）。

来自数字商品①的收入确认规则②。除非销售的数字商品是组件。当数字商品交易的最终客户是消费者时，该交易的收入视同收入来源规则详细条款第五部分，即服务部分中的 B2C 服务条款中收入来源确认的方式；或者，当数字商品交易的最终客户是商业客户时，该交易的收入视同收入来源规则详细条款的第五部分，即服务部分的 B2B 服务条款中收入来源确认的方式。

第四部分：组件③

来自销售组件获取的收入，被视为销售给最终客户的由该组件合并

---

① 这里的数字商品是指通过数字的方式提供的内容（如音乐、书籍、视频、文本、游戏、应用程序、计算机程序、软件、线上报纸、线上图书馆和线上数据库），无论是一次访问，还是在有限期限内访问或永久访问。

② 该规则和 B2C 及 B2B 服务规则相关联仅仅是出于方便的目的（鉴于二者使用同样的收入来源规则和指标），而对于该数字商品（如软件）是服务或者用于销售以及其他形式的交易有关其特征性问题无关。这样设计的目的是保证所有来源于数字商品（软件和其他数字化内容，如电脑游戏、电子图书）的销售收入被视为按照收入来源规则的目的采用相同的处理方式，无论该交易（如笔记本电脑销售时预装的软件）的法律性质如何。如果销售的数字商品是组件（如笔记本电脑销售时预装的软件），则按组件收入来源规则确认收入。

③ 这里的组件是指出售给商业客户合并形成另一种商品才能进行销售的有形商品或数字商品。

而形成的产成品的交付地点所在的税收管辖区为收入来源地。销售组件确认收入来源的可靠指标同收入来源规则第三部分——产成品部分中范围内跨国企业集团直接将产成品销售给最终客户的情形；或者将产成品通过独立分销商卖给最终客户的情形。

如果无法获取可靠指标且适用于使用分配因子确认收入来源，来自销售这些组件的剩余收入将被视为使用全球分配因子进行收入来源确认的税收管辖区。

第五部分：来自服务的收入来源规则

服务部分是收入来源规则中最为复杂的一部分，包含多个在此情境下使用的术语。

第一，来源于特定地点的服务。与有形资产相关的服务以履行该服务地点所在的税收管辖区为该收入的来源地。可用如下可靠指标确认收入来源：提供服务的有形资产所在地；其他可靠指标。在客户所在地点履行的服务以履行服务地所在的税收管辖区确认收入来源。可用如下可靠指标确认收入来源：提供服务时客户或其代理人所在地；其他可靠指标。

第二，来自广告服务①的收入。在线广告服务以在线广告的观看者所在地的税收管辖区为该收入的来源地。可以使用如下可靠指标进行收入来源确认：广告观看者的用户资料信息②；广告观看者显示在线广告的设备所在的地理位置；广告观看者显示在线广告的设备的 IP 地址；其他可靠指标。非在线广告服务③以广告的展示或接收地所在的税收管辖区来确认收入来源。可以使用如下可靠指标进行收入来源确认：在广告牌或其他固定位置上展示的广告，可靠指标为展示广告的广告牌或其他固定

---

① 这里的广告服务是指提供或促进广告的服务，包括用于购买、存储和分发广告信息，以及用于广告监控和绩效衡量的服务。

② 这里的用户资料信息是指跨国企业集团出于商业目的而持有的，用于识别客户奖励计划的活跃成员、消费者、最终客户、购买者、卖方、用户以及观看者等信息（视具体情况而定）。

③ 如在电脑上在线观看免费的电视节目。

位置所在的地点；在报纸、杂志、期刊或其他出版物上展示的广告，可靠指标为出版物的发行地或预计发行地；在电视上播放或在广播中播放的广告，可靠指标为接收或预期接收电视或广播节目的地方；合同或其他商业文件中包含的关于将展示或接收广告所在地的信息；其他可靠指标。

第三，"线上中介服务"① 的收入来源确认。提供有形商品、数字商品或数字服务②的销售或购买的线上中介服务交易产生的收入，购买方和销售方所在地的税收管辖区被视为各自可以确认50%的收入来源其税收管辖区。购买方可以使用的可靠指标包括：购买有形商品时，为购买方的交货地址；购买方的账单地址；购买方的用户资料信息；购买有形商品、数字商品或数字服务的购买方所用设备的地理位置；购买有形商品、数字商品或数字服务的购买方所用设备的 IP 地址；或者其他可靠指标。销售方可以使用的可靠指标包括：销售方的账单地址；销售方的用户资料信息；或者其他可靠指标。提供线下服务③的销售或购买的线上中介服务交易产生的收入，购买方和履行线下服务所在地的税收管辖区被视为各自可以确认50%的收入来源其税收管辖区。购买方可以使用的可靠指标包括：购买线下服务的购买方所用设备的地理位置；购买线下服务的购买方所用设备的 IP 地址；购买方的用户资料信息；或者其他可靠指标。履行线下服务所在地，可以使用的可靠指标包括：履行线下服务所在地；或者其他可靠指标。

第四，从运输服务获取的收入。从运输服务获取的收入分为空运服务和非空运服务两大类。对于提供航空客运服务的交易产生的收入，以提供旅客服务的起落地所在的辖区来确认收入来源；对于提供航空货物

---

① 这里的线上中介服务是指提供线上平台，使用户（销售方）能够向其他用户（购买方）出售、租赁、广告、展示或以其他方式提供商品或服务，获取的收入来源于促成双方交易的完成所提供的服务。不包括平台在线销售自有库存的商品和服务。

② 这里的数字服务是指通过互联网或电子网络提供的服务，包括用于访问在线内容的流媒体、游戏或其他服务，但不包括数字商品。

③ 这里的线下服务是指不通过互联网或电子网络提供的服务，与服务获取的方式无关，包括提供短期或长期的个人或企业商务住宿或营业场所的服务。

运输服务的交易产生的收入，以空运货物服务的起飞地或着陆地所在辖区确认收入来源。对于提供非航空客运服务交易产生的收入，以该服务的目的地所在的辖区确认收入来源；对于提供非航空货物运输服务的交易产生的收入，以该服务的起运地或目的地所在辖区确认收入来源。

第五，融资取得的收入。对于提供融资服务取得的收入，如果融资对象是个人客户，依据B2C服务的收入来源规则确认收入；如果借款方是商业客户，依据B2B服务的收入来源规则确认收入。

第六，B2C服务的收入来源确认。无论是直接销售还是通过经销商销售的B2C服务获取的收入，以消费者所在地的税收管辖区确认收入来源。可以使用的可靠指标包括：消费者的用户个人信息；消费者账单地址；消费者购买该服务设备的地理位置；消费者购买该服务设备的IP地址；经销商报告给范围内跨国企业集团的前述几个可靠指标；或者其他可靠指标。如果无法获取可靠指标，且符合使用分配因子的条件，则使用全球分配因子进行收入分配的税收管辖区为收入来源地。

第七，B2B服务的收入来源确认。未包括在上述服务（从特定地点的服务到B2C服务部分）类型的B2B服务，以使用B2B服务地所在的税收管辖区来确认收入来源。可以使用的可靠指标包括：服务使用地的商业客户报告给范围内的跨国企业集团的信息；合同或其他商业文件中确定的商业客户将使用服务的地方；或者其他可靠指标。

第六部分：来自无形资产①的收入来源规则

对于来自无形资产的许可、销售或其他转让获取的收入，当无形财产支持一项服务的提供，则该服务的使用地所在的税收管辖区为该无形资产收入的来源地。如果符合使用可靠指标确认收入来源，则使用第五部分对应的服务适用的可靠指标。

----

① 这里的无形资产是指能够被企业拥有或控制以用于商业活动的非有形资产，但不包括金融资产、数字商品、用户数据、受益于《世界知识产权组织版权条约》保护范围内的计算机程序。这里的无形资产包括版权、商标、商号、标识、设计、专利、专有技术和商业秘密。

除上述情况外，以使用无形资产的最终客户所在地确认收入来源。此种情况下可以使用如下可靠指标确认收入来源。对于与产成品相关的无形资产：被许可人、购买方或其他受让人（如适用）向范围内跨国企业集团报告的由最终客户交付产成品的地点；或向最终客户销售产成品的零售店面所在地；或其他可靠指标。对于与受版权保护的作品相关的无形资产：被许可人、购买方或其他受让人（如适用）向范围内跨国企业集团报告的由最终客户交付受版权保护的作品的地点（包括最终客户的个人用户信息和账单地址、接收受版权保护的作品的最终客户设备的地理位置、接收受版权保护的作品的最终客户设备的 IP 地址、向最终客户出售受版权保护作品的零售店面所在地）；或其他可靠指标。如果收入并非来自用来支持某项服务的无形资产、与产成品相关的无形资产、与受版权保护的作品相关的无形资产，则可以使用的可靠指标包括：被许可人、购买方或其他受让人（如适用）所报告的被许可人的最终客户所在的地点；或其他可靠指标。

如果没有可获取的可靠指标进行收入确认，对于许可、销售或其他转让无形资产获取的收入，则被视作来自使用全球分配因子进行收入分配的税收管辖区。

来自用户数据的许可、销售或其他转让交易获取的收入视为来源于作为数据传输主体的用户所在地点的税收管辖区。可以使用的可靠指标有：用户的用户资料信息、传输用户数据的用户设备所在的地理位置、传输用户数据的用户设备所在的 IP 地址或其他可靠指标。

第七部分：来源于不动产①的收入确认规则

来自销售、租赁或其他转让不动产获取的收入视作来源于不动产

---

① 这里的不动产是指不可移动的资产，包括土地、建筑物、土地或建筑物的改造、土地或建筑物的收益（包括租赁、许可或任何其他使用权）、建筑物或土地的修建或改良、附属于不动产的财产、用于农业和林业的牲畜和设备、有关土地财产的一般法律规定适用的权利、不动产的使用权、作为开发的对价而获得不固定或固定报酬的权利、勘探或开发自然资源的权利；但不包括船只和飞机。

所在地的税收管辖区。可用的可靠指标包括：不动产的地址、授予使用不动产权利的税收管辖区或其他可靠指标。

第八部分：政府补助①

通过政府补助获取的收入，以政府提供或资助的税收管辖区确认收入来源。如果范围内的跨国企业集团收到不同税收管辖区政府提供的资助，则按照其提供资助所占的比例份额在不同的税收管辖区确认收入来源；如果该信息缺失，则在不同的税收管辖区平均确认收入来源。

第九部分：非客户收入②

非客户收入由上述其他六种收入在不同税收管辖区获取的收入比例份额来确认收入来源。

第十部分：定义

由于收入来源规则较为复杂，为条款涉及的术语下定义，明确其内涵和使用边界，对于联结度测试和收入来源的确定至关重要。为此，《联结度和收入来源立法模板》为新联结度和收入来源一般条款和详细条款涉及的 62 个术语给予了明确的定义，③ 为联结度和收入来源规则的实施提供理论支持，避免日后因为对术语的歧义引发争议。特别值得提示的是，由于"支柱一"方案的创新性和复杂性，"支柱一"方案创建了大量仅在"支柱一"方案的情境下才使用的术语。

在一般性条款部分包括 11 个术语，分别为：商业客户、客户、消费者、最终客户、分配因子、全球分配因子、政府、税收管辖区、剔除规则、地点。可见，收入来源规则对用户进行了详细的划分。

---

① 这里的政府补助是指政府或国际组织以现金或实物形式向范围内跨国企业集团转移的款项，包括支付业务费用、购置固定资产的成本、补贴、补助和可退还的税收抵免。

② 这里的非客户收入是指并非来自范围内跨国企业集团客户的收入，包括范围内跨国企业集团作为非贷款方赚取的利息、金融资产回报、外汇收益、准备释放、资产重估、养老金负债、保险收益和其他营业外收入；资产处置收益的回报。这里的准备是指企业会计上的各种准备，如坏账准备、存货跌价准备、资产损失准备等。

③ 本部分为术语所下的定义，仅在本文件涉及的情形下适用，而非通用的术语定义。相关术语已在前文列示，在此不作赘述。

对于难以分配到不同税收管辖区的收入，《联结度和收入来源立法模板》建议使用收入分配因子，将收入分配给不同的税收管辖区。分配因子包括：区域分配因子、低所得司法管辖区分配因子、全球分配因子、总人数分配因子、航空货运分配因子、非航空货运分配因子、人数分配因子、航空客运分配因子、非航空客运分配因子等。其中，全球分配因子是上述分配因子中重要的一个分配因子。如果某个税收管辖区的最终消费支出数据无法获取，则以该税收管辖区的人口以及可以获取的最终消费支出的所有税收管辖区人均比例计算收入来源的一个近似值。

详细条款的第一部分——交易分类中共有 2 个术语：主交易和辅助性交易。

详细条款的第三部分——产成品部分有 5 个术语：数字商品、产成品、独立分销商、低收入司法管辖区和区域。

详细条款第四部分——组件部分有 1 个术语：组件。

详细条款第五部分——服务部分有 40 个术语：客户奖励计划的活跃会员、广告服务、雇员总数分配因子、可供选择的总人数统计、B2B服务、B2C 服务、航空货运服务、航空货运分配因子、非航空货运分配因子、非航空货运服务、货运服务、客户奖励计划、客户奖励计划收入、数字服务、融资、雇员人数分配因子、大企业客户、线下服务、线上中介服务、航空客运分配因子、航空客运服务、非航空客运分配因子、非航空客运服务、客运服务、目的地所在地、着陆地点、起运地点、起飞地点、买方、经销商、卖方、与有形财产相关的服务、在客户所在地履行的服务、中转站、用户、用户资料信息、观看者、版权、受版权保护的作品和无形资产。

详细条款第六部分——无形资产部分有 3 个术语：版权、受版权保护的作品和无形资产。

详细条款第七部分——不动产部分有 1 个术语：不动产。

详细条款第八部分——政府补助部分有 1 个术语：政府补助。

详细条款第九部分——非客户收入部分有 1 个术语：非客户收入。

4. 《联结度和收入来源立法模板》的重要调整

《联结度和收入来源立法模板》为金额 A 相关的国内立法提供了可借鉴的模板，说明"支柱一"方案距离真正实施又近了一步。同《支柱一蓝图报告》相比，《联结度和收入来源立法模板》中的收入来源规则各方面都有重要调整，主要体现在以下方面。

与《支柱一蓝图报告》最大的不同，体现在取消了严格使用层级指标的方式确定收入来源。《联结度和收入来源立法模板》的收入来源条款创新性地提出使用可靠方法、可靠指标来进行收入来源确认。如果范围内的跨国企业集团采取合理措施仍无法找到可靠指标，并且使用了剔除规则，方可使用分配因子在不同税收管辖区分配收入。这里的可靠方法、可靠指标、剔除规则和分配因子等都是较《支柱一蓝图报告》而言的最新提法。与《支柱一蓝图报告》设计的严格的层级结构指标不同，《联结度和收入来源立法模板》允许范围内的跨国企业集团依据自身实际情况使用可靠指标，不再有严格的顺序限制。其次是收入类型划分的变化。由于《7 月声明》将金额 A 的适用范围由 ADS 业务和 CFB 业务扩展到几乎所有行业（采掘业和受监管的金融业除外）。因此，收入的类型也进行了相应的调整。《联结度和收入来源立法模板》中的收入来源规则详细条款将收入分为 7 大类：即来自产成品、组件、服务、无形资产、不动产、政府补助和非客户收入等收入。

（二）《税基确定立法模板》

2022 年 2 月 18 日，OECD 发布《税基确定立法模板》的公共咨询文件。《税基确定立法模板》只包含税基确定的一般条款和术语定义两部分，并未给出税基确定的详细条款，同时也没有谈及细分情况下如何确定税基的相应条款。

税基确定是计算金额 A 的起点。与现行国际税收规则以独立实体原则/独立会计原则不同的是，金额 A 的税基以范围内的跨国企业集团财务报表中列式的总利润（或亏损）来确定税基。财务报表需满足合格的财务会计准则（Qualifying Financial Accounting Standards）这一要求。这体现出了"支柱一"方案由现行的独立实体原则向单一税制转变。所谓单一税制，在税收上将企业集团视同单一法人对待。单一业务、统一申报和公式分配是单一税制的三个核心内容，其中的统一申报回避了独立会计原则、独立交易原则、常设机构、转让定价、利用避税地避税等问题。① 同时，伴随着"支柱一"方案的落地，未来对国际会计准则的趋同，将具有更加潜在的需求。

仅在会计准则和金额 A 不一致的情况下，如避免潜在的对收入的双重征税或由于政策原因对特定费用进行扣除时，才允许对合并财务报表列示的利润（或亏损）进行最小的调整，从而得到标准的调整后税前利润（Adjusted Profit Before Tax）。税基除了内容上的调整外，也允许进行期间上的调整。

税基确定也要遵循亏损结转规则。范围内跨国企业集团的前期未弥补的亏损，即净亏损，需要按照或有支付机制结转和抵消该集团所有后续的利润。同时，还需要考虑使用净亏损的时间限制。

1. 税基确定的一般条款

范围内跨国企业集团当期调整后税前利润，是指其财务会计报表记载的利润（或亏损）经过会税差异调整和重述调整，扣除全部净亏损后所得到的利润数额。会税差异调整是指计算当期财务会计报表记载的利润（或亏损）时需要将下列所得和扣除的费用转回，包括：税收费用或者税收所得、股息、股权收益（或损失）和政策不允许的费用（如罚金、罚款或非法付款等）。某期间的净亏损是指经过合格的前期会税差异调整和重述调整后，范围内跨国企业集团超出符合条件的前

① 廖体忠：《国际税收政策的世纪选择与未来出路》，《国际税收》2021 年第 2 期。

期累计财务会计利润总额后的累计财务会计亏损总额。如果发生了符合条件的业务合并或分立，在满足业务连续性条件下，相关转移的亏损（如果有的话），可以添加到范围内的跨国企业集团的净亏损中。关于可以结转亏损的年限，《税基确定立法模板》实施周期暂定为五至十五年。

2. 定义部分

合并财务报告部分的相关术语定义如下：合并财务报告是指由最终母公司（UPE）依据合格财务会计准则编制的经审计的财务报告，其中最终母公司和其他实体的资产、负债、所得、费用和现金流以一个经济实体的形式显示。财务会计利润（或亏损）是指在最终母公司（UPE）合并财务报表中列示的利润（或亏损），包括本集团的所有收入和费用，但报告为其他综合所得的项目除外。

公认会计准则（The Generally Accepted Accounting Principles，GAAP）指被有关税收管辖区内具有法定权利的机构所采用的公认会计原则，以规定、建立或接受用于财务报告的会计准则。国际财务报告准则（IFRS）包括经修订的（EC）No. 1126/2008 条例中采用的 IFRS，以及相关税务管辖区具有法定权力的机构采用的 IFRS，以规定、建立或接受用于财务报告的会计准则。等效财务会计准则（Equivalent Financial Accounting Standards）指澳大利亚、巴西、加拿大、欧洲联盟成员国、欧洲经济区成员国、中国香港、日本、墨西哥、新西兰、中国内地、印度、韩国、俄罗斯、新加坡、瑞士、英国和美国的公认会计准则（GAAP）。合格财务会计准则（Qualifying Financial Accounting Standards）是指 IFRS 和等效财务会计准则（Equivalent Financial Accounting Standards）。

（三）《适用范围国内立法模板》

2022 年 4 月，OECD 发布《适用范围国内立法模板》的公共咨询文件。本咨询文件由一般条款和术语定义两部分组成。

金额 A 的适用范围是"支柱一"方案中最具政治色彩的子模块，将决定哪些跨国企业集团会适用新征税权及后续的利润分配。金额 A 适用范围条款试图将全球最大（营业额）和最赚钱（利润率）的跨国企业集团纳入其中。采用量化方法替代现有定性国际税收规则，对相关涉税事项进行认定，是"支柱一"方案的特征。对于金额 A 的适用范围同样采用了量化的方法。

金额 A 的适用范围是建立在跨国企业集团层面上，即最终母公司（UPE）符合财务会计准则的合并会计报表的数据基础上。金额 A 划定为某期间"范围内的跨国企业集团"需要同时满足如下两个条件：①某期间跨国企业集团的总收入大于 200 亿欧元（全球总收入测试）。当期间大于或小于 12 个月，那么 200 亿欧元的数额按期间长短比例进行调整。②跨国企业集团相关业务的税前利润率超过 10%（利润率测试）。

考虑到跨国企业集团尤其是高科技企业集团不同时期盈利水平的波动性，此处设置了三个与期间相关的测试：①期间测试，要求跨国企业集团的税前利润率在某个期间超过 10%；②前期测试，要求跨国企业集团的税前利润率在紧临该期间之前的四个期间中的两个或多个期间超过 10%；③平均测试，要求跨国企业集团的税前利润率在某个期间以及在紧临该期间之前的四个期间的平均税前利润率超过 10%。同时，后两种测试考虑了跨国企业集团在合并和分拆的特殊情形下的处理方式。

由于跨国企业集团组织架构在实践中存在复杂性，"支柱一"方案的适用范围部分对有关"集团"的不同术语给予定义，包括实体、排除实体、集团实体、集团和最终母公司（UPE）等。

实体是指准备或被要求准备单独的财务账户的任何法人（自然人除外）或约定，包括但不限于合伙或信托。排除实体是指政府实体、国际组织、非营利组织、养老基金、满足最终控股母公司定义中第①条和第②条的投资基金、满足最终控股母公司定义中第①条和第②条的房地产投资工具。被前述一个或多个排除实体拥有至少 95%的价值的实体，其运营的目的只是通过持有资产或投资基金为排除实体或实体获取利益；或者仅开展与被排除实体或实体从事的辅助性活动的实体，也被认为是排除实体。集团实体是指除排除实体外，其资产、负债、收入、费用和现金流已经或将包括在最终母公司合并财务报表中的任何实体。集团是指资产、负债、收入、费用和现金流已经或将包括在最终母公司合并财务报表中的集团实体的集合；或者是除排除实体外，通过全球收入测试和利润率测试的不属于另一集团的实体。最终母公司是指满足如下条件的实体：①该实体直接或间接拥有任何其他实体的控股权益；②该实体不是由另一个拥有控股权益的实体直接或间接拥有，除非该实体是政府实体或养老基金；③该实体是非政府实体或养老基金，或者除排除实体外，通过全球收入测试和利润率测试的不属于另一集团的实体。

合并财务报表相关术语定义。这里的合并财务报表①是指最终母公司根据合格财务会计准则编制的经独立审计的财务报表，其中最终母公司和其他实体的资产、负债、收入、费用和现金流作为单一经济实体呈现；或者除排除实体外，通过全球收入测试和利润率测试的不属于另一集团的实体的经独立审计的财务报表。集团某期间的税前利润率是经调整后的集团某期间财务会计利润（或亏损）除以集团某期间的总收入的百分比数值。集团某期间的收入是指排除来自采掘活动和受监管金融服务的收入后，集团在该期间的总收入。

（四）《金额 A 税收确定性框架》和《金额 A 相关税收确定性问题》

金额 A 的引入是"支柱一"方案中极具创新性的变革。构建一个具有创新性的金额 A 的税收确定性框架和争议预防与解决流程，对于金额 A 的有效实施至关重要。为此，2022 年 5 月，OECD/G20 BEPS 包容

---

① 该定义是对《税基确定立法模板》下"合并财务报表"概念的修正。

性框架发布《支柱一下金额 A 税收确定性框架》① 和《支柱一下金额 A 相关税收确定性问题》② 两份公众咨询文件，开展公众咨询。

1. 《支柱一下金额 A 税收确定性框架》公众咨询文件

《支柱一下金额 A 税收确定性框架》构建了一个包含三重机制的金额 A 税收确定性的框架，该框架下跨国企业集团最终母公司所在的税收主管当局，在与企业沟通的过程中承担重要角色。该三重机制包括：①适用范围确定性审核流程；②预先确定性审核流程；③综合的确定性审核流程。

这三重机制都会得到一个由具有约束力的裁决小组（Determination Panel）提供的流程化支持，以解决出现的任何分歧。范围内的跨国企业集团可以自愿选择是否采用，即范围内的跨国企业集团可以自行决定是否向牵头税务机关提出税收确定性的请求。为清楚表达起见，本咨询文件并未采用立法模板草案的方式加以阐述。可见，税收确定性模块在"支柱一"方案中的重要性及复杂性。该框架指出，不同于传统的争议解决工具，如相互协商程序（MAP），为保证金额 A 相关工作的确定性，未来需要一个全新的、具有创新性的方法，采用结构化且具有约束力的争议预防和解决机制，以便及时为范围内的跨国企业集团提供确定性。未来跨国企业集团有关金额 A 的全部税收问题（包括避免双重征税及税收争议问题）的解决，可以从长期、不断反复和旷日持久的困境中解放出来，采用流程化的、具有强制性且有约束力的机制加以解决，兼顾效率和效益。但同时，我们需要提起重视的是，这种强制且具有约束力的机制对于税收征管能力不足的经济体，如发展中国家，可能丧失

---

① "Pillar One-A Tax Certainty Framework for Amount A," OECD, https://web-archive. oecd. org/2022-05-27/632869-public-consultation-document-pillar-one-amount-a-tax-certainty-framework. pdf.

② "Pillar One-Tax Certainty for Issues Related to Amount A," OECD, https://web-archive. oecd. org/2022-05-27/632870-public-consultation-document-pillar-one-amount-a-tax-certainty-issues. pdf.

税收主权和税收利益，税收的公平性原则受到挑战。

首先，关于适用范围确定性审核流程，该流程旨在避免非金额 A 范围内的跨国企业集团落入金额 A 适用范围的风险。跨国企业集团在当年出具财务报告后，可以向牵头税务当局提出适用范围确定性请求，并提交相应材料。牵头税务机关邀请各感兴趣的缔约方的税务部门提交意向书，范围确定性审核小组由牵头税务机关和从上述感兴趣的缔约方税务部门名单中随机选取的 6 个缔约方税务机关组成。如果无法满足要求，则范围确定性审核小组由牵头税务机关，3 个跨国企业集团提供提名的名单中的 3 个缔约方税务机关和除此之外的名单中的 3 个缔约方税务机关随机选取共同组成。

其次，预先确定性审核流程，该流程用于事先确保跨国企业集团确定其收入来源的方法是可靠且可实施的，这对跨国企业集团和税务管理部门都是至关重要的。因为收入来源规则是"支柱一"方案可行性的基石，其不仅影响新联结度的判定，甚至直接影响金额 A 税基的计算和利润分配的结果，实质上会影响国家税收利益格局的再平衡。[①] 预先确定性审核流程由一个审核小组对范围内跨国企业集团拟采用的方法和控制进行审核。该审核对跨国企业集团的内部控制架构、企业资源计划系统提出了较高的要求。该审核小组由牵头税务机关和产生范围内收入的跨国企业集团缔约方所在的税务机关或提供双重征税减免的缔约方的税务机关组成，这些税务机关是从表示有兴趣的缔约方中随机选出的。一旦确定性方法被接受，只要没有相关的变化，确定性将适用于跨国企业集团未来一定的时间年份。

再次，综合确定性审核流程，该流程是金额 A 确定性框架的核心部分。实施综合确定性审核流程意味着范围内的跨国企业集团经审核同意的计算和分配金额 A 的共同方法，在所有相关税收管辖区的税务部门

---

① 励贺林、骆亭安：《收入来源规则：支柱一方案可能性的基石》，《税务研究》2021 年第 10 期。

获得具有约束力的确定性，而无须国内的审计来减轻双重征税的风险。

跨国企业集团首次提出综合审核确定性流程的申请时，由一个审核小组（审核小组的构成，同上）对范围内跨国企业集团拟采用的方法和内部控制进行审核。特别值得注意的是，后续的审核将由牵头税务机关负责管理与指挥，通过成立的审核小组（Review Panel）进行未来5年的审核工作，该审核小组将得到专家组的支持，专家组就集团内部控制框架的可靠性提供建议。该机制的设计初衷表面上看减少了各辖区税务机关的行政成本，但实际上这恰恰是金额A实施效果的关键所在。一方面，"支柱一"方案的创新性体现在给予市场国以新的征税权并对跨国企业集团的部分剩余利润在不同的市场管辖区进行分配，借此打破传统国际税收体系中明显偏向于居民国税收利益的现有利润分配格局。金额A综合确定性审核机制赋予牵头税务机关在该机制中的管理与指挥功能，而跨国企业集团的牵头税务机关往往位于居民国（以美国为代表）的发达国家，这意味着赋予该司法管辖区以主导作用，且对结果具有强制性，因此金额A的实施对于发展中国家的效果还需拭目以待。另一方面，还应意识到，对于向审核小组给予支撑的专家组的构成同样值得关注。"支柱一"方案的技术设计和细节构成主要依赖于OECD的专家，这些专家大多数来源于欧洲和美国等发达国家；有鉴于"支柱一"方案其本身的复杂性，发展中国家在"支柱一"方案从技术层面上来看能力普遍偏弱。综合上述两个方面，金额A下各国的税收利益是否能够做到公平公正还需持续观察。

如果跨国企业集团对于上述流程结果持反对意见，则进入裁决小组阶段。裁决小组只能从不同的备选意见中选择一种作为最后的裁决结果。裁决小组考虑由独立专家、政府官员或独立专家和政府官员的混合人员构成。由此可见，独立专家在解决金额A确定性流程出现分歧时将会起到决定性作用。

对于一个跨国企业集团来讲，是否选择申请金额A的确定性审核机制，是自愿而非强制的。但对于选择了金额 A 的确定性审核机制的跨国企业集团，其税收确定性的结果及分歧处理方式则是具有约束力的。如果跨国企业集团不采用金额 A 的确定性审核机制，则会加剧税务机关的行政成本，同时也会为企业带来双重或多重征税的风险。因此，对于跨国企业集团来讲，是否申请加入金额 A 的确定性审核机制是一把双刃剑。对于大多数跨国企业集团来讲，他们更看重税收的确定性而非单纯地降低税负，税收的确定性可以为跨国企业集团规避诸多风险。可以预计，大多数跨国企业集团会采用加入金额 A 的确定性审核机制。

2. 《支柱一下金额 A 相关税收确定性问题》公众咨询文件

税收确定性是金额 A 众多模块中关键和核心的组成部分，该报告明确金额 A 相关的税收确定性条款草案。报告规定对于两年内仍无法通过相互协商程序（MAP）解决的转让定价和常设机构利润归属争端的案件，将通过构建一个强制性且有约束力的机制，即采用《金额 A 多边公约》（*Multilateral Convention*，*MLC*）的方式来解决与金额 A 相关的税收争端。该机制特别借鉴了《BEPS 多边公约》（*Multilateral Convention to Implement Tax Treaty Related Measures to Prevent BEPS*，*BEPS MLI*）。构建一个具有强制性且有约束力的多边机制是"支柱一"方案的创新，多边机制如何设计直接影响到"支柱一"方案的实施效果。

（五）《金额 A 进展报告》

2022 年 7 月，OECD 秘书处发布了《支柱一下金额 A 进展报告：应对经济数字化税收挑战的双支柱解决方案》[1]（*Progress Report on Amount A*

---

[1] "Progress Report on Amount A of Pillar One-Two-Pillar Solution to the Tax Challenges of the Digitalisation of the Economy," OECD, https://www.oecd.org/tax/beps/progress-report-on-amount-a-of-pillar-one-july-2022.pdf.

of Pillar One Two-Pillar Solution to the Tax Challenges of the Digitalisation of the Economy）（以下简称《金额 A 进展报告》），该报告在总结前期系列咨询报告的基础上，使用国内立法模板的形式来展示金额 A 不同模块的设计方案，为"支柱一"方案在不同司法管辖区内部提供了可借鉴的立法模板，包括适用范围、收入来源规则、联结度、税基、利润分配和避免双重征税等模块的立法模板条款。同时，指出各司法管辖区要撤回数字服务税或类似的单方措施。关于金额 A 新征税权的征管以及税收确定性的立法模板并未在该报告中呈现。

《金额 A 进展报告》的发布表明，从技术层面上看，"支柱一"方案距实际实施又近了一步。有关《金额 A 多边公约》的详细条款和解释性声明后续将会完成，计划在 2023 年上半年能够供包容性框架成员进行签署，但由于种种原因，该目标未能按期实现。至此，历经 10 年的应对经济数字化的国际税收改革的多边解决方案由萌芽逐渐成形。

（六）《支柱一的征管和税收确定性方面的进展报告》

2022 年 10 月，OECD/G20 BEPS 项目发布《支柱一的征管和税收确定性方面的进展报告》[①] 的公众咨询。该报告包括新征税权的征管以及税收确定性的立法模板草案，具体包括三个部分：金额 A 征管流程、金额 A 税收确定性框架以及金额 A 税收确定性相关事务。

二　"支柱一"方案下新多边机制构建

在税基侵蚀和利润转移（BEPS）行动计划之前，国际税收治理主要采用双边的方式进行，即依据 OECD《税收协定范本》或联合国《税

---

① "Progress Report on the Administration and Tax Certainty Aspects of Amount A of Pillar One," OECD, https://www.oecd.org/tax/beps/progress-report-administration-tax-certainty-aspects-of-amount-a-pillar-one-october-2022.pdf.

收协定范本》在辖区间构建双边协定，对于税收争议主要依据相互协商程序（MAP）来解决。BEPS 项目启动后，国际税收协调机制的多边化发展趋势明显，并在未来拥有巨大适用空间。① 2016 年 12 月，已有超过 100 个国家和地区加入。《BEPS 多边公约》② 是国际税法领域第一个工具型多边公约，但《BEPS 多边公约》并未触及有关税收竞争和利益冲突的敏感问题，也未推翻传统的双边协调制度和双边协定体系，其目的是为落实 BEPS 行动计划而定制出的一项多边法律工具。尽管存在缺陷，但是《BEPS 多边公约》也为今后全球税收治理中的多边法律工具创新提供了可参考的路径和方法。③

进入 BEPS 2.0 阶段，全球税收治理的多边趋势更加明显。"支柱一"方案需要制定一项多边公约并完成开放签署之后才可以实施，而无论国家（地区）之间是否签订双边税收协定，都需要对国内税法作出相应的修订。这种实质性、深层次的多边合作意味着主权国家将失去部分税收主权和立法空间。④

对于税收争议，采用相互协商程序（MAP）的结果往往是一议再议、议而不决，甚至无果而终。近年来，支持以具有强制约束力规则解决跨境税收争议的声音逐渐增多。《BEPS 多边公约》明确规定，将强制仲裁作为可供选择的税收争议解决机制。"支柱一"方案则更加注重以强制约束力确保方案的有效实施，为纳税人提供更好的税收确定性。"支柱一"方案包括一项具有强制性且有约束力的争议预防与解决机制，覆盖所有与新征税权（金额 A）有关的事项，对于判断某事项是否

① 朱炎生：《BEPS 项目十年回顾：国际税收协调机制的多边化转型》，《国际税收》2023 年第 12 期。

② "Multilateral Convention to Implement Tax Treaty Related Measures to Prevent Base Erosion and Profit Shifting," OECD, https：//www. oecd. org/tax/treaties/multilateral-convention-to-implement-tax-treaty-related-measures-to-prevent-BEPS. pdf.

③ 李娜：《全球税收治理中的多边法律工具创新：基于〈BEPS 多边公约〉视角的分析》，《国际税收》2023 年第 2 期。

④ 励贺林：《更好参与全球税收治理　助力中国式现代化》，《税务研究》2023 年第 4 期。

与新征税权有关的争议，也将通过强制性且有约束力的方式进行确认。①

2022 年 12 月 20 日，OECD 秘书处发起《支柱一下金额 A：关于数字服务税和其他相关类似措施的多边公约条款草案》②的公众咨询。文件要求所有缔约方取消对所有公司征收的所有数字服务税和其他类似措施，并承诺今后不再引入此类措施。消除数字服务税和其他类似措施，是美国跨国企业集团的强烈诉求，因此，此举也成为美国同意继续进行"支柱一"方案的重要砝码。2023 年 7 月 11 日，OECD/G20 发布《应对经济数字化税收挑战的双支柱方案成果声明》③（*Outcome Statement on the Two-Pillar Solution to Address the Tax Challenges Arising from the Digital-isation of the Economy*）。

为确保"支柱一"方案最具革新性的金额 A 下的新征税权以及利润分配新规则通过协调一致的方式进行，同时对范围内的跨国企业集团提供税收确定性、避免双重征税以及消除数字服务税和类似单边措施，2023 年 10 月 11 日，数字经济工作组发布《实施支柱一金额 A 的多边公约》（*The Multilateral Convention to Implement Amount A of Pillar One*）④（以下简称《金额 A 多边公约》）及其《解释性声明》《税收确定性适用的谅解备忘录》等一系列文件。

《金额 A 多边公约》包括 7 个部分、53 个条款和 9 个附件。《解释

---

① 姚丽、靳东升：《OECD 第一支柱方案蓝图的两难困境：简化目标与技术理性》，《税务研究》2021 年第 6 期。
② "Pillar One-Amount A: Draft Multilateral Convention Provisions on Digital Services Taxes and other Relevant Similar Measures," OECD, https://web-archive. oecd. org/2022 - 12 - 20/645902-public-consultation-document-draft-mlc-provisions-on-dsts-and-other-relevant-sim-ilar-measures. pdf.
③ "Outcome Statement on the Two-Pillar Solution to Address the Tax Challenges Arising from the Digitalisation of the Economy," OECD, https://www. oecd. org/tax/beps/outcome-state-ment-on-the-two-pillar-solution-to-address-the-tax-challenges-arising-from-the-digitalisation-of-the-economy-july-2023. pdf.
④ "The Multilateral Convention to Implement Amount A of Pillar One," OECD, https://www. oecd. org/tax/beps/multilateral-convention-to-implement-amount-a-of-pillar-one. htm.

性声明》和《对支柱一下金额 A 确定性应用的理解》对《金额 A 多边公约》的细节做了进一步的解释。具体包括如下 7 个部分：总则、定义、对利润进行分配和征税、消除双重征税、征管与确定性、对缔约方制定的特殊措施的处理以及最终条款。

《金额 A 多边公约》仅适用于金额 A 范围内跨国企业集团的成员实体。这里的范围内集团是指期间内同时满足调整后的收入大于 200 亿欧元且税前利润率超过 10% 的跨国企业集团。如果 7 年后，经评估实施成功的话，收入的门槛会降到 100 亿欧元。范围内跨国企业集团超额利润①的 25% 会被拿来在市场管辖区进行再分配。特别值得注意的是，如果市场管辖区已经对多边公约中认定的跨国企业集团金额 A 的超额利润征税（如已经征收了数字服务税或其他类似措施），那么新征税权分配将被调整或取消，此规定也渗透出美国对自身税收利益维护的诉求。

关于税收确定性，跨国企业集团可以利用具有约束力的多边确定性程序来确定其是否在《金额 A 多边公约》的适用范围内，以及《金额 A 多边公约》条款的适用情况。对于金额 A 相关的争议，还有一个包括具有强制性且有约束力的争议解决方案在内的税收确定性程序，来处理现有税收规则下产生的税收争议。

《金额 A 多边公约》强调多边公约成员需要承诺不对任何跨国企业集团强行征收数字服务税或采用类似的单边措施，无论该跨国企业集团是否在金额 A 范围内。对于消除数字服务税或采用类似的单边措施给跨国企业带来的负面影响（包括不确定性和增加税收遵从成本等），一直是美国对"支柱一"方案的最核心诉求，这部分也是《金额 A 多边公约》第六部分（对缔约方制定的特殊措施的处理）中的第 38~40 条款所阐述的内容，是《金额 A 多边公约》的重要组成部分。

《金额 A 多边公约》需要经至少占预计在金额 A 范围内的跨国企业

---

① 这里使用"超额利润"来替代前文文件中的"剩余利润"。

集团的最终母公司（UPE）60%的国家，且国家的数量不少于30个的批准。一旦满足这些最低条件，已批准的国家可以决定多边公约于何时生效。《金额 A 多边公约》创立了一个缔约方会议（Conference of the Parties），以做出决定或行使多边公约规定的职能，包括有关解释和实施等。关于如何处理与现行税收协定的关系，《金额 A 多边公约》缔约方之间现有的双边税收协定将继续适用，但是《金额 A 多边公约》适用范围内的条款，以《金额 A 多边公约》为优先。与非《金额 A 多边公约》缔约方的管辖区签订的税收协定将不受影响。

对于如何应对经济数字化带来的税收挑战，联合国一直努力在国际税改中发挥更重要作用，争夺话语权。例如，联合国在 2021 年版本的《税收协定范本》中增加"第 12B"条款，赋予来源国对自动化数字业务一定程度的征税权。2022 年 11 月 23 日，第 77 届联合国大会通过决议，授权联合国监督、评估以及确定全球税收规则，并支持建立一个全球税收机构。未来全球税收治理要在联合国、G20/OECD 等国际平台维护多边主义的全球税收治理，建设合作共赢的国际税收体系。①

---

① 励贺林：《更好参与全球税收治理　助力中国式现代化》，《税务研究》2023 年第 4 期。

第六章 "支柱一"方案的革命性
变革与历史意义

构建于 20 世纪 20 年代至 30 年代的现行国际税收体系，历经百年，其基础性的规则，如以物理存在为标志的常设机构（PE）联结度定义的征税权、转让定价中的独立交易原则等一直沿用至今。但随着以亚马逊、谷歌等为代表的数字化高科技跨国企业集团全球运营不断深化，新的商业模式层出不穷，跨国企业集团创造财富的方式越来越依靠数据和数字技术，交易可以通过远程的方式而非传统的物理的方式得以实现。世界税收利益的平衡被打破，欧洲国家作为历史上的居民国受到巨大冲击。从欧洲大陆传来的对现有国际税收基本规则进行改革的呼声越来越高，期望以此来应对经济数字化给国际税收带来的挑战。

进入 21 世纪以来，国际税收领域发生的最重要的变革，无疑是二十国集团（G20）推动的，包括税基侵蚀与利润转移（BEPS）行动计划在内的一系列国际税收改革。这些改革推动了国际税收规则的演化和新的国际税收征管机制的形成。[①] 近期的国际税收中，"双支柱"方案无疑是最具革命性的。

"支柱一"方案创新性地通过量化的新联结度规则赋予市场国征税权，同时使用非独立交易原则的公式分配法，依据跨国企业集团在

---

① 张志勇：《近期国际税收规则的演化——回顾、分析与展望》，《国际税收》2020 年第 1 期。

不同税收管辖区的销售额将其部分剩余利润（25%）分配给市场国。更为重要的是，为了确保"支柱一"方案有关金额 A 的诸方面的顺利实施，OECD/G20 拟通过设计一个具有强制性且有约束力的《金额 A 多边公约》，从事前、事中和事后锁定金额 A 相关的税收确定性，避免重复征税，使用强制且具有约束力的机制来解决税收争议。与此同时，也应该注意到发展中国家或经济体在税收征管能力不足的情况下，这种多边治理的方式，有可能为其带来税收利益损失的风险，需要密切关注其未来的走向。

一 "支柱一"方案的革命性变革

"支柱一"方案从技术层面上来看，设计极具复杂性，比较典型的模块是收入来源的确定；同时也极具创新性，是对现有国际税收基本规则的革命性变革，表现在新联结度和利润再分配等方面。"支柱一"方案的核心是金额 A 的提出，即新联结度规则和基于公式分配法的利润分配方法，是对现有国际税收规则的突破和变革。

（一）以量化的新联结度替代现有定性的常设机构联结度

OECD 提出的"支柱一"方案不再坚持以物理存在为依据的常设机构（联结度）判定标准，赋予来源国征税权的定性前提条件，而是改变为是否对市场国经济构成显著且持续参与的定量新联结度，并以此向市场国划分新征税权。[1] 具体而言，"支柱一"方案中范围内的跨国企业集团在某市场管辖区获得等于或大于 100 万欧元的收入，则通过新的联结度测试，该市场管辖区获得对金额 A 的征税权。对于全年 GDP 低于 400 亿欧元的较小规模的市场管辖区，联结度的门槛低至 25 万欧元。

---

① 张志勇、励贺林：《数字经济、价值创造和财富分配——基于税收视角的分析》，《国际税收》2021 年第 9 期。

(二) 以单一税制来替代现有的独立会计原则

"支柱一"方案中金额 A 的税基以范围内的跨国企业集团，依据合格的财务会计准则编制的财务报表中列示的总利润（或亏损）来确定。这体现出"支柱一"方案由现行的独立实体原则/独立会计原则向单一税制转变。可见，本次国际税改以整体观替代局部观。

现有的国际税收规则建立在独立实体原则/独立会计原则基础上，是一种自下而上的征税方式。而"支柱一"方案中无论是税基计算、利润分配（公式分配法），还是多边治理机制，都体现了自上而下的理念。这也就意味着国际税收话语权由分散向集中转换，国家未来的国际税收主权有可能被削弱。

由于"支柱一"方案改变了现有对跨国企业集团自下而上的税收管理方式，创新性地采用自上而下的方式，因此多边合作机制成为国际税改的必然结果。[1]

(三) 以非独立交易原则的公式分配法进行利润分配

OECD 发布的《跨国企业与税务机关转让定价指南》（2022）[2]，依旧将独立交易原则作为国际性的转让定价准则，致力于维护其作为国际共识的地位。可比性是独立交易原则的核心，跨国企业集团的关联交易都需要遵循独立交易原则，使用不同的转让定价方法进行价格调整，使之成为非受控交易。来源国税务主管当局依据跨国企业调整后的关联企业的利润进行征税。在现有国际税收体系下，跨国企业集团的利润分配都是遵循独立交易原则进行的。全球公式分配法作为一种非独立交易原

---

[1] 张志勇：《近期国际税收规则的演化——回顾、分析与展望》，《国际税收》2020 年第 1 期。

[2] "OECD Transfer Pricing Guidelines for Multinational Enterprises and Tax Administrations," OECD, https://www.oecd.org/tax/oecd-transfer-pricing-guidelines-for-multinational-enterprises-and-tax-administrations-20769717.htm.

则的利润分配方法，一直未被 OECD 认可成为一种可以替代独立交易原则的方法。

但是，在"支柱一"方案的设计中，OECD 打破了这一长期固守的底线，在利润分配上创新性地引入了公式分配法，将跨国企业集团 25% 的剩余利润（或称为超额利润）进行再分配。统一使用销售额作为唯一的分配因子，将部分剩余利润分配给相应的市场管辖区。如果"支柱一"方案能顺利实施，则公式分配法将是首次真正意义上在全球各个国家层面使用的跨境交易利润分配的方法。尽管公式分配法在美国国内不同州间长期使用。

总之，"支柱一"方案创新性地引入了依据量化联结度判断的新征税权和基于公式分配法的新辖区间利润分配机制。尽管从技术层面上看，因其复杂性和实施困难而饱受各方争议。但是由于其具有革命性，可能成为国际税收史上第二次"伟大的妥协"，影响未来数十年国际税收规则变化的趋势。

二 "支柱一"方案重大而深远的历史意义

"支柱一"方案除了从技术层面给现有的国际税收基本规则带来巨大变革，同时也会对不同的税收管辖区和跨国企业集团带来重要影响，其意义重大而深远。虽然，目前仅仅将大而富的跨国企业集团超额利润的 25% 拿来用于再分配，一旦"支柱一"方案实施顺利，未来会有更多的跨国企业集团被纳入，更高比例的超额利润会用于再分配。另外，不能单纯从增加不同税收管辖区税收的绝对值来评价此次国际税改的意义，还应看到此次国际税改对未来全球投资和贸易、各个辖区的税收主权和利益，未来全球税收治理都会产生重要影响。

（一）赋予市场国新征税权以及公式分配法下的利润分配

在经济数字化背景下，"支柱一"方案通过量化的新联结度测试，赋予市场国以新征税权，打破了现有国际税收规则下在居民国和来源国分享跨国企业集团跨境交易获取利润征税权的二元结构。"支柱一"方案通过赋予市场国新征税权，使得各税收管辖区的税收利益获得再平衡。

金额 A 是"支柱一"方案主要的概念创新。[1] 金额 A 打破了现有的基于物理存在的常设机构联结度的征税权获取门槛，同时突破了现有国际税收体系的基本准则——独立交易原则，通过设置量化的联结度指标，赋予市场管辖区征税权，采用公式分配法对跨国企业集团的部分超额利润在市场国之间进行再分配。

跨国企业利润分配机制由偏重于技术向偏重政治转变。金额 A 利润分配由公式分配法取代现有的转让定价方法。会计和转让定价专家在现有的跨国企业集团利润分配过程中起到重要的技术支撑作用。公式分配法不需要遵循独立交易原则，"支柱一"方案以销售额作为分配因子。需要明确的是，公式分配法中分配因子的选取更多是政治妥协的结果，而非从经济学和管理学视角上的综合考量。

（二）构建全球税收治理新格局

OECD 主导的以"双支柱"方案为代表的国际税收改革的一大贡献是开启了国际税收的多边合作架构与机制。[2] "支柱一"方案最大的政治产出是其设计的具有强制性且有约束力的新型国际税收多边治理机制，有望在未来构建全球税收治理的新格局。

在全球税收治理兴起的背景下，国际税收软法的蓬勃发展是一种必然趋势。全球税收软法治理模式可以进一步向硬法[3]治理模式转化。[4]

---

[1] Reuven S. Avi-Yonah, "The International Tax Regime at 100: Reflections on the OECD's BEPS Project," Journal Articles & Opinion Pieces IBFD, https://research.ibfd.org/#/doc?url=/linkresolver/static/itpj_2022_01_int_1.

[2] 张志勇：《近期国际税收规则的演化——回顾、分析与展望》，《国际税收》2020 年第 1 期。

[3] 硬法是指对国家等国际行为体具有强制约束力的国际法。

[4] 崔晓静：《全球税收治理中的软法治理》，《中外法学》2015 年第 5 期。

自上世纪二三十年代起，现有国际税收制度主要采用双边协定和单边行动的治理方式，如 OECD《税收协定范本》和联合国《税收协定范本》多具软法的性质。

"支柱一"方案下的《金额 A 多边公约》明确采用具有强制性且有约束力的方式进行，从而可以更为有效地解决金额 A 相关事宜的争议，保证"支柱一"方案的有效实施。随着《金额 A 多边公约》及其《解释性声明》《税收确定性适用的谅解备忘录》等一系列文件的出台，新的具有强制性且有约束力的多边全球税收治理机制应运而生。对于这一激动人心的历史性变革，有些学者对多边全球税收治理机制能否落地实施提出了担心，认为有鉴于各个辖区的利益和诉求的不一致，从历史视角上来看多边的全球税收治理机制很难获得成功。具体到《金额 A 多边公约》，由于"支柱一"方案的征税对象主要是美国的跨国企业集团，美国可能很难对此持支持的态度。[①]

（三）清除单边措施提升跨国企业集团的税收确定性

《金额 A 多边公约》明确表示，"支柱一"方案实施后，缔约国有义务清除包含数字服务税以及类似的单边措施。消除单边措施是美国及其跨国企业集团极力倡导的，也是美国支持和推动"支柱一"方案进程的主要驱动力。

2019 年 7 月，法国决定开征数字服务税，美国同期便对法国开展了针锋相对的"301 调查"。[②] 从 2017 年起，全球各地开展了一波对数字化跨国企业集团征收数字服务税或类似税收的举措，主要包括以法国为代表的部分欧盟国家以及英国和土耳其；亚洲的印度、印度尼西亚和马来西亚；非洲的肯尼亚和尼日利亚；南美的墨西哥和大洋洲的澳大利

---

① Reuven S. Avi-Yonah, Eran Lempert, "The Historical Origins and Current Prospects of the MultilateralTax Convention," *World Tax Journal* 3 (2023).

② 励贺林、姚丽：《法国数字服务税与美国"301 调查"：经济数字化挑战下国家税收利益的博弈》，《财政科学》2019 年第 7 期。

亚等。诸如此类单边措施的目标直指美国的大型数字化科技跨国企业集团，这使得美国的国家税收利益受损；同时美国跨国企业集团在全球的税收遵从成本和风险陡然增加，税收确定性成为跨国企业集团重要的关注点。

虽然，缔约国在承诺实施"支柱一"方案后有义务消除单边措施，但是欧盟和加拿大等国家和地区依旧没有放弃采取单边措施的努力，未来国际税收治理的模式仍具有不确定性。

（四）国际税收征管由分散化向集中化转变

事实上，"支柱一"方案已由现行的独立实体原则/独立会计原则向单一税制转变。金额 A 的税基计算和利润分配均采用自上而下的方式进行，同时多边治理机制也是需要牵头税务主管当局与涉及的市场国税务主管部门合作解决。未来的国际税收征管有可能由分散化向集中化转变，这也对各国税收主管当局的税收征管能力建设提出了新的挑战。

（五）税基计算凸显财务会计在国际税收中的地位

金额 A 的税基以范围内的跨国企业集团，依据合格的财务会计准则编制的财务报表中列示的总利润（或亏损）来确定税基，同时仅允许少量的会税调整。"支柱一"方案税基确定，改变了现有国际税收依据独立会计原则/独立实体原则来计算税基，以跨国企业集团合并财务报表的总利润（或亏损）作为税基计算的起点，使得税基趋向统一。

"支柱一"方案税基的计算方法，加大了对会计准则的依赖。"支柱一"方案采用跨国企业集团合并财务报告的税前利润（PBT），作为确定金额 A 的起点。合并财务报告是指按照合格会计准则由集团最终控股母公司编制的合并报告。但需要明确的是，同为合格会计准则的国际财务报告准则（IFRS）和其他 10 个国家或地区所采用的公认会计准则（GAAP）的差异是很大的，这种差异为跨国企业集团进行税收筹划留下了巨大的空间。对于税前利润（PBT），大多数会计准则都没有对其进行明确定义。[①] 多数国家的会计准则允许企业有自由裁量权自行确定税前利润（PBT），这使得税前利润（PBT）的计算在规则上就存在较大差异。如果"支柱一"方案制定统一标准，将被认为是对会计准则的特殊要求，这与会计准则自身目标并不一致。[②]

收入来源规则的一般条款明确指出，收入的来源需基于逐笔交易的方式进行。但这里的逐笔并不是要求跨国企业集团保留并提交所有逐笔交易数据，而是跨国企业集团能向税务主管部门展示其具有一个清晰、智能的内部控制框架。该内部控制框架需要阐述确认收入来源的概念性方法、如何获取必要的数据，以及具有健全的内部检查手段来监控数据的准确性。由此可见，"支柱一"方案的实施对跨国企业集团的会计核算、内控管理以及会计智能化等都提出了更高的要求。笔者认为，这更加凸显了跨国企业集团内部信息系统（如企业资源计划系统），将会计职能进一步提升到企业战略地位的重要性。中国"走出去"的企业应该加强此方向的能力建设，做到未雨绸缪。

总之，创建具有强制性且有约束力的多边公约，以数字服务税为代表的单边措施的退出，税收的确定性有望增强，这也是数字跨国企业集团母公司所在居民国和跨国企业集团公司本身所乐见的结果。"双支柱"方案如果能够顺利实施，将为开启多边筹资与共享机制提供可能。"双支柱"方案下税率与税基将会趋同，全球税制将会趋向统一，这为使用多边工具协调数字鸿沟造成的国家间贫富差距加大的现实矛盾提供解决问题的范例。同时，"双支柱"方案也为协调国内经济欠发达地区和数字化发达地区间的税收利益，促进共同富裕，提供了解决问题的思路。

---

① "Report on the Pillar One Blueprint," OECD, http://www.oecd.org/tax/beps/tax-challenges arising-from-digitalisation-report-on-pillar-one-blueprint-beba0634-en.htm.

② 姚丽、靳东升：《OECD 第一支柱方案蓝图的两难困境：简化目标与技术理性》，《税务研究》2021 年第 6 期。

三 "支柱一"方案是否实现了国际税收公平性的目标

(一) 税收的目标是什么? 何为好的税收?

对于如何判断"什么是好的税收"这一问题, 1776 年, 英国政治经济学家和道德哲学家亚当·斯密在其撰写的《国富论》中提出一般赋税的四个原则: ①依据收益原则的税收公平原则; ②税收确定性原则; ③缴税便利性原则; ④税收对等原则, 即人民所付出的要尽可能等于国家收入的。尽管亚当·斯密提出的税收四原则距今已经有二百多年的历史, 但是从国家和国际层面上来看, 时至今日, 亚当·斯密的税收四原则还未全部真正实现, 在实践上仍然存在较大的提升空间。

牛津大学的迈克·德沃罗教授团队在遵循亚当·斯密提出的税收四原则基础上, 额外提出了兼容激励原则。德沃罗教授将企业利润征税的评价标准原则总结为五个: ①税收的公平性; ②税收的经济有效性, 即是否会由于税收的原因造成对经济活动的扭曲, 产生税收成本, 形成超额负担; ③税收的抗干扰性; ④易于管理性; ⑤激励兼容性。[①]

依据上述原则, 迈克·德沃罗教授认为如下地区对企业利润享有征税权: ①企业所有者的居住地; ②母公司或企业总部的居住地; ③原产地国[②], 即企业母公司或总部的居住地; ④市场国或目的地国[③], 即向第三方进行销售的地方。

对一个国家而言, 其关于国际税收国内法制定会有多个目标, 这些

---

① Devereux, M., Auerbach, A., Keen, M., Oosterhuis, P., Schön, W., Vella, J., *Taxing Profit in a Global Economy* (Oxford University Press, 2021), https://oxford.universitypressscholarship.com/view/10.1093/oso/9780198808060.001.0001/oso-9780198808060.

② 这里的原产地国, 广义上指产生商品或服务的经济活动发生的地点, 与经济学中的来源国具有不同的法律意义。

③ 这里的目的地国, 广义上指销售发生的地点。

目标间往往是冲突的。一方面，国家希望从跨境交易中通过征税获取财政收入，同时主张反避税。① 另一方面，通过提供低税率等税收优惠政策来吸引国际投资。②

一个国家实施强反避税政策，会削弱该国的竞争地位。因此，某些国家为了提升其国际税制竞争力，往往不采用强有力的反避税规则（如CFC 规则）。例如，1997 年美国引入的打钩规则，为美国的跨国企业集团搭建海外税收组织架构（如"双爱尔兰荷兰三明治"）提供便利和可能，从而转移利润，将利润留在爱尔兰等低税收管辖区。这一看似有损美国税基的国际税收制度安排（税收漏洞），实则为美国跨国企业集团在全球形成绝对竞争优势提供了税收安排上的强有力支持。

（二）"支柱一"方案能否实现国际税收公平

公平和现代化的国际税收体系是国际政治和经济对话的产物。③ Jeff Ferry 和 David Morse④ 认为，"支柱一"方案是朝更合理的全球企业税收体系迈出的重要一步，但同时也指出"支柱一"方案给美国数字化跨国企业集团带来额外的税收负担。Jeff Ferry 和 David Morse 质疑的焦点是"支柱一"方案下的金额 A 新征税权以及利润分配设定的 10% 利润率门槛，认为这个 10% 的利润率门槛定得过于武断。按照"支柱一"方案的《7 月声明》，全球营业额超过 200 亿欧元并且利润率（税前利润 PBT/收入）超过 10% 的跨国企业集团适用于金额 A。这里假定将跨国企业集团的常规利润设定为 10%，超过 10% 的利润为剩余利润。他

① 姚丽、励贺林：《利用税法规则错配避税不构成"非法国家援助"？——评欧盟对麦当劳国家援助调查的裁定》，《国际税收》2018 年第 10 期。

② 励贺林、付广军：《防范专利盒税制成为跨国企业集团避税的工具》，《税务研究》2017 年第 9 期。

③ 廖体忠：《公平和现代化的国际税收体系：回顾与探索》，《国际税收》2019 年第 11 期。

④ Jeff Ferry, David Morse, "Alternative Pillar 1 Formulas for International Fairness," *Tax Notes Federal* 173（2021），https://www.taxnotes.com/tax-notes-international/international-taxation/alternative-pillar-1-formulas-international-fairness/2021/12/13/7cnzq.

们选取 2020 年的财富榜单中前 200 的企业，使用其财务报表中的收入和税前利润数据，按照现有"支柱一"方案的适用范围门槛，共有 76 家跨国企业集团落入金额 A 的征税范围内。从数量上看，总部位于美国的跨国企业集团和位于美国以外的跨国企业集团各 38 家。但是如果拿应税收入作为税基来看，"支柱一"方案是将剩余利润的 25% 按销售额分配给不同的市场管辖区，这 25% 的剩余利润中美国跨国企业集团占 73.8%，对于只占全球 GDP 24% 的美国来讲，这一数字就显得过高了，因此，"支柱一"方案给美国跨国企业集团所带来的税收负担是不公平的。究其原因，显然是税前利润 10% 这一门槛指标设置不尽合理，应予重新考量。解决该问题的办法之一是降低这一门槛指标的数值，这样做的好处是可以增加"支柱一"方案下应税公司的数量，增加应纳税利润额，同时增加非美国公司的纳税义务。

除了关注税前利润 10% 的落入金额 A 征税范围门槛这一阈值指标外，一些学者也质疑采用销售额作为唯一向市场国分配剩余利润的分配因子是否公平。这样的分配方式造成的结果是，向欧洲等发达市场管辖区分配更多的剩余利润，而发展中国家获取的收益较少，尽管发展中国家拥有较多的人口。

Joseph Stiglitz[1] 认为目前的国际税改方案的获益方是发达国家及其所拥有的跨国企业集团，而非发展中国家，"支柱一"方案是令人失望的。他建议将纯利润（Pure Profits）作为公司所得税税基，而非资本产生的利润（Capital），考虑到生产和销售发生地采用公式分配法对利润进行分配。仅将销售额作为再分配因子会导致利润在不同国家分配不公，这有利于发达国家，而"支柱一"方案不能使发展中国家和新兴经济体获得他们应该获得的税收收益，即便他们适度地开征单边的数字

---

[1] Joseph Stiglitz, "Making the International Corporate Tax System Work for All," *The Progressive Post*, https://progressivepost.eu/making-the-international-corporate-tax-system-work-for-all/.

服务税。

（三）"支柱一"方案对美国的影响

从税收利益的视角上看，"支柱一"方案利益损失最大的是美国。对于"支柱一"方案，特朗普时期的美国政府是极力反对的，认为该方案是对美国科技公司的歧视，并使其处于竞争劣势；同时新的利润再分配方法也会使美国失去其收入。于是美国提出安全港提案，以便可以有选择性地实施这一具有创新性的国际税收性制度。美国的安全港提案，随即遭到国际社会的普遍反对。与特朗普时期不同的是，拜登政府提出了一个替代方案，即以更广泛的适用范围来取代安全港提案。① 由此，将"支柱一"方案中金额 A 的适用范围由主要针对美国高科技跨国企业集团扩展到最富有且最赚钱的跨国企业集团，无论其是数字性质的企业还是传统行业企业。

Mindy Herzfeld② 指出，"支柱一"方案对美国跨国企业集团而言，其收益体现在税收确定性上，而国际税收规则的不确定性导致美国跨国企业集团难以做出合理的投资决策，同时缺乏有效的争议解决程序也增加了跨国企业集团的税收遵从成本。美国跨国企业集团认为与更高的税率相比，国际税收的不确定性会给美国在海外的投资带来更大的问题。从这个意义上来讲，"支柱一"方案要求消除数字服务税及类似的单边措施对美国跨国企业集团是有利的。Mindy Herzfeld 还指出，长期以来，美国跨国企业集团一直高度重视具有约束力的强制性仲裁，这是美国做出任何让步的关键。

由此可以设想，美国在"支柱一"方案上的妥协是战略性的，而

---

① Reuven S. Avi-Yonah, "The International Tax Regime at 100: Reflections on the OECD's BEPS Project," Journal Articles & Opinion Pieces IBFD, 2021, https://research.ibfd.org/#/doc? url=/linkresolver/static/itpj_2022_01_int_1.

② Mindy Herzfeld, "Is the OECD Deal Good or Bad for the United States?" TAX Notes Federal, 2021.

非战术上的税收利益得失。更为核心和关键的是，通过"支柱一"方案，美国跨国企业集团除了可以在全球进行更为有效地投资外，还可以在构建具有创新性的、强制且有约束力的国际税收争议解决机制中起到主导和支配地位，为美国跨国企业集团的长远发展提供话语权。这特别值得包括中国在内的发展中国家的高度重视。

第七章　"支柱一"方案的理论源泉与基础

长期以来，传统转让定价方法受到各方质疑和挑战。近年来，传统国际税收规则及其理论基础的真正挑战，主要来自数字经济（或经济的数字化）。[①] 数字经济加速了国际税收规则变革的步伐。2013 年 9 月，G20 领导人圣彼得堡峰会的领导人声明中首次提出，"利润应在经济活动发生地和价值创造地征税"这一国际税收的征税基本原则，来应对跨国公司极端税收筹划和数字经济对国家税收的挑战。2015 年 10 月，OECD 颁布的 BEPS 行动计划解释性声明再次明确了该划分征税权的新立场。2019 年 1 月，OECD/G20 BEPS 包容性框架发布《政策说明》，首次提出应用"双支柱"方法来应对经济数字化带来的税收挑战的设想。经过各方不断地努力和谈判，"支柱一"方案逐步成型。

新征税权和公式化的利润分配方法是"支柱一"方案的核心。"支柱一"方案明确：全球营业额超过 200 亿欧元且利润率（税前利润 PBT/收入）超过 10%的跨国企业集团（采掘业和受监管的金融服务业除外），需将超过收入 10%的利润（即剩余利润/超额利润）中的 25%按照销售额分配给不同的市场管辖区。与基于独立交易原则的转让定价方法进行价格调整的现存国际税收规则不同的是，"支柱一"方案将跨

[①]　张志勇：《近期国际税收规则的演化——回顾、分析与展望》，《国际税收》2020 年第 1 期。

国企业集团部分剩余利润/超额利润以销售额为唯一分配因子在不同的市场管辖区进行利润分配。可见，"支柱一"方案使用的是融合剩余利润分配法（Residual Profit Allocation，RPA）和公式分配法的一种混合利润分配方法，极具创新性。

剩余利润分配法和公式分配法相关理论是"支柱一"方案的理论源泉。剩余利润分配法将跨国企业集团的利润分为常规利润和剩余利润两部分，对利润进行分配。公式分配法则打破了传统转让定价方法适用的独立交易原则，采用不同的分配因子来分配跨国企业集团的利润。

本章将就"支柱一"方案的理论源泉进行深入地剖析，以期对"支柱一"方案的理论本质有清晰的理解。英国牛津大学迈克·德沃罗教授及其团队"基于所得的剩余利润分配法"（Residual Profit Allocation by Income，RPA-I）；美国密歇根大学鲁文·阿维-约纳教授倡导的公式分配法、剩余利润分割法以及其他一系列重要思想都是迄今为止最为系统而严密的技术探索。两者的研究成果都为 OECD 应对经济数字化国际税收变革的"双支柱"方案提供了重要而强大的理论与技术支持。[①]

一 剩余利润分配法（RPA）系列提案

近年来，学者们纷纷提出不同的剩余利润分配法（RPA）系列提案，试图应对国际税收面临的税基侵蚀和经济数字化给国际税收带来的挑战。剩余利润分配法（RPA）系列提案，在常规利润的定义及计算、剩余利润征税权的所在地、分配剩余利润所使用的公式等方面存在差异。这种差异主要体现在对剩余利润的分配使用不同的分配因子上，如分别使用销售额、成本、用户等作为分配因子。将跨国企业集团总利润划分为常规利润和剩余利润两部分，是剩余利润分配法（RPA）系列提

---

① 廖体忠：《国际税收政策的世纪选择与未来出路》，《国际税收》2021 年第 2 期。

案的逻辑起点。该系列提案首先将跨国企业集团的常规利润在功能和活动发生地进行分配，剩余利润（总利润－常规利润）则采用某种规则在各个国家进行分配。有代表性的剩余利润分配法（RPA）提案包括：牛津大学的迈克·德沃罗教授及其团队[1]提出的基于所得的剩余利润分配法；鲁文·阿维－约纳教授[2]提出的公式化的利润分割方法；Luckhaupt、Overesch 和 Schreiber 等[3]提出的一种基于交易的利润分配方法，即将固定的标准利润率与剩余利润的分配相结合。

（一）常规利润和剩余利润的定义与度量

1. 常规利润和剩余利润的定义

出于国际税收的目的，通常将跨国企业集团的总利润划分为常规利润和剩余利润两部分。这是剩余利润分配法（RPA）系列提案的核心和逻辑起点。然而，由于在会计或其他标准的数据源中无法找到与其对应的概念，因此，对于常规利润和剩余利润还缺乏其一般意义和性质应有的基本理解。[4]

应该明确的是，尽管将跨国企业集团的总利润分成常规利润和剩余利润是剩余利润分配法（RPA）系列提案的核心。但是，OECD《跨国企业与税务机关转让定价指南》（2022）中利润分割法下的剩余利润分析法提及的剩余利润，以及迈克·德沃罗教授团队提出 RPA-I 提案中涉

---

[1] Michael P. Devereux, Alan J. Auerbach, Michael Keen, Paul Oosterhuis, "Wolfgang Schön and John Vellal, Oxford International Tax Group. Residual Profit Allocation by Income," https://www.sbs.ox.ac.uk/sites/default/files/2019-03/WP1901_0.pdf.

[2] Reuven S. Avi-Yonah, "Allocating Business Profits for Tax Purposes: A Proposal to Adopt a Formulary Profit Split," https://repository.law.umich.edu/articles/774/.

[3] Luckhaupt, Hagen, Overesch, Michael, Schreiber, Ulrich, "The OECD Approach to Transfer Pricing: A Critical Assessment and Proposal," in Schön, Wolfgang, Konrad, Kai, eds., *Fundamentals of Transfer Pricing in Law and Economics*.

[4] Sebastian Beer, Ruud de Mooij, Shafik Hebous, Michael Keen, Li Liu, "Exploring Residual Profit Allocation," https://www.imf.org/en/Publications/WP/Issues/2020/02/28/Exploring-Residual-Profit-Allocation-48998.

及的相关概念的内涵和外延也不尽相同。

将跨国企业集团总利润分为常规利润和剩余利润是牛津大学团队提出"基于所得的剩余利润分配法"的逻辑前提，是对现有《跨国企业与税务机关转让定价指南》（2022）认可的利润分割法的理论继承、修正和发展。此外，由于行业的不同，常规利润和剩余利润占总利润的比例也有所差异。通常来讲，对于传统行业，常规利润的占比超过剩余利润；而对于以无形资产作为核心资产的数字化跨国企业集团（如亚马逊、谷歌、脸书等），剩余利润的比重要大于常规利润。

（1）常规利润的定义

OECD 转让定价方法中利润分割法下的剩余利润分析法并未提出"常规利润"这一术语。2018 年，OECD 发布了《利润分割法应用指南》，该应用指南中的剩余（利润）分析将利润分为两类。第一类是不太复杂业务所贡献的受控可比交易产生的利润；另一类是独特而有价值、高度整合或共同承担重大经济风险的交易产生的利润。

迈克·德沃罗教授团队为常规利润下了一个确切的定义：常规利润是第三方在外包的基础上执行一系列特定功能和活动所期望获得的利润，第三方本质上是一个服务提供者，不分担业务的总体风险，因此也就不享有总体业务成败所带来的回报。[①]

这里的外包模式是指第三方实质上作为服务提供者来执行一系列功能，但并不承担跨国企业的总体风险，同时也不会从跨国企业产品或业务相关活动获取的总体成功或失败中获得回报，如合约制造商、合约开发、合约物流供应商、合约销售等。举个实际的案例，苹果公司将其生产职能通过签署成本分摊协议的方式外包给第三方合作伙伴富士康在中国的工厂，苹果公司将其定义为合约制造商，中国的工厂只获取其常规

---

① Michael P. Devereux, Alan J. Auerbach, Michael Keen, Paul Oosterhuis, "Wolfgang Schön and John Vellal, Oxford International Tax Group. Residual Profit Allocation by Income," https://www.sbs.ox.ac.uk/sites/default/files/2019-03/WP1901_0.pdf.

的补偿回报。苹果公司在其全球价值链中的研发、分销等环节都采用了同样的策略。① 既然是服务供应商，就存在一个可比较的费率。RPA-I 提案使用传统转让定价方法将常规利润的征税权赋予功能和活动发生地的司法管辖区。在此，RPA-I 提案并不区分某项活动是在企业内部从事，还是外包给一个独立的企业进行。剩余利润分配法（RPA）各种提案对常规收入的确认也不尽相同。

可见，OECD 依据价值分析来划分常规利润，而 RPA-I 提案划分常规利润的依据是外包合同者是否执行了可比功能，并不依据常规和非常规活动判断下属公司获取的是常规利润还是剩余利润。上述表示可以理解为，在 RPA-I 提案情境下，跨国企业集团的同一项活动既有可能产生常规利润，又有可能产生剩余利润。区分这两类利润的关键是该功能或活动采用的方式是否通过外包的方式，是否具有可比性，而不论该功能从价值链的角度看是高价值的功能或活动还是低价值的功能或活动。例如，从价值链的视角来看，研发功能是高价值的活动，但如果跨国企业通过签订成本分摊协议在市场国以外包形式进行的研发活动产生的利润，在 RPA-I 提案情境下，则被视同常规利润。利用成本分摊协议在市场国执行生产、研发、销售和配送等环节是跨国企业集团普遍采用的方法。

（2）剩余利润的定义

迈克·德沃罗教授团队在其 RPA-I 提案中认为剩余利润是指企业获得的超出常规利润的利润。RPA-I 提案下的常规利润和剩余利润的定义与经济学中的正常回报（Normal Returns）和超额回报（Excess Returns）或经济租（Economic Rents）具有宽泛的联系，但并不等同。常规利润可能包含一部分经济租金②，剩余利润可能大于，也可能小于整个企业

---

① 励贺林：《苹果的避税策略与欧盟"非法国家援助"的调查逻辑》，《国际税收》2019年第 3 期。

② 经济租金一般认为是企业由于具有竞争优势而赚取的收入，如具有较低成本的劳动力，在销售市场上具有垄断地位。

的经济租金。

德勤公司认为剩余利润通常指企业通过非常规活动（如与核心价值驱动因素相关的业务活动）而获得的非常规利润。非常规活动包含多种业务活动，在数字经济下这些非常规活动有些属于与市场国征税权相关的活动（如用户、数据或其他市场因素），也有些并不属于与市场国征税权相关的活动（如核心技术和资产等）。[①]

OECD《跨国企业与税务机关转让定价指南》（2022）中利润分割法提及的剩余利润分割法仅是在交易的基础上对利润进行分配。迈克·德沃罗教授团队提出的 RPA-I 提案，则使用公式法将跨国企业集团视为一个整体，采用自上而下的方式进行利润分配。

OECD "支柱一"方案中的"统一方法"并没有对常规利润和剩余利润给出明确的定义，只是提出了默认剩余利润（DRP）的概念，并将其广义地概括为：默认剩余利润是指将常规功能活动对应的常规利润减除后的剩余利润。[②] 由此可见，"支柱一"方案中的剩余利润定义较为模糊，为其后来的对于该概念的解释留出了一定空间。

《支柱一蓝图报告》金额 A 下提及的剩余利润，是指超过约定的利润率阈值的利润。这与转让定价中的剩余利润的概念不同。《支柱一蓝图报告》并未给剩余利润下一个概念性的定义，而只是给出了一个简单的量化计算方法，该阈值最终定义为 10%。

2. 对常规利润和剩余利润的度量

综合上述分析可见，对于常规利润和剩余利润的定义，不同的提案有所不同，还没有一个统一的定义。因此，如何划分和度量常规利润和

---

① 《数字经济征税方案下"统一方法"与现行转让定价规则碰撞之初探》，德勤，2019年 12 月 20 日，https://www2. deloitte. com/content/dam/Deloitte/cn/Documents/tax/ta - 2019/deloitte-cn-tax-tap3092019-zh-191220. pdf.

② "Secretariat Proposal for a 'Unified Approach' under Pillar One," OECD, https://www. oecd. org/tax/beps/public-consultation-document-secretariat-proposal-unified-approach-pillar-one. pdf.

剩余利润将是一个难题。

（1）常规利润的计算及分配

美国学者鲁文·阿维-约纳教授等提案中计算常规利润的方法，是在成本之上增加固定的金额来计算，完全通过市场国或目的地国的销售额（Sales）来分配剩余利润。

牛津大学的迈克·德沃罗教授及其团队使用现有的转让定价技术，如成本加成的方法计算常规利润。如果未来在应用该方法过程中显示其需要消耗更多成本，亦可采用更公式化的方法取代可比性的方法。牛津大学团队认为，计算常规利润的过程不是一门精确的科学，将会包含政治上的考量。

（2）RPA-I 提案中剩余利润的计算及分配

牛津大学团队的 RPA-I 提案使用"自上而下"或"自下而上"两种方法将剩余利润分配给目的地国，通过使用剩余总收入（Residual Gross Income，RGI）的分配公式来分配目的地国的剩余利润。

一是 RPA-I 提案"自下而上"的计算方法：

第一步，计算市场国/目的地国剩余总收入（RGI）

目的地国 RGI＝目的地国销售收入（Sales Revenues）－（目的地国可分配费用+与该费用相关的常规利润）

第二步，计算市场国/目的地国剩余利润

目的地国剩余利润＝目的地国 RGI－（目的国应承担的跨国企业集团不可分配费用的份额①+与该费用相关的常规利润）

二是 RPA-I 提案"自上而下"的计算方法：

第一步，计算跨国企业集团的全部剩余利润

跨国企业集团全部剩余利润＝总利润－总常规利润

第二步，计算分配给市场国/目的地国的剩余利润

依据 RGI 的比例将全部剩余利润分配给目的地国。

---

① 该份额为该目的地国 RGI 占集团总 RGI 的份额。

目的地国/市场国依据不同的税率对常规利润和剩余利润征税。

RPA-I 提案"自下而上"和"自上而下"两种方法得到的结果是一致的，但是该提案将全部剩余利润分配给市场国或目的地国的设计，仍值得商榷。

（二）牛津大学团队的"基于所得的剩余利润分配法"提案

"基于所得的剩余利润分配法"（RPA-I）提案是"剩余利润分配法"（RPA）系列提案之一，相较于其他剩余利润分割提案，RPA-I 提案是最小偏离现有转让定价方法的提案。

RPA-I 提案将跨国企业集团的利润分为常规利润和剩余利润两部分，采用一种混合的方法来分配跨国企业集团的利润。一是使用传统的转让定价技术，遵循独立交易原则来分配常规利润；二是使用公式法将剩余利润分配给市场国（或目的地国①）。RPA-I 提案明确功能或活动发生所在国获得常规利润分配权，销售发生的市场国或目的地国获得对剩余利润的分配权。因此，美国学者 Itai Grinberg② 也将该方法称为"基于目的地的剩余利润分配法"（Destination-Based Residual Profit Allocation，DBRPA）。③"支柱一"方案也是采用一种类似于 RPA-I 提案的混合型利润分配方法。与 RPA-I 提案不同的是，"支柱一"方案将基准的营销和分销利润通过固定比例分配给来源国，称为金额 B，其目的是简化。对于剩余利润，"支柱一"方案将部分剩余利润（25%）使用销售额作为唯一分配因子分配给市场国，而非 RPA-I 提案中把使用剩余总收入（RGI）作为分配因子，将全部剩余利润分配给目的地国（或市场国）。

---

① 这里的目的地国是指第三方购买者购买货物或服务的所在国。

② Itai Grinberg 曾经是美国乔治敦大学法学教授，曾多次在美国财政部任职，现为拜登政府财政部税收政策办公室负责多边税收的副助理部长，学术研究主要集中在国际税收政策事务和国际税法、国际贸易法、国际公法和国际金融监管的交叉问题上。

③ Itai Grinberg, "International Taxation in an Era of Digital Disruption: Analyzing the Current Debate," Georgetown law Faculty Publications and Other Works, 2019, https://scholarship. law. georgetown. edu/facpub/2145.

RPA-I 提案将常规利润的征税权赋予功能和活动的发生地的所在国，而将剩余利润的征税权赋予销售给第三方的市场国或目的地国。考虑到货物和服务的购买者，尤其是个体购买者的非移动性，将剩余利润的征税权分配给目的地国（或市场国），是 RPA-I 提案的亮点。

1. 从转让定价的利润分割法到剩余利润分配法系列提案

（1）OECD 转让定价方法中的利润分割法

跨国企业集团的利润是如何进行分配的？首先从 OECD 转让定价方法中的利润分割法谈起。利润分割法是源于美国国内的一种转让定价方法。1988 年，美国财政部发表了一份关于公司间定价的"白皮书"，利润分割法最早出现在该白皮书中①。OECD 从 20 世纪 70 年代开始研究转让定价税收问题。1995 年，OECD 发布了《跨国企业与税务机关转让定价指南》，利润分割法作为可以应用的转让定价方法纳入该指南。随后 OECD 不断对《跨国企业与税务机关转让定价指南》进行修正和补充。2018 年 6 月 21 日，OECD 发布了修订版《利润分割法应用指南》，对《跨国企业与税务机关转让定价指南》（2017）中的利润分割法进行了修正。利润分割法是 OECD《跨国企业与税务机关转让定价指南》中认可采用的基于交易的转让定价方法。2022 年，OECD 重新发布了最新版的《跨国企业与税务机关转让定价指南》（2022）。

OECD《跨国企业与税务机关转让定价指南》（2022）认可的转让定价方法包括：传统转让定价方法（可比非受控价格法）、再销售价格法和成本加成法。这三种转让定价方法可以归类为价格法，即对关联交易的价格进行可比性分析，据以进行价格调整。另外两种转让定价方法是交易净利润法（TNMM）和交易利润分割法（简称利润分割法），统称为利润法。与价格法不同，该类转让定价方法不是比较关联交易的价

---

① "The Profit Split Method Has Since Been Adopted as Part of the Current Treasury Regulations," The U.S. Department of the Treasury, https://www.govinfo.gov/content/pkg/CFR-2008-title26-vol6/pdf/CFR-2008-title26-vol6-sec1-482-6.pdf.

格,而是比利润,依旧遵从独立交易原则,即依旧需要采用可比的方法来分割利润。

利润分割法是独立企业根据其各自对利润的价值贡献比例来分割总利润的利润分配方法,主要依据贡献分析法和剩余利润分析法对利润进行分割。在贡献分析法下,依据独立企业从所涉可比交易中期望实现的利润分配的合理估算来分配跨国企业集团的合并利润(全部受控交易利润)。剩余利润分析法(剩余利润分割法)按两个阶段划分受控交易的合并利润。第一阶段,参与企业各方就其所涉受控交易中所做的常规贡献取得合理回报,不包含参与各方任何独特、有价值的贡献产生的回报。第二阶段,经第一阶段分割后留存的剩余利润(或亏损)在各方进行分配。

具体来讲,OECD 的利润分割法下的剩余利润分析法将跨国企业集团的受控交易生成的相关利润分为两部分:一部分通常为具有可比性的低复杂贡献所生成的利润,可以使用传统的转让定价方法来识别;另一部分为独特和有价值的、由高度整合或共同承担重大经济风险而获取的利润,通常使用价值贡献分析方法来分配该部分剩余利润。

价值链分析是 OECD 利润分割法的逻辑起点。OECD 的利润分割法是依据跨国企业内各自关联公司的价值贡献对剩余利润(或亏损)进行分配的,遵循独立实体原则和独立交易原则。在数字经济背景下,市场国通常只能获取有限的常规利润征税权,而由于对价值贡献的理解不同,市场国很难获得对剩余利润的征税权。需要指出的是,OECD 的利润分割法下的剩余利润分析法并未对剩余利润的概念加以明确,只是说明该部分利润是企业执行了独特的、有价值的贡献所产生的回报,通常是企业的无形资产带来的回报。此时,OECD 主张利润分割法将在未来转让定价规则的应用中发挥重要作用,独立交易原则仍是转让定价的核心规则,利润分割法成为独立交易原则的最后选择。[①]

---

① 姚丽、宁琦:《利润分割法是独立交易原则的最后选择?》,《税务研究》2018 年第 2 期。

（2）OECD 利润分割法与剩余利润分割法系列提案的比较

剩余利润分割法系列提案是对 OECD 利润分割法的继承，而非全面否定和抛弃。OECD 利润分割法同剩余利润分割法系列提案的异同如表 7-1 所示。

表 7-1　OECD 利润分割法同剩余利润分割法系列提案的比较

	OECD 利润分割法	剩余利润分割法系列提案（RPAs）
相同点	区分常规利润和剩余利润	
不同点	在跨国企业内部有限的关联公司间分配利润	在集团总体、产品线层级或按产品计算剩余利润
	有限的应用场景：高度整合；存在难以估价的无形资产等	范围广，应用于所有跨国企业集团
	遵循传统转让定价方法识别常规回报	不完全应用转让定价方法识别常规回报（如使用固定回报的更为简化的方法）
	基于资产或活动对剩余利润分配征税权	赋予目的地国剩余利润征税权

资料来源：本研究依据牛津大学的迈克·德沃罗教授团队的 RPA-I 提案整理。

2. RPA-I 提案是对传统转让定价方法的继承、修正和发展

RPA-I 提案对传统转让定价方法的继承体现在常规利润的分配上，对于功能和活动发生地产生的常规利润遵从常设机构联结度规则，使用传统转让定价方法（如成本加成法或其他方法）进行分配。RPA-I 提案为常规利润下了一个定义：常规利润是指第三方在外包的基础上执行一系列特定功能和活动所期望获得的利润。将通过外包模式获取的利润定义为常规利润，是 RPA-I 提案中对常规利润加以定义的特征，在这一点上有别于其他剩余利润分配法的提案。

RPA-I 提案是对传统转让定价方法的修正和发展，这主要体现在对剩余利润的分配方法上。同现有 OECD《跨国企业与税务机关转让定价指南》（2022）中的利润分割法不同的是，RPA-I 提案在剩余利润的处理上放弃了传统转让定价的常设机构原则，在目的地国跨国企业集团的货物或服务的销售额达到一系列阈值时，目的地国就可以对相应产生的剩余利润进行分配，而不论该销售收入是由其关联公司、分支机构抑或通过没有物理存在的远程方式形成的。这与"支柱一"方案的新的量化联结度如出一辙。"支柱一"方案中在某市场管辖区获得等于或大于100万欧元的收入，则通过新的联结度测试，该市场管辖区获得对金额A的征税权。

在 RPA-I 提案下，无论有无实体存在，目的地国都有对剩余利润的征税权。由此，RPA-I 提案为解决数字经济背景下，跨国企业集团在市场国缺乏应税物理存在的困扰提供了解决思路。赋予目的地国（或市场国）对剩余利润的征税权成为 RPA-I 提案的核心思想。RPA-I 提案将剩余利润分配给目的地国（或市场国），而非税收优惠管辖区（或税收天堂），因而可以将现有国际税收体系中跨国企业集团利润转移的影响控制到最低。该提案考虑到消费者所在地相较于知识产权、资产、员工等其他价值创造要素的非移动性，从而可以减少跨国企业集团将所得转移到低税收管辖区的可能。

牛津大学团队的 RPA-I 提案与其他 RPA 系列提案的不同点主要体现在（见图7-1）：一是将常规利润征税权赋予功能和活动的发生地，使用传统的转让定价技术进行分配，而非基于一个固定比例的成本加成，并将剩余利润的征税权赋予市场国（或目的地国）；二是剩余利润的分配取决于剩余总收入（RGI）所在地而不是销售的发生地。

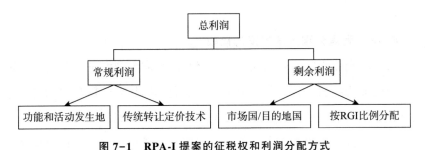

图7-1　RPA-I 提案的征税权和利润分配方式

资料来源：本研究依据牛津大学的迈克·德沃罗教授团队的 RPA-I 提案整理。

依据现有转让定价规则，如果跨国企业集团在市场国没有分支机构或常设机构存在，那么对于通过远程（数字化）进行的交易所产生的利润，市场国是没有征税权的。RPA-I 提案试图赋予市场国对剩余利润的征税权，为"支柱一"方案的新征税权确立提供了理论支持。

3. RPA-I 提案在远程销售情境下的应用

G20 国际税改有一个标志性的表述，也可以说是税改的愿景："利润在经济活动发生地和价值创造地征税。"[①] 在数字经济背景下，利润报告地与经济活动发生地往往不在同一个地方，跨国企业集团在市场国没有物理上的分支机构或分公司，这就对现有国际税收以常设机构为来源国征税条件提出了挑战。

RPA-I 提案为跨国企业集团在市场国没有物理存在的常设机构的远程销售如何征税提供了思路。RPA-I 提案赋予数字化销售下市场国对剩余利润的征税权，提出可以使用用户（消费者）作为分配因子来分配跨国企业集团通过远程方式实现销售时获取的部分剩余利润。与传统转让定价方法不同的是，RPA-I 提案将全部剩余利润分配给市场国，无论跨国企业集团在市场国有无实体存在。在市场国销售，可以视为跨国企业集团与市场国构成联结度。但 RPA-I 提案认为，在远程销售的情境下，对市场国分配的剩余利润须遵守最低限度规定。PRA-I 提案建议，为了避免数字化跨国企业集团逃避在市场国对剩余利润纳税的义务，市场国的税务主管当局可以依据销售额征收预提所得税，用来抵扣对剩余利润征收的任何税款。

4. 不同利润分配方法提案的比较

将跨国企业集团的总利润分为常规利润和剩余利润是剩余利润分配法系列提案的共同点，但各个提案在常规利润的计算、剩余利润的分配地点、使用的分配公式等方面存在差异。纯公式分配法不同于剩余利润分配法，前者将企业利润作为单一数据使用公式法进行分割；而剩余利润分配法仅仅将剩余利润使用公式进行分割，但一些提案往往是二者的

---

① 张志勇：《近期国际税收规则的演化——回顾、分析与展望》，《国际税收》2020 年第 1 期。

融合。不同利润分配方法提案的主要差异如表 7-2 所示。

表 7-2 不同利润分配方法提案的区别

	基于所得的剩余利润分配法（RPA-I）	Avi-Yonah 的基于销售额的公式分配法	OECD 利润分割法	剩余利润分配系列提案 RPAs
适用范围	各种类型的企业（包括在数字经济下）	较广泛	高度整合；难以估值的无形资产	全部跨国企业集团
常规利润的识别	现有的传统转让定价技术（可比）	固定比例（如 7.5%）的成本加成（非可比）①	运用传统交易法或交易净利润法获取"基本回报"	并非全部提案都遵从转让定价方法
剩余利润分配因子	归属于市场国剩余总收入（RGI）的份额②	市场国/目的地国完全基于销售的公式分配	以资产或活动为税基分配因子	基于 RGI、销售额、成本、用户、交易等

注：①"支柱一"方案中的基准营销和分销利润采用固定比例的成本加成（金额 B），也是出于简化的目的。②这里也可以选择采用销售额、成本或者用户（数字产品）等作为分配因子，但采用这些因子必须采用"自上而下"的利润分配方式，而不像采用 RGI 作为分配因子，无论采用"自上而下"还是"自下而上"的方法都会产生同样的计算结果。

资料来源：本研究依据牛津大学的迈克·德沃罗教授团队的 RPA-I 提案整理。

总之，RPA-I 提案设计的初衷是应对跨国企业集团的利润转移，同时尽量少地偏离现有的国际税收基本规则。为了延续现有转让定价的可比原则，该提案决定使用现存转让定价方法，将"常规利润"的征税权赋予跨国企业集团功能和活动发生地所在的辖区。该提案的亮点是提出了将"剩余利润"分配给市场国的构想，同时该提案详细地设计了利润分配的框架和细节，给出一个混合的跨国企业集团利润分配的方法，从技术上看，具有可操作性。特别地，该提案提出了对于远程销售市场国可不以"常设机构"作为征税的门槛，为全球应对"经济数字化"国际税收改革的核心问题奠定了理论基础。可以看到，经过多年协商得到的"支柱一"方案在新征税权和利润分配技术设计上，充分借鉴了 RPA-I 提案。

（三）美国学者对"剩余利润分割法"的解读

2019 年 5 月，OECD/G20 BEPS 包容性框架发布了《工作计划》[①]。《工作计划》提出使用修正的剩余利润分割法、部分分配法和基于分销的方法等新的向市场管辖区分配利润的新规则的设想。美国学者兼政府官员 Itai Grinberg 认为，修正的剩余利润分割法和基于分销的方法语义不清，并分别使用资本化支出法（The Capitalized Expenditure Method，CE 方法）和营业利润率法（The Operating Margins Method，OM 方法）对《工作计划》提出的两种利润分配方法进行详细阐释。

1. 资本化支出法

资本化支出法（CE 方法），首先将超额或剩余回报与常规回报相分离。该方法使用独立交易原则为生产性的经济功能提供一个正常的收益率，之后分配剩余回报[②]。该方法将剩余利润划分为分配给市场无形资产[③]以及分配给其他无形资产两部分。视为市场无形资产形成的剩余利润分配给关联公司所在的市场国，即所谓的新征税权；其他无形资产形成的剩余利润按照现有的转让定价的独立交易原则进行分配。

与 OECD《跨国企业与税务机关转让定价指南》中的利润分割法不同的是，美国转让定价方法下的利润分割法分为两个步骤：首先，对各相关方所执行的职能进行分析，并在可比性的基础上，一个市场比率的回报被分配给各个执行功能的管辖区；随后，剩余利润按公式在关联方

---

① "Programme of Work to Develop a Consensus Solution to the Tax Challenges Arising from the Digitalisation of the Economy," OECD, http://www. oecd. org/tax/beps/programme-of-work-to-develop-aconsensus-solution-to-the-tax-challenges-arising-from-the-digitalisation-of-the-e-conomy. htm.

② 笔者使用 Entrepreneurial Returns，Non-routine Returns，Residual Returns 等不同表达方式。

③ Itai Grinberg, "Formulating the International Tax Debate: Where Does Formulary Apportion-ment Fit?" Georgetown law Faculty Publications and Other Works, 2020, https://scholar-ship. law. georgetown. edu/facpub/2238.

之间进行分配，而非使用可比的方法进行剩余利润的分配。

如何划分不同无形资产形成的剩余利润呢？这就要明确哪些支出是为开发市场无形资产所做的贡献，哪些支出是为开发其他无形资产所做的贡献。CE方法可以在合并的跨国企业集团层面上进行，抑或在业务单元或产品线的层面上（具有显著增加的复杂性）进行。被视为可归属于市场无形资产的剩余收益额将根据各国销售总收入的百分比分配给各市场管辖区。CE方法与公式分配法的共通之处在于，目的地的确定和使用单一方法。

CE方法是基于目的地的剩余利润分配法（DBRPA）和当前转移定价系统之间的折中方法①。该方法的初衷可能并不是为了解决数字经济背景下跨境税收这一具有争议性的核心问题，但是它提供了一个向目的地税收管辖区分配剩余利润的可供选择的方法。基于目的地所得征税的方法在实践中的难点在于目的地销售所得的确定，即收入来源的确定。要考虑如何避免跨国企业集团通过转让定价的安排，将归属于消费者所在地的销售所得转移到其他司法管辖区。

2. 营业利润率法

营业利润率法（OM方法②），规定某一特定管辖区内跨国企业集团应缴纳的最低应税所得。全球营业利润率（Global Operating Margin）是决定这一最低市场管辖应税金额的主要衡量指标，无论是按跨国企业集团整体还是按业务线。依据销售额的固定的回报分配给市场管辖区，该固定的回报率会根据营业利润率的变化而有所不同。可分配给市场管辖区的全球最低市场利润数额，将通过固定回报率乘以销售收入（Revenues）来计算。然后，全球最低市场利润数额将根据当地销售收入分配给各市场管辖区。同CE方法，该方法同样需要定义目的

---

①　即迈克·德沃罗教授及其团队的RPA-I提案和现有转让定价体系的折中。

②　Itai Grinberg, "Formulating the International Tax Debate: Where Does Formulary Apportionment Fit?" Georgetown law Faculty Publications and Other Works, 2020, https://scholarship. law. georgetown. edu/facpub/2238.

地。与 CE 方法不同的是，OM 方法依据财务会计惯例提供合并结果，并不区分税务会计与财务会计，认可其一致性。

与修正的剩余利润分割方法不同的是，基于分销的方法可能不局限于应用在非常规利润，也可能应用于与市场或分销有关的常规活动形成的利润，或所有的常规利润。其结果是跨国公司的常规利润和非常规利润都可能会被分配给市场管辖区，该方法旨在将更多的利润分配给市场管辖区。

二 公式分配法

公式分配法（Formulary Apportionment，FA）在美国、加拿大等国家内部使用由来已久。欧盟的共同统一公司税基方案（Common Consolidated Corporate Tax Base，CCCTB）是公式分配法在欧盟内部的应用。在"支柱一"方案之前，严格来讲，公式分配法未曾真正意义上在广泛的国家间得以使用，应用于跨境交易的全球公式分配体系还未真正建立。

公式分配法的基本特征包括以下两个方面。一是使用单一税制。所谓单一税制是在税收上将跨国企业集团视为单一法人（单一业务、统一申报和公式分配）。二是使用分配因子对单一税基在司法管辖区间分配征税权。[①]

由于跨国企业集团的利润产生机制不同，同时跨国企业集团也通常不会将其利润产生的机制公之于众，因此公式分配法的分配结果是一个近似而非精确的结果。相较于一个纯技术的解决方案，公式分配法融入了政治决策的成分，用来平衡各方利益。因此，公式分配法也被赋予了浓重的政治色彩。

---

① Itai Grinberg, "Formulating the International Tax Debate: Where Does Formulary Apportionment Fit?" Georgetown law Faculty Publications and Other Works, 2020, https://scholarship.law.georgetown.edu/facpub/2238.

（一）公式分配法相关理论

公式分配法的理念最早可以追溯到 1923 年四位经济学家提交给国际联盟财政委员会的《关于双重征税的报告》。该报告提出的四种避免重复征税的方案之一是，在居民国与来源国之间按照适当的比例划分所得，然后各自行使税收管辖权，即所谓的公式分配法。① 由于各方利益平衡的结果，该方案在当时未被采纳。Richard A. Musgrave 和 Peggy B. Musgrave 撰写的《国际公平》（*Inter-Nation Equity*）② 一文被认为是支持使用公式分配法的大部分现代文献的基础。③ Bloch 和 Demange 认为，研究公式分配法的文献起源于 1986 年 Gordon 和 Wilson 关于美国对公式分配法应用的论文中。④

1. 鲁文·阿维-约纳教授的基于销售额的公式分配法

（1）基于销售额的公式分配法⑤的形成与演变：一种混合的利润分配方法

公式分配法首先在美国国内得以应用。传统公式分配法（纯公式分配法）是将跨国企业集团的所有统一利润按照不同分配因子的不同权重进行分配；而剩余利润分配法的不同提案只是采用公式分配的方法来分配跨国企业集团的剩余利润。

1993 年，鲁文·阿维-约纳教授首次提出将"公式分配法"应用

---

① 廖体忠：《国际税收政策的世纪选择与未来出路》，《国际税收》2021 年第 2 期。

② Richard A. Musgrave, Peggy B. Musgrave, *Inter-Nation Equity*, in *Modern Fiscal Issues*: *Essays in Honor of Carl S Shoup*（University of Toronto Press, 1972）.

③ Krever Richard, Mellor Peter, "History and Theory of Formulary Apportionment," in Richard Krever and François Vaillancourt, eds., *The Allocation of Multinational Business Income*: *Reassessing the Formulary Apportionment Option*（Alphen aan den Rijn：Kluwer Law International, 2020）.

④ Bloch, F., Demange, G, "Profit-splitting Rules and the Taxation of Multinational Digital Platforms," *Int Tax Public Finance* 28（2021）.

⑤ Itai Grinberg, "Formulating the International Tax Debate：Where Does Formulary Apportionment Fit?" Georgetown law Faculty Publications and Other Works, 2020, https://scholarship.law.georgetown.edu/facpub/2238.

于国际税收领域。① 1996 年，鲁文·阿维-约纳教授进一步发展了该设想。② 1997 年，鲁文·阿维-约纳教授将基于销售额的公式分配法引入到电子商务的应用场景中。③ 此时，该方法除了将跨国企业集团全部所得都照此征税外，其他与"支柱一"金额 A 的利润分配方式类似；同时，该方法突破了现有国际税收体系的常设机构门槛和独立交易原则。2009~2010 年，鲁文·阿维-约纳教授再次撰文，建议将基于销售额征税的税基限定为超额回报，而"常规回报"仍依据独立交易原则纳税。④⑤ 至此，该方法与现行设计的"支柱一"方案的利润分配方式更为类似。2019 年，国际货币基金组织（IMF）撰文⑥评价鲁文·阿维-约纳教授于 2009 年发表的论文⑦是"支柱一"方案的最初源泉。2021 年，鲁文·阿维-约纳教授提出，"支柱一"方案的理论源于美国各州使用销售因素作为分配因子对公司所得进行分配的公式分配法。⑧

随着时间的推移及 OECD 对公式分配法认可度的变化，鲁文·阿维-约纳教授对于公式分配法适用场景的态度也在不断变化，从最初的妥协，到认为有必要对现有国际税收规则进行彻底变革。2009 年，鲁

① Reuven S. Avi-Yonah，"Slicing the Shadow：A Proposal for Updating U. S. International Taxation，" Tax Notes，Originally Published Under the Source Tite in Tax Notes 58（1993）.

② Reuven S. Avi-Yonah，"The Structure of International Taxation：A Proposal for Simplification，" *Texas Law Review* 6（1996）.

③ Reuven S. Avi-Yonah，"International Taxation of Electronic Commerce，" *Tax Law Review* 3（1977）.

④ Reuven S. Avi-Yonah，"Allocating Business Profits for Tax Purposes：A Proposal to Adopt a Formulary Profit Split，" https：//repository. law. umich. edu/articles/774/.

⑤ Reuven S. Avi-Yonah，"Between Formulary Apportionment and the OECD Guidelines：A Proposal for Reconciliation，" *World Tax Journal* 1（2010）.

⑥ "Corporate Taxation in the Global Economy，" IMF，https：//www. imf. org/en/Publications/Policy-Papers/Issues/2019/03/08/Corporate-Taxation-in-the-Global-Economy-46650.

⑦ Reuven S. Avi-Yonah，"Allocating Business Profits for Tax Purposes：A Proposal to Adopt a Formulary Profit Split，" https：//repository. law. umich. edu/articles/774/.

⑧ Reuven S. Avi-Yonah，"The International Tax Regime at 100：Reflections on the OECD's BEPS Project，" Journal Articles & Opinion Pieces IBFD，https：//research. ibfd. org/#/doc？url＝/linkresolver/static/itpj_2022_01_int_1.

文·阿维–约纳教授等提出了基于销售额的公式分配法。随后，为了推广其公式分配法的实施和应用，2010 年，鲁文·阿维–约纳教授提出了一个折中的方案，在独立交易原则下使用公式法，即在《跨国企业与税务机关转让定价指南》（2022）中的利润分配法下，使用一个标准的回报率分配常规利润后，用公式分配法来分配剩余利润。[①] 2019 年，鲁文·阿维–约纳教授认为，相较于对现有国际税收规则的缝缝补补及各种妥协提案（如牛津大学团队的 RPA-I 提案），更倾向于进行彻底变革。[②] 他们认为基于销售额的公式分配法是采用多边方案的情况下，更理想的利润分配工具，但同时也意识到这个设想的确很难在国际层面上适用。同时，他们还认为基于销售额的公式分配法与 RPA-I 提案相比更具优势，建议美国单边使用该工具，从而建立引领和倒逼机制，向全球层面推广。

由此可见，鲁文·阿维–约纳教授是公式分配法的有力支持者和推动者，其有关公式分配法的重要思想，已经深刻启发了学界和政界的各种国际税收改革思路；[③] 同时他建议在公式分配法下建立混合的税收制度。鲁文·阿维–约纳教授认为公式分配法和独立交易原则并不是矛盾和对立的，可以构建一个包含独立交易系统和公式分配法的混合税收制度来分配跨国企业集团的利润，即使用独立交易原则来分配跨国企业集团的常规利润，使用公式分配法来分配跨国企业的剩余利润。[④]

鲁文·阿维–约纳教授的基于销售额的公式分配法和迈克·德沃罗教授及其团队的 RPA-I 提案中的利润分配方法应该视同为一种包含传统转让定价方法、公式分配法和剩余利润分配法的混合方法，上述理论成

[①] Reuven S. Avi-Yonah, "Between Formulary Apportionment and the OECD Guidelines: A Proposal for Reconciliation," *World Tax Journal* 1 (2010).

[②] Reuven S. Avi-Yonah, Kimberly A. Clausing, "Toward a 21st-Century International Tax Regime," *Tax Notes International* (2019).

[③] 廖体忠：《国际税收政策的世纪选择与未来出路》，《国际税收》2021 年第 2 期。

[④] Reuven S. Avi-Yonah, Ilan Benshalom, "Formulary Apportionment: Myths and Prospects-Promoting Better International Policy and Utilizing the Misunderstood and Under-theorized Formulary Alternative," *World Tax Journal* 3 (2011).

果成为"支柱一"方案中利润分配方法的重要理论源泉。

（2）什么是基于销售额的公式分配法

鲁文·阿维–约纳教授等提出了基于销售额的公式分配法。最初，该方法是为应对跨国企业集团在全球范围内转移利润造成税基侵蚀而提出的，目的是对构建一个有效、公平和简化的税收政策提出建议。遵从独立会计（Separate Accounting，SA）原则下的现有转让定价规则，激励了跨国企业集团将所得和费用进行跨地区转移，加剧了利润转移和税基侵蚀，而采用公式分配法则恰恰可以弥补这一重要缺陷。鲁文·阿维–约纳教授建议将跨国企业集团财务报告的全球总利润作为征税的起点，然后采用公式法将其分配到不同的司法管辖区。

以鲁文·阿维–约纳教授等为代表的美国学者提出的公式分配法，将降低跨国企业全球利润转移视为引入公式分配法提案的主要目的。公式分配法的基本思路是将单一企业（Unitary Business）视为独立纳税人，依据跨国企业集团全球会计系统，将其全球收入减去全球费用的净收入，通过使用不同的分配因子分配给各个税收管辖区。[①] 基于销售额的公式分配法，具体来讲是采用基于目的地的销售额公式来分配利润。在其经济价值难以精确定义和评估的背景下，公式分配法提供了一个合理的、可管理的、令人满意的、适合全球经济的折中方案。

基于销售额的公式分配法使用的公式，不同于美国国内使用的马萨诸塞州公式法将销售额、工资和资产份额进行加权平均，而是采用销售额作为分配因子来分配跨国企业集团的利润。

（3）基于销售额的公式分配法与 OECD 转让定价的利润分割法的比较

1995 年，美国使用了两种新的转让定价方法，即可比利润法（Com-

---

① Kimberly A. Clausing, Reuven S. Avi-Yonah, "Reforming Corporate Taxationin a Global E-conomy: A Proposal to Adopt Formulary Apportionment," The Brookings Institution Discus-sion Paper, https://www.brookings.edu/research/reforming-corporate-taxation-in-a-global-e-conomy-a-proposal-to-adopt-formulary-apportionment/.

parable Profit Method，CPM）和利润分割法，这两种方法较少依赖于可比性。随后，1995 年，OECD 效仿此举并修改了《跨国企业与税务机关转让定价指南》，加入除了可比非受控价格法、再销售价格法和成本加成法三种传统转让定价方法外的两种新的转让定价方法，即交易净利润法（TNMM）和（交易）利润分割法。目前，利润分割法成为美国税务机关常用的转让定价方法。尽管如此，由于其坚持可比性原则，实践上仍存在质疑。

鲁文·阿维-约纳教授认为现有转让定价规则会产生大量的遵从和行政成本，同时为跨国企业集团的全球避税提供机会，尤其是如何分配由整个跨国企业共同承担风险的移动资产和活动产生的所得，现有转让定价下的利润分割法无法合理分配剩余利润。因此，鲁文·阿维-约纳教授提出构建一个公式化的征税机制，在现有转让定价的利润分割法下，使用公式法仅将跨国企业集团剩余利润的一部分进行分配。① 该观点可以看作是 OECD "支柱一"方案的一个重要理论基础和来源。

鲁文·阿维-约纳教授等基于销售额的公式分配法和迈克·德沃罗教授团队的 RPA-I 提案（DBRPA）作为"支柱一"方案的两大理论源泉，在常规利润的计算和剩余利润的分配上存在差异。

（4）基于销售额的公式分配法的优点

第一，基于销售额的公式分配法的最大优点在于选用销售额作为公式分配的唯一分配因子，不同于资产、人员等作为分配因子的可流动性，消费者相对来讲，具有非移动性的特征，加之其采用以某一活动的净收益（或集团剩余利润）作为公式划分的起点，而非单独的实体所得，大大降低跨国企业集团利润转移的动机。这一点可以从美国各州使用的公式分配法的变迁结果上加以印证。

---

① Reuven S. Avi-Yonah, Ilan Benshalom, "Formulary Apportionment: Myths and Prospects-Promoting Better International Policy and Utilizing the Misunderstood and Under-Theorized Formulary Alternative," *World Tax Journal* 3（2011）.

第二，采用不同的公式法，也就是说，采用不同的分配因子会造成不同的征税结果，而采用基于销售的公式分配法可以最大限度地避免造成征税结果的差异。

第三，使用公式分配法避免了在独立交易原则下需要进行大量的经济学研究，从而给税务机关和纳税人节省大量为转让定价所付出的行政成本。但这并不意味着抛弃价值创造理论，而是在无法精确定义和测量经济价值的情况下，在理论上提供令人满意的合理且可管理的妥协方案。

第四，相较于使用独立会计原则的国家，单边使用公式分配法的国家更像一个税收天堂。跨国企业集团更倾向于将其全部所得计入使用公式法的国家，因为这些国家的纳税义务并不依据其所记录的所得，而是依据跨国企业集团在该国发生活动的比例。采用公式法的国家就有意愿放弃使用独立会计方法，转而使用公式分配法，尤其是大的经济体引领作用尤为明显。

第五，公式分配法是将跨国企业所得进行近似而非精确计算的分配方法，包含了政治的选择。[1] 这使得在国际税收领域更有话语权的国家和地区更倾向于使用该方法，增加其税收利益。

2. 对公式分配法的批评

尽管公式分配法有上述优点，但是作为一种非独立交易原则的方法，OECD《跨国企业与税务机关转让定价指南》始终将该方法排除在外。鲁文·阿维-约纳教授对公式分配法进行批评并作出解释。[2]

第一，公式分配法只是一个粗略估计。公式分配法无法洞察跨国企业集团利润生成的过程，很难严格遵循利润应在经济活动发生地和价值

---

[1] Reuven S. Avi-Yonah, Ilan Benshalom, "Formulary Apportionment: Myths and Prospects-Promoting Better International Policy and Utilizing he Misunderstood and Under-theorized Formulary Alternative," *World Tax Journal* 3 (2011).

[2] Reuven S. Avi-Yonah, Ilan Benshalom, "Formulary Apportionment: Myths and Prospects-Promoting Better International Policy and Utilizing the Misunderstood and Under-theorized Formulary Alternative," *World Tax Journal* 3 (2011).

创造地征税这一划分 BEPS 提出的征税权的原则性立场。因此，使用的分配因子只能作为衡量价值创造的一个替代变量，是对价值创造的估计，难免会武断随意。

第二，公式分配法需要一个全面的国际企业税基。实际上，公式法的初衷是其可以仅对跨国企业集团不适合使用独立交易原则来源的所得进行分配，而非其合并的全部所得。也就是说，使用公式分配法来分配跨国企业集团的剩余利润。这就需要将跨国企业集团的全部利润作为税基，进而划分出用于使用公式分配法的剩余利润。

第三，由于公式分配法忽视跨国企业集团的内部交易，被认为不能反映甚至破坏企业的业务实践。公式分配法只是出于税收的目的而不考虑跨国企业集团的内部交易，采用混合的制度可以表现出公式分配法在应用上的灵活性。公式分配法确实是一刀切式的替代独立交易原则的解决方案，但由于其简化和灵活的特性，可以降低企业及税务机关的行政成本，但可能破坏企业的业务实践。

第四，公式分配法的分配因子的使用，会导致企业操纵其实际业务（如工资、资本）。在使用公式分配法和独立交易混合税收制度下，公式分配法可仅应用于对剩余利润的分配。如果跨国企业集团剩余利润占比较大，如高科技企业，则对其实际业务操纵的影响就越大。

第五，公式分配法会提高跨国企业集团的税率，导致生产性资产向低税收辖区转移。

第六，公式分配法会改变现有的国际税收安排，其税收协调难以实现。

使用公式分配法需要解决几个关键问题：如何定义剩余利润？如何定义跨国企业集团自身？如何测量不同分配因子以及确定各自权重？这些基础概念和原则的制定及实施，需要多方合作来构建一个新型的多边税收治理规则。

不同的公式选择和国际协调是使用公式分配法的两大难点。如果在全球层面使用公式分配法，就需要国际社会对此达成共识，必须采用多边治理的方式加以实施。在此，鲁文·阿维-约纳教授建议构建一个公式分配法和独立交易原则相混合的税收安排，依然可以留在现有的双边税收协定框架内；通过建立一个国际税收组织对此进行管理，来解决这类问题。这可以看作是"支柱一"方案《金额 A 多边公约》的思想启蒙。

从上述对公式分配法的批评和难点分析可见，公式分配法要想在全球层面的国家间实施还存在诸多难以解决和调和的实际问题。"支柱一"方案的混合利润分配的新规则能否落地实施，在政府、学界和企业层面依旧存疑，尚存诸多变数。

3. 单一税制与公式分配法

单一税制包含三个核心要素：单一业务、统一申报和公式分配。[①]单一业务是单一税制的核心思想，即将集团公司视作单一法人对待；统一申报要求集团公司在统一报表的基础上对所得进行统一申报；公式分配是对跨国集团的利润（或剩余利润）在不同管辖区进行分配。公式分配法是在单一税制基础上对跨国企业集团利润进行分配的方法，突破了现有国际税收的独立实体原则、独立交易原则等基本原则。

在单一税制下，依据跨国企业集团的净所得，而不考虑其内部交易，运用公式分配法的不同指标（如销售额、工资和资产等）将总所得分配到不同的司法管辖区。虽然在单一税制下，需要使用公式法来分配跨国企业集团的全部所得，但公式分配法并不是完全建立在单一税制下。鲁文·阿维-约纳教授建议将公式分配法与单一税制加以区分，认为公式分配法仅指通过使用公式的方法来分配所得，而非试图确定产生所得的关联交易的市场价格。与单一税制下需要分配跨国企业集团的全部所得不同的是，公式分配法可以应用于对跨国企业集团的某些特定所得的分配，即不适合使用独立交易原则进行分配的那部分所得（所谓的

[①] 廖体忠：《国际税收政策的世纪选择与未来出路》，《国际税收》2021 年第 2 期。

剩余利润)。这里的剩余利润是指来源于流动的无形资产和金融资产的利润。《支柱一蓝图报告》中的金额 A 也使用公式分配法仅对部分剩余利润进行分配。由此可见,鲁文·阿维-约纳教授提倡的基于销售额的公式分配法是"支柱一"下利润分配方法的理论来源之一。

(二)公式分配法在全球层面是否适用

公式分配法由来已久,早在 20 世纪初,法国和西班牙就引入了"公式分配法"。1962 年,美国众议院通过一项法案,首次将公式分配法应用于联邦一级的转让定价问题。① 20 世纪中叶,美国国内使用马萨诸塞州公式分配法,将销售额、工资和资产作为分配因子,采用加权平均的方式来分配利润。

然而,资产、人员的可移动性特征使得企业可以转移相关利润。近年来,无形资产越来越成为跨国企业集团获取利润的重要来源,但无形资产的价值存在难以估量的问题;同时,相较于其他资产,跨国企业集团将无形资产利润转移到低税收地的情况愈演愈烈。跨国企业集团全球运营,协同作用产生的利润大于单个企业,收入的来源也难以确定。传统的独立实体原则和独立交易原则越来越受到挑战。

鉴于消费者的相对非移动性,在美国,一些州增加销售额因子在公式分配法应用中的权重,甚至一些州采用了仅以销售额为因子的公式分配法。

从国家间层面的应用上来看,欧盟委员会最早于 2001 年提出共同统一公司税基(The Common Consolidated Corporate Tax Base,CCCTB)② 提案。经过 10 年的努力,CCCTB 提案于 2011 年顺利通过。该提案采用统

---

① Reuven S. Avi-Yonah, "Between Formulary Apportionment and the OECD Guidelines: A Proposal for Reconciliation," *World Tax Journal* 1 (2010).

② "Proposal for a COUNCIL DIRECTIVE on Common Consolidated Corporate Tax Base (CCCTB)," European Commission, https://taxation-customs. ec. europa. eu/system/files/ 2016-10/com_2016_685_en. pdf.

一公司所得税税基、合并跨国利润和损失、使用公式分配法，分三个步骤在跨国公司间分配利润，为国家间税权划分提供了新的可能范式。[①]从严格意义上来讲，CCCTB 提案还不能称为公式分配法在全球层面上的应用。如果"支柱一"方案下剩余利润的公式分配法能够顺利实施，将会真正实现公式分配法在国家间的应用。

三 "支柱一"方案下的混合利润分配方法

或许对于当今由经济数字化引发的国际税收问题就不存在一个完美的解决方案，正如百年前国际税收基本规则诞生时的伟大妥协一样，应对经济数字化的国际税收制度变革的解决方案也会是一个需要经各方妥协而最终形成的一个折中方案。

"支柱一"方案下的一大亮点是赋予市场国新的征税权，主要通过设置金额 A 加以实现。金额 A 是"支柱一"方案对现有转让定价规则最具革命性的突破。金额 A 将以跨国企业集团合并财务报告中的集团总利润作为计算税基的起点，对跨国企业集团（或集团内某业务线）层级的合并利润应用公式分配法，将剩余利润的"一部分"定义为金额 A（最终定为剩余利润/超额利润的 25%）。金额 A 将被分配给各市场国（某一市场国获得的那一部分金额 A，即为该市场国的新征税权），显著且持续参与市场国经济活动成为衡量新联结度的标准，而非现存以物理存在为判定标准的常设机构联结度标准。

独立实体原则和独立交易原则是现有国际税收规则的两大基石。对于非居民企业，跨国企业只有在来源国构成附属公司或常设机构的联结度标准时，来源国才对有来源于该国的所得具有征税权。"支柱一"方案突破了具有物理存在才构成联结度的传统理念，构建了新的量化的联结

---

① 刘奇超、郑莹、曹明星：《CCCTB 机制阐发：公式分配法欧美比较与中国引申》，《国际税收》2016 年第 7 期。

度，即以跨国企业集团在市场国是否存在持续且重大联系作为新联结度的评判标准。具体来讲，通过设定在市场国的销售额阈值，来判定跨国企业集团是否在市场国存在新联结度。具体而言，当范围内的跨国企业集团在某市场管辖区获得至少 100 万欧元的收入时，就获得对金额 A 的征税权。对于 GDP 低于 400 亿欧元的较小规模的市场管辖区，联结度的门槛则降低至 25 万欧元。

2019 年，迈克·德沃罗教授及其团队提出的基于所得的剩余利润分割法（RPA-I）提案不同于现存的转让定价方法，对于无实体存在的远程交易的处理，提出了解决方案，明确赋予目的地国（或市场国）对跨国企业集团剩余利润的征税权，而无论交易的方式是以物理实体存在，还是通过远程的方式进行。该方法以剩余总收入（RGI）为分配因子，采用公式分配的方式将"剩余利润"分配给目的地国（或市场国）。与迈克·德沃罗教授及其团队提出的将跨国企业集团全部剩余利润分配给不同司法管辖区的设想不同的是，"支柱一"方案仅将部分剩余利润（最终确定为 25%）再分配给不同的市场管辖区。可见，RPA-I 提案为应对经济数字化国际税收挑战提供了思路，成为 OECD "支柱一"方案下的新征税权和利润分配方法的思想源泉和理论基础。

鲁文·阿维–约纳教授倡导的基于销售额的公式分配法和迈克·德沃罗教授及其团队的基于所得的剩余利润分割法（RPA-I），为 OECD "支柱一"方案提供了重要而强大的法理源泉和技术支持。[1]

在确定业务合并利润的基础上，"支柱一"方案提出金额 A 三段式算法。金额 A 就是新征税权，以跨国企业集团层面的税前利润为起点，减去按照传统转让定价独立交易原则确认的常规回报，得到集团的剩余利润，再用全球共识解决方案确定的再分配比例乘以剩余利润，即可确定金额 A。之后，按照全球共识解决方案确定的销售额作为分配要素，将金额 A 在满足新联结度要求的各市场国之间进行分配。某一市场国

---

[1] 廖体忠：《国际税收政策的世纪选择与未来出路》，《国际税收》2021 年第 2 期。

分配得到金额 A 的一部分，按照本国适用税率据以征税，从而实现新征税权，获得本国的税收利益[①]（见图 7-2）。

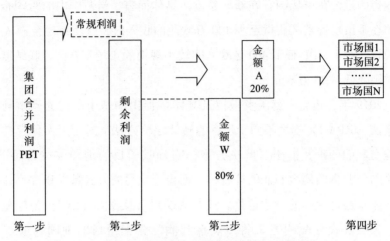

图 7-2　新征税权利润分配逻辑与步骤

资料来源：根据 OECD《支柱一蓝图报告》加工整理。

由此可见，OECD "支柱一" 方案下的利润分配方法可以看作是剩余利润分配法和公式分配法的混合运用。Itai Grinberg 教授称之为剩余公式分配（Residual Formulary Apportionment，RFA）制度。[②]

---

① 姚丽：《数字经济价值实现与新征税权利润分配难题》，《国际税收》2021 年第 5 期。

② Itai Grinberg，"Formulating the International Tax Debate：Where Does Formulary Apportionment Fit？"Georgetown law Faculty Publications and Other Works，2020，https：//scholar-ship. law. georgetown. edu/facpub/2238.

第八章　数字经济价值创造与用户
对价值实现的贡献

为应对跨国企业集团极端税收筹划和经济数字化对国际税收带来的挑战，2013 年 9 月，G20 领导人在圣彼得堡峰会声明中首次提出："利润应在经济活动发生地和价值创造地征税"。① 2015 年 10 月，OECD/G20 颁布的《税基侵蚀和利润转移（BEPS）项目 2015 年成果最终报告》中明确指出该划分征税权的立场，并将其作为指导性原则。②

"利润在经济活动发生地和价值创造地征税"这一国际税收新原则一经提出，便引起各方广泛关注和争论。争论主要来源于两个层面：一是技术层面的争论。表现在对价值创造相关的经济学理论的争论，具体来讲就是关于价值创造的定义、过程和度量等理论问题需要厘清。二是政治层面的争论。表现在对跨国企业集团利润征税权的争夺，数据/用户是否对价值创造做出贡献以及做出了多少贡献。随着经济数字化进程的快速推进，传统的发达国家，如欧盟成员国以及英国等国家，逐步由历史上的居民国变为数字经济下的市场国，进而丧失对数字化商品和服务的

① "Profits Should be Taxed Where Economic Activities Deriving the Profits are Performed and Where Value is Created," G20 Leaders' Declaration, http://www. g20. utoronto. ca/2013/2013-0906-declaration. html.

② "OECD/G20 Base Erosion and Profit Shifting Project, Profits are Taxed Where Economic Activities Take Place and Value is Created," OECD, www. oecd. org/tax/beps-explanatory-statement-2015. pdf.

征税权。为此，英国提出用户参与提案、美国提出营销型无形资产提案、印度牵头提出显著经济存在提案等，试图解决数字经济下国际税收面临的新问题。上述三大提案成为后来的"支柱一"统一方法的理论基础，政治层面的争论也加速了国际税改的进程。"支柱一"方案，认可了数据/用户对于价值创造的贡献，赋予市场国对数字化跨国企业集团的部分剩余利润具有征税权，即所谓的新征税权。

一 价值链理论的演进

"价值创造"这一概念过于模糊，目前尚没有一个明确且统一的定义。没有人完全知道或认同价值创造的确切含义。[①] 数字经济背景下高科技跨国企业集团价值创造机制犹如"黑箱"，还没有成熟的理论对其进行诠释。因此，价值创造的驱动因素及度量就显得更为复杂和困难。

价值链理论是分析企业价值及其创造机制的重要基础。自 1985 年美国哈佛商学院教授迈克尔·波特（Michael Porter）提出价值链概念及模型至今，经济全球化及数字化深入发展，价值链理论不断演化，并催生出全球商品链、全球价值链、虚拟价值链、数据价值链和全球数据价值链等不同的概念。

（一）迈克尔·波特的传统价值链理论

1985 年，美国哈佛商学院教授迈克尔·波特在其《竞争优势》[②] 一书中首次提出价值链的概念。波特的价值链理论是构建在单个企业层面上的传统价值分析方法。波特认为价值是客户对企业提供的产品或服务

---

① 约翰内斯·贝克尔、约阿希姆·恩利施、刘奇超：《在价值创造地征税："用户参与"与它有什么关系？》，《海关与经贸研究》2019 年第 4 期。

② Porter, M. E, *The Competitive Advantage：Creating and Sustaining Superior Performance*（NY：Free Press, 1985）.

愿意支付的费用，价值通过总收入来衡量。可见，波特的价值链理论是建立在基于活动的成本核算方法上的，这里的价值直接体现在产品销售价格和数量及其相关成本上。

波特的价值链是基于制造业的，是由原材料投入生产出最终产成品的一系列活动构成的，每种价值活动都需要通过购买投入要素、人力资源以及技术等来执行该功能。企业的价值活动分为基本活动和支持活动两大类，其中基本活动包括进货物流、生产运营、出货物流、市场销售和服务，支持活动包括资源获取、技术开发、人力资源管理和公司基础设施。每项活动都为企业创造价值，共同完成企业价值创造的过程。

供应商价值链、企业价值链、渠道价值链、买方价值链共同构成了波特的价值体系。该体系尽管也提到了供应商价值链、渠道价值链和买方价值链与企业价值链的关联和协作，但这种关联呈现的是一种链状的单向联系，企业价值创造主要来自企业内部的活动。企业通过采购、生产、市场和分销活动，将产品销售给消费者，也就是说，在波特的价值链理论下，价值主要是由供给方创造的。

随着全球化和数字化的深入发展，波特的价值链理论受到了批评，主要体现在以下方面。

首先，未将数据信息视为价值创造的核心。在经济数字化时代，数据和信息成为企业的战略性资源，是价值创造的核心，而波特的价值链理论虽然认为互联网是提高效率的推动者，但并未将其提升到战略高度加以考虑，体现出其时代的局限性。

其次，仅适用于国内开展业务的企业。波特的价值链理论是为在国内发展的公司而设计的，不适用于分析跨国企业集团的国际化经营的价值创造过程。跨国企业集团的采购、生产、销售、研发等职能遍布全球，在经济数字化背景下，数字化跨国企业集团价值创造过程更体现出跨越物理位置及存在的特点。

最后，对服务性行业的适用性有限。波特的价值链理论适用于分析制造业从原材料投入生产出产成品等一系列主要活动以及支持活动的价值创造过程。由于服务业相较于制造业的投入产出关系的差异性，波特的价值链理论在分析服务业价值创造时具有局限性。

（二）从全球价值链到全球数据价值链

1994 年，格列夫（Gereffi）提出了"全球商品链"的概念，将价值链的分析视角从国内扩展到全球范围。随后，一些学者又将全球商品链的概念扩展到全球价值链，全球价值链理论是波特价值链理论在物理空间上的扩展。与此同时，一些学者还将波特的传统价值链理论扩展到价值网络和价值商店。Stabell 和 Fjeldstad[1] 在价值链理论基础上，提出了价值网络和价值商店的概念和模型。价值网络和价值商店是波特价值链理论在行业上的扩展，即由制造业向服务业的扩展。

Rayport 和 Sviokla[2] 提出了虚拟价值链的概念，他们认为企业的竞争存在物理世界和虚拟世界两个层面。虚拟价值链是对波特价值链理论向虚拟空间的扩展。构建在虚拟世界的价值创造过程有别于构建在物理世界的价值创造过程。虚拟价值链是基于信息的价值链，传统价值链将信息看作是价值创造过程中的辅助因素，而在虚拟价值链中信息被看成价值创造的源泉。虚拟价值链价值创造包括信息收集、信息组织、信息选择、信息合成和信息分配五个活动，由此构成价值矩阵。特别值得注意的是，与供应端价值创造理念不同的是，虚拟价值链理论认为价值创造从供应端转向需求端，强调需求端对价值创造所作的贡献。

---

[1] Stabell, Charles B., Fjeldstad, Øystein D., "Configuring Value for Competitive Advantage: On Chains, Shops, and Networks," *Strategic Management Journal* 5 (1998).

[2] Rayport, J. F., Sviokla, J., "Exploiting the Value Chain," *Harvard Business Review* 11～12 (1995).

（三）数据价值链理论

随着数字经济的发展，数据成为新经济的"石油"。数据在数字经济下成为财富和价值创造的重要核心要素，数据价值链（Data Value Chain）的概念应运而生。Miller 和 Mork[①] 首次提出数据价值链的概念，并描绘了数据价值链的框架，该数据价值链由数据发现、数据整合和数据探索三部分构成。其中，数据发现阶段包括数据收集和注释、数据准备和数据组织；数据探索阶段包括数据分析、数据可视化和数据决策。数据价值链理论模型如图 8-1 所示。

图 8-1　数据价值链

此后，不同的学者对数据价值链进行了一系列研究，提出了不同的数据价值链理论模型，分别描绘了数据从生成到价值创造和实现的整个生命周期。

Wendy 等[②]认为数据价值链的价值生成和实现分为四个阶段：数据收集、数据存储、数据分析和数据驱动的商业模式（Data-driven Business Model）。联合国在《2019 数字经济报告——价值创造和捕获：对发展中国家的影响》[③] 一文中提到，数据价值链包括数据收集、数据存储、数据

---

① Miller, H. G., Mork, P., "From Data to Decisions: A Value Chain for Big Data," *IT Professional* 1 (2013).

② Wendy C. Y. Li, Makoto Nirei, Kazufumi Yamana, "Value of Data: There's no such Thing as a Free Lunch in the Digital Economy," https://www.bea.gov/system/files/papers/2019 0220ValueofDataLiNireiYamanaforBEAworkingpaper.pdf.

③ "Digital Economy Report 2019-Value Creation and Capture: Implications for Developing Countries," United Nations, https://unctad.org/system/files/official-document/der2019_en.pdf.

分析和将数字转化成数字智能四个阶段。数据货币化路径包括：销售针对性的在线广告、运营电子商务平台、将传统货物转化成可租赁的服务、出租云服务。数据智能（Data Intelligence）帮助企业让数据价值最大化。

我国学者盛斌和张子萌①将数据价值链概念扩展到全球数据价值链，认为全球数据价值链是在数字经济中将"数据"这一重要资源或要素从单纯的信息转化为数字智能，并通过商业用途货币化使其具有经济价值的全球性价值创造链条。数据转化为数字智能并通过商业用途货币化，就能创造出价值。Nguyen 和 Paczos②构建了全球数据价值链的概念模型，该价值链分为数据收集、数据整合、数据分析、数据使用和货币化四个阶段，由此形成一个闭环。所有四个阶段以数据存储和（跨境）数据流通为支撑并贯穿始终（全球数据价值链模型如图 8-2 所示）。

图 8-2 全球数据价值链

① 盛斌、张子萌：《全球数据价值链：新分工、新创造与新风险》，《国际商务研究》2020 年第 6 期。

② Nguyen, D., Paczos, M., "Measuring the Economic Value of Data and Cross-border Data Flows: A Business Perspective," OECD Digital Economy Papers, 2020, https://doi.org/10.1787/6345995e-en.

二　数字经济的价值创造和价值实现

与传统价值链中价值创造活动沿着生产过程单向流动不同的是，数据价值链呈现多向流动的特点，并形成一个闭环。数据价值链下数据会逆向流动，即数据由销售环节向生产环节流动；同时，数据也会由外部流入企业内部。数据价值链突破了企业组织的边界，供应商和用户的数据通过与企业内部数据的融合交互创造价值。① 然而，数据在数字经济是否以及如何创造价值仍是一个颇具争议的话题。②

（一）数据的特征及其重要性

数据作为无形资产，与传统的生产要素相比更具特殊性。Nguyen和Paczos③认为如果数据具有可连接性、可进入性、分散化、及时性、可信性、代表性和稀缺性等特征，便可实现货币化并创造价值，认可数据是可以创造价值的。

2019年10月31日，中国共产党第十九届中央委员会第四次全体会议通过的《中共中央关于坚持和完善中国特色社会主义制度、推进国家治理体系和治理能力现代化若干重大问题的决定》④ 指出："健全劳动、资本、土地、知识、技术、管理、数据等生产要素由市场评价贡献、按贡献决定报酬的机制。"第一次在党的文件中将数据作为新的生产要素

---

① 李晓华、王怡帆：《数据价值链与价值创造机制研究》，《经济纵横》2020年第11期。
② 韩传模、励贺林：《对BEPS最新发展趋势的研析——基于价值创造与无形资产收益权归属视角》，《税务研究》2015年第1期。
③ Nguyen, D., Paczos, M., "Measuring the Economic Value of Data and Cross-border Data Flows: A Business Perspective," OECD Digital Economy Papers, https://doi.org/10.1787/6345995e-en.
④ 《中共中央关于坚持和完善中国特色社会主义制度、推进国家治理体系和治理能力现代化若干重大问题的决定》，中国政府网，2019年10月31日，http://www.gov.cn/zhengce/2019-11/05/content_5449023.htm。

加以明确。

2020 年 4 月，中共中央、国务院颁布的《关于构建更加完善的要素市场化配置体制机制的意见》，① 提出加快培育数据要素市场。要求推进政府数据开放共享，提升社会数据资源价值，加强数据资源整合和安全保护。该意见将数据作为新的要素，推动传统的土地、劳动力、资本、技术要素以及"数据"这一新要素的市场化配置。

2020 年 5 月，中共中央、国务院颁布的《关于新时代加快完善社会主义市场经济体制的意见》② 指出："加快培育发展数据要素市场，建立数据资源清单管理机制，完善数据权属界定、开放共享、交易流通等标准和措施，发挥社会数据资源价值。推进数字政府建设，加强数据有序共享，依法保护个人信息。"

2023 年 8 月 1 日，财政部发布了《企业数据资源相关会计处理暂行规定》③（以下简称《暂行规定》），对数据资源的会计处理提供了审慎的指导性意见。该《暂行规定》自 2024 年 1 月 1 日起施行。《暂行规定》明确企业应当按照企业会计准则相关规定，根据数据资源的持有目的、形成方式、业务模式以及与数据资源有关的经济利益的预期消耗方式等，对数据资源相关交易和事项进行会计确认、计量和报告。数据资源会计"入表"，从会计的角度，认可了数据资源的价值存在。

（二）数据的分类与价值度量

数据作为经济数字化背景下企业新的价值生成要素已经受到多方认可，但如何度量数据的经济价值确实是一项难题。

---

① 《关于构建更加完善的要素市场化配置体制机制的意见》，中国政府网，2020 年 3 月 30 日，http://www.gov.cn/zhengce/2020-04/09/content_5500622.htm。

② 《关于新时代加快完善社会主义市场经济体制的意见》，中国政府网，2020 年 5 月 11 日，http://www.gov.cn/zhengce/2020-05/18/content_5512696.htm。

③ 《企业数据资源相关会计处理暂行规定》，财政部网站，2023 年 8 月 1 日，https://kjs.mof.gov.cn/zhengcefabu/202308/P020230821585628790308.pdf。

数字经济的数据种类繁多，对数据价值的计量也较为复杂。Nguyen 和 Paczos[①] 依据数据收集和整理标准将数据分为私人部门数据和公共部门数据；按照拥有或者使用权将数据分为专有数据和开放数据；按照数据的不同主体将数据分为个人数据和组织数据；按照数据的生成方式将数据分为用户创造数据及其产生的数据；按照数据的来源将数据分为内部数据和外部数据等。

Nguyen 和 Paczos 介绍了几种度量数据经济价值的方法：一是依据市场价格来确定数据价值；二是将数据视作基于知识的资产来确定数据的价值；三是探索一种结合数据价值链的概念，用数据价值链上各个企业驱动数据货币化形成的不同收入的份额来衡量数据价值。

具体来讲，将数据视为无形资产（基于知识的资产）来衡量其价值可以采用成本法，如通过对软件开发者在劳动力市场上的平均工作小时、非工资劳动力成本等来估算数据的价值。而使用基于数字价值链理念的收入的份额来衡量不同数字化商业模式下数据价值的方法，从理念上来看，是认可数据具有价值的，但是其强调数据货币化的缔造者，也就是说企业是"数据"价值的创造者，而非消费者（或用户），并未认可需求端，即消费者产生数据这一活动的经济价值。

关于用户对价值创造的贡献度测量，美国学者给出了基于数据的经济评估方法。美国国家经济研究协会（NERA）经济咨询公司的 Hervé 和 Homont 提出了基于经济评估的方法来评估用户（或数据）在价值创造过程中的贡献度。[②] 从经济学的角度来看，该评估方法将数据视为无形资产，认为用户参与和底层技术是数字公司的主要驱动因素，共同创

[①] Nguyen, D., Paczos, M., "Measuring the Economic Value of Data and Cross-border Data Flows: A business perspective," OECD Digital Economy Papers, 2020, https://doi.org/10.1787/6345995e-en.

[②] Yves Hervé, Philip de Homont, "Considering Joint Value Creation in the Tech Industry," https://www.nera.com/content/dam/nera/publications/2022/NERA_Considering%20Joint%20Value%20Creation%20the%20Tech%20Industry.pdf.

造独特的价值，因此，可以使用利润分割法对其产生的利润进行分配。下一步的问题是，如何进行分配比例的划分。对于由两种共同驱动因素形成的联合利润进行经济分析，其基础来源于经济学中的博弈论。具体来讲，即使用夏普利值（Shapley Value）的概念来处理该问题。此方法将问题重新归属于无形资产转让定价上，依旧将对用户创造价值的利润分配保留在独立交易原则的框架内。该方法被认为是可以替代"支柱一"方案中的公式分配法的利润分配方法。

《跨国企业与税务机关转让定价指南》（2017）将无形资产定义为企业拥有或控制以便在商业活动中使用的没有实物形态的非金融资产，独立企业间在可比情形下对该资产的使用或转让会支付对价。同时，还明确了什么是独特且有价值的无形资产，其评判标准包括：与潜在可比交易中的交易方使用或可以获得的无形资产不可比，且在投入商业运营（如生成、服务提供、营销、销售或行政活动）后，比不使用该无形资产时会产生更高的预期经济收益。

可见，数据是否能创造价值，数据是不是无形资产，以及如何对数据这一无形资产进行度量，依旧没有达成统一的共识。

（三）数字经济的价值创造过程和价值实现

在世界范围内，由于数字经济还没有一个被各方普遍认可和接受的概念，同时缺乏可靠的统计数据，使得对数字经济本身价值的测量充满挑战。在数字经济中，价值通常是通过算法、用户数据、销售功能和知识的组合来创造的。①

1. 数据成为数字经济价值创造的关键资源

线上平台公司通过提供免费的数字商品和服务从而获取消费者数据，通过数据货币化获得潜在的重大经济利益。通过数据融合创造新的

---

① "Value Creation in the Digital Economy," European Commission, https://ec.europa.eu/taxation_customs/business/company-tax/fair-taxation-digital-economy_en.

价值，数据可以产生巨大的经济价值。纵向一体化程度更高的在线平台公司可以从数据中受益更多。[①]

联合国发布的《2019年数字经济报告——价值创造和捕获：对发展中国家的影响》指出，数字化数据和数字平台是数字经济价值创造的主要驱动因素。美国和中国占据数字平台价值的90%，欧洲占据4%，超级数字平台包括微软、苹果、亚马逊、谷歌、脸书、阿里巴巴和腾讯。一旦数据转化为数字智能并通过商业用途货币化，就创造出了价值。[②]

2. 数字平台企业是数字经济价值创造和获取的核心载体

数据池和数据处理能力是数字平台公司的核心竞争优势。数据是数字经济价值创造的关键资源。高度垂直整合的数字化跨国企业集团是数字经济最大的商业受益者，数字化的跨国企业集团往往拥有价值创造的全链条功能，包括价值实现的货币化通道。

中美两国占全球70个最大数字平台公司市值的90%、占全球区块链技术相关专利的75%、占全球物联网支出的50%、占全球公共云计算市场的75%以上，全球七大超级平台依次为微软、苹果、亚马逊、谷歌、脸书、腾讯和阿里巴巴。[③] 数据价值实现主要是通过数字平台公司完成的，多数情况下数字平台公司不仅集成数据收集、存储、分析等价值创造过程，还拥有满足消费者需求的商业模式及所需要的关键基础设施。[④] 以亚马逊为例，图8-3描绘了数字平台企业价值创造和价值实现的过程。[⑤]

[①] Wendy C. Y. Li, Makoto Nirei, Kazufumi Yamana, "Value of Data: There's no such Thing as a Free Lunch in the Digital Economy," https://www.bea.gov/system/files/papers/20190220ValueofDataLiNireiYamanaforBEAworkingpaper.pdf.

[②] "Digital Economy Report 2019-Value Creation and Capture: Implications for Developing Countries," United Nations, https://unctad.org/en/PublicationsLibrary/der2019_en.pdf.

[③] "The Digital Economy Report 2019: Value Creation and Capture: Implications for Developing Countries," United Nations, https://unctad.org/en/Publications Library/der2019_en.pdf.

[④] 姚丽：《数字经济价值实现与新征税权利润分配难题》，《国际税收》2021年第5期。

[⑤] 励贺林、姜丹：《新征税权对亚马逊公司在线商城商业模式的适用性探讨》，《国际税收》2020年第8期。

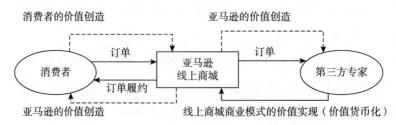

图 8-3　亚马逊在线商城价值创造和价值实现
资料来源：根据亚马逊财务报告及欧盟对亚马逊的调查报告整理。

3. 数据如何产生和实现价值

数据本身能否创造价值？如何利用数据创造更大的价值？原始数据经过数据收集、分析到处理转化成数字智能，便有了价值。因为数字智能可以用于商业目的，从而变现或服务于社会目标，具有社会价值。个人数据经过汇总和处理后才有价值。反之亦然，没有原始数据就没有数字智能。要想创造和获取价值，既需要原始数据，也需要具备将数据变为数字智能的能力。[①] 可见，数字经济背景下的价值创造过程既离不开原始数据，又离不开对原始数据的加工和处理。

关于数据的价值生成和实现路径有两个基本理论：一是数据金字塔理论，二是数据价值链理论。Varian[②] 从信息科学的视角构建了数据金字塔理论模型（见图 8-4），来描述数据、信息、知识和行动之间的关系。首先，收集原始数据；其次，对原始数据进行组织和分析从而将其转化为有用的信息；然后，从信息中获得洞察力并将其转化为知识。也有学者[③][④]认为数据金字塔的最顶端是智慧，构成数据—信息—知识—智慧（Data-

---

① 《2021 数字经济报告—跨境数据流动与发展：数据为谁流动》，联合国贸易和发展会议，2021 年 9 月 21 日，https://unctad.org/system/files/official-document/der2021_overview_ch.pdf。

② Varian, Hal, "Artificial Intelligence, Economics, and Industrial Organization," in "The Economics of Artificial Intelligence: An Agenda. University of Chicago Press," http://www.nber.org/chapters/c14017.

③ Ackoff, R. L., "From Date to Wisdom," *Journal of Applied System Analysis* 16 (1989).

④ Rowley, J., "The Wisdom Hierarchy: Representations of the DIKW Hierarchy," *Journal of Information Science* 2 (2007).

Information-Knowledge-Wisdom），即 DIKW 模型和路径，在智慧阶段才会产生价值。数据金字塔理论通常被应用于信息科学和经济学领域。

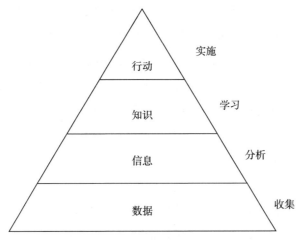

图 8-4　数据金字塔理论模型

在 Wendy 等构建的数据价值链基础上，加工整理出数据价值创造与实现模型（见图 8-5）。特别指出的是，该模型强调数据只有应用在不同的商业模式下，才能实现货币化，即价值实现。不同的商业模式下，数据的价值创造和实现路径不尽相同。

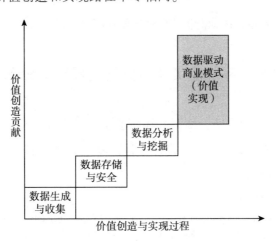

图 8-5　数据价值创造和实现模型

资料来源：本研究依据 Wendy 等构建的"数据价值链"模型加工整理。

（四）数字经济下价值由谁创造

在数字经济背景下，跨国企业集团价值创造来源于何处？用户参与是否创造价值？谁又对其创造的价值拥有征税权？对于这些问题，不同的学者和政府官员各执一词。价值创造作为 BEPS 行动计划倡导的分配征税权的基础和依据，如果用户（市场）在价值创造过程中有所贡献，那么用户所在地就有权对来自该市场的所得征税。但是，用户（市场）是否创造价值，则是一个颇具争议性的经济和政治话题。

在经济数字化背景下，欧洲国家认为用户参与或消费者提供的数据是价值创造的源泉，可为价值创造做出贡献。因而，对来源于市场管辖区的利润（常规利润或者剩余利润）拥有征税权。然而，美国学者 Itai Grinberg①② 则对该观点提出了反对意见，认为这种想法是不合理的。如果用户参与是一个有意义的概念，那么就不能仅局限于信息与通信技术（ICT）领域，用户参与的提案是构思不周的，具有明显的工具主义和重商主义的表现。

本文认为，价值创造可以用于判断征税的合理性，可以作为一个原则来使用。但如果使用价值创造来判断利润的归属及如何分配，则需要找到可以替代的变量，因为对价值创造的量化极其复杂，很难应用于实践。

三 数字经济价值实现与新征税权利润分配的难题

在数字经济背景下，高科技跨国企业集团价值创造机制犹如"黑箱"，还没有成熟的理论对其进行诠释，因此价值创造的驱动因素及度量就显得更为复杂和困难。

---

① Itai Grinberg, "International Taxation in an Era of Digital Disruption: Analyzing the Current Debate," Georgetown Law Faculty Publications and Other Works, 2019.

② Itai Grinberg, "User Participation in Value Creation," Georgetown Law Faculty Publications and Other Works, 2018, https://scholarship.law.georgetown.edu/facpub/2102.

（一）对价值创造原则的质疑

"利润应在经济活动发生地和价值创造地征税"一经 BEPS 行动计划提出，关于价值创造的相关议题便引起各方争论。多数学者认为国际税收抑或许从来没有遵循过价值创造原则。[①] 价值创造这一概念过于模糊，目前尚没有一个明确且统一的定义。没有人完全知道或认同价值创造的确切含义，价值创造完全是人们的主观臆想。[②]

牛津大学迈克·德沃罗教授就对价值创造原则提出过质疑，[③] 认为：①现有的国际税收体系并未遵循该原则，比如消极收入的分配就没有依据价值创造的原则；②BEPS 没有寻求按照这一原则重新设计现有系统；③目前的价值创造原则只考虑了供应端，而没有考虑需求端，但是市场国也创造了价值；④即便价值创造地可以识别，但创造了多少价值却难以衡量；⑤在价值创造地或经济活动发生地征税，会扭曲活动发生的地点。

（二）"支柱一"方案下的新征税权及利润分配的难题

是什么在跨境交易中创造了价值？资本、技术、劳动力、市场、用户参与、政府支持抑或其他？对于"利润应在价值创造地征税"各方普遍认可其作为指导性原则和愿景这一地位，然而如何对这一原则进行解释和实施，各方却有不同的意见，依然各执一词。

厦门大学法学院教授廖益新认为，应在供需利润观的基础上对现有

---

① Daniel Shaviro, "Digital Services Taxes and the Broader Shift From Determining the Source of Income to Taxing Location-Specific Rents," NYU Law and Economics Research Paper, https://ssrn.com/abstract=3448070 or http://dx.doi.org/10.2139/ssrn.3448070.

② Itai Grinberg, "International Taxation in an Era of Digital Disruption: Analyzing the Current Debate," Georgetown Law Faculty Publications and Other Works, 2019.

③ Devereux, M., Auerbach, A., Keen, M., Oosterhuis, P., Schön, W., Vella, J., *Taxing Profit in a Global Economy* (Oxford University Press, 2021), https://oxford.universitypressscholarship.com/view/10.1093/oso/9780198808060.001.0001/oso-9780198808060.

国际税收秩序进行重构。在全球化和数字化背景下，各国间税收分配矛盾激化，需要回归供需利润观，确认市场国对跨国企业集团利润生成具有价值贡献。①

OECD/G20 BEPS 包容性框架提出的"支柱一"方案，承认了用户/数据在经济数字化背景下对跨国企业集团价值创造所做出的贡献。在此理论基础上，赋予市场国以新的征税权，并将范围内跨国企业集团的部分剩余利润分配给不同的市场管辖区，因此，这在某种程度上呼应了 BEPS 行动计划提出的"利润应在经济活动地和价值创造地征税"的基本宗旨。

鉴于价值创造定义的模糊性和度量的复杂性，"支柱一"方案的新征税权界定和利润分配也存在诸多困难。由于数字经济价值创造过程各阶段所做出的贡献并不相同，且价值实现被认为贡献最大，数字平台公司往往通过商业模式创新及相应的价值货币化通道获取主要经济利润，而不愿将更多剩余利润分配给市场国，这是新征税权的利润分配难题。从价值创造到价值实现，"支柱一"方案下新征税权的利润分配仍面临诸多困难。对于数字化跨国企业集团价值创造及实现过程中各参与方谁的贡献大，欧盟委员会和美国之间的分歧巨大，双方对此各执己见。欧盟委员会认为用户/数据在跨国企业集团数字化交易过程中创造了价值，理应获取征税权。然而，美国则认为单纯的数据价值很低甚至没有价值，美国的高科技跨国企业集团的利润主要来源于数字技术承载的无形资产，即对数据的收集、整理、存储和分析，最终通过创新性的商业模式出现货币化；况且消费者也通过免费获取数字化企业的服务获得了补偿。"支柱一"方案通过构建新的量化联结度赋予市场国新征税权，并通过公式化方法以销售额为唯一分配因子将跨国企业集团的部分剩余利润分配给各市场国的方案，获得了包容性框架成员的普遍认可，也是各方利益博弈、相互妥协后形成的折中方案，其目的是平衡各方税收利益和诉求。

---

① 廖益新：《在供需利润观基础上重构数字经济时代的国际税收秩序》，《税务研究》2021年第5期。

第九章　应对经济数字化的单边及双边措施

　　国内法和税收协定共同构成了各国跨境交易税收制度的法律框架。1899 年，普鲁士和奥匈帝国签订了关于所得和财产的税收协定，成为当代意义上的第一个双边税收协定。目前，全球有两个较为通用的税收协定范本：一是首次于 1997 年发布的 OECD《税收协定范本》；二是首次于 1980 年发布的联合国《税收协定范本》。OECD《税收协定范本》更倾向于维护居民国（通常是发达国家和地区）的税收利益，而联合国《税收协定范本》更关注来源国（通常是发展中国家和地区）的税收利益，从而促进发展中国家的经济发展。

　　OCED/G20 主导的"支柱一"方案赋予市场国新征税权，采用公式分配法将部分剩余利润/超额利润分配给市场国。跨国企业集团合并会计报表的总利润作为"支柱一"方案金额 A 计算税基的起点，这种统一税基、自上而下的方案的实施需要构建在多方协调的基础上。为此，"支柱一"方案设计了一个具有强制性且有约束力的《金额 A 多边公约》，以确保金额 A 相关事宜的顺利实施，以及税收确定性和税收争议的解决。因此，可将 OCED/G20 主导的"支柱一"方案称为应对经济数字化国际税收挑战的多边措施。

　　在"支柱一"方案出现之前，各国为应对经济数字化给本国带来的税基侵蚀问题，纷纷采用征收数字服务税（DST）及类似措施的方式来维护本国的税收利益。由于数字服务税及类似措施①仅通过各国的国内立法就可以实现税款的征收，而跨国企业集团则不得不遵从。因此，通过征收数字服务税（DST）及类似方案来应对经济数字化的措施被称为单边措施。

一 应对经济数字化税收挑战的单边措施

（一）数字服务税的理论与实践

1. 何为数字服务税

数字服务税是一种新的提法，这一概念最早出现在 2017 年。从 2018 年起，学者们才对数字服务税这一具有创新性的税收政策工具进行认真的研究。②

数字服务税一般是对跨国企业集团通过互联网销售平台进行销售，精准投放广告，提供用户参与的互动数字内容服务，市场国依据该类活动在其管辖区获取销售收入的一定比例征收的一种新型的"税"。有学者认为，针对跨国企业集团的数字化业务设计的政策工具不能称之为"税"，因为其并非按照利润（未考虑损失），而是按照销售收入进行征收。那么，数字服务税是一种什么"税"呢？类似于进口关税、财产税（Property Taxes），还是资源税这一问题，目前还没有统一的说法，学者们仅从各自的视角去解释和看待数字服务税。

美国国会研究服务（Congressional Research Service）的《全球经济中的企业所得税》报告指出，一些国家征收的数字服务税，实际上是一种消费税。③ 但问题是，消费税是对国内的消费征收的税收，而非

---

① 如印度的均衡税。
② 崔威、刘奇超、肖畅：《行将实施的数字服务税》，《财政科学》2020 年第 8 期。
③ "Corporate Income Taxation in a Global Economy," Congressional Research Service, https://crsreports.congress.gov/product/pdf/R/R47003?_cf_chl_jschl_tk_=CyCgaR0rzADjm7iOtf60klUEblUEEb0vOGXl0x2TPS0-1643245775-0-gaNycGzNCtE.

企业获取的利润。鲁文·阿维-约纳教授认为①，数字服务税类似于增值税（VAT）。

加拿大不列颠哥伦比亚大学彼得·埃拉德法学院教授崔威认为，可以将数字服务税视为资源型特许权使用费。考虑到一些国家对自然资源开采征收特许权使用费、租金税和公司所得税，他认为将数字服务税视为针对地域性特殊租（Location-Specific Rent，LSR）所征收的税，也就是说将数字服务税视为对处于特定地点的数字平台公司利用数据资源获取的经济租金所征收的税，即类似于资源型特许权使用费；并从经济学的视角为数字服务税提供理论支持，即将数字服务税构建在经济学的理论框架内，以此来探寻征收数字服务税背后的理论依据。②

对于地域性特殊租（LSR）或者准租金这一概念，牛津大学的迈克·德沃罗教授③在讨论各国对剩余利润分配时持有不同意见。迈克尔·波特教授认为如果利润代表地域性特殊租（LSR）或者准租金，并在这种情况下，产生该利润的国家可将其份额纳入税基中；如果利润是由流动因素产生的，由于税收竞争的原因，产生该利润的国家可能会失去部分税基。

还有一种观点认为，数字服务税缺乏理论支撑，数字服务税通常被看作短期的权宜之计。试想，如果数字服务税是一种具有理论基础的税收，而不是政客随意想出来的一种"税"，那么数字服务税就可以被看成一种可以长期征收的"税"，而非一种短期的权宜之策。同时，还应意识到这种经济学视角对数字服务税的讨论是建立在纯学术的基础上的，似乎没有探讨各国政府对数字服务税的政治意图。

---

① Reuven S. Avi-Yonah, "The New International Tax Framework: Evolution or Revolution?" *ASIL Insights* 11 (2021), https://www.asil.org/insights/volume/25/issue/11.

② 崔威、刘奇超、肖畅：《行将实施的数字服务税》，《财政科学》2020年第8期。

③ Michael P. Devereux, "Residual Profit Allocation by Income," https://www.sbs.ox.ac.uk/sites/default/files/2019-03/WP1901_0.pdf.

2. 谁在使用数字服务税

从 2017 年起，世界各国纷纷对通过数字化交易在本国产生的销售收入开征数字服务税，如欧洲的英国、法国、西班牙、奥地利、捷克，亚洲的印度和印度尼西亚等国家，而受此冲击最大的则是美国高科技跨国企业集团。

2017 年，英国财政部发布了《企业税收与数字经济：立场文件》，并于 2018 年 3 月对此文件进行了更新。2018 年 11 月，英国财政部发布了《数字服务税：咨询文件》。2018 年 3 月 21 日，欧盟委员会宣布了一项包含两项提案的数字税收方案，旨在将欧盟塑造成一个在现代经济和数字时代重塑税法的全球领导者，创造数字商业活动在欧盟内形成公平税收和友好的发展环境。法国议会通过议案，决定于 2019 年 1 月 1 日起征收数字服务税。法国以年全球销售收入（营业额）7.5 亿欧元以上且来源于法国的年销售收入（营业额）2500 万欧元以上的企业为数字服务税的征税对象，就企业在法国提供的数字服务或以法国消费者为目标客户所获得的销售收入（营业额）的 3%征收数字服务税。法国决定开征数字服务税随即招致美国启动"301 调查"，这明显加剧了经济数字化挑战下发达国家之间的税收利益博弈，同时也增加了国际税制规则重塑进程的不确定性。

（二）数字服务税的理论之争

从实践上看，数字经济下市场国极力推崇征收数字服务税，这些国家和地区从需求端视角出发，认为用户（数据）在数字化交易过程中创造了价值，因而应当拥有征税权。而以美国为代表的居民国则从供应端的视角，认为数字化交易依托的无形资产才是此类交易最主要的价值创造要素。因此，美国极力反对征收数字服务税，对开征数字服务税的国家展开所谓的"301 调查"。

从理论上看，对数字服务税是否具有理论依据，也形成了正反两方面阵营。

1. 正方——数字服务税征收的经济学理论依据

美国密歇根大学的鲁文·阿维–约纳教授认为[1]，把数字服务税看作是对美国大型科技公司的歧视，从而对其提出批判，是毫无根据的，甚至是滑稽的。不能因为数字服务税是单边行为就被要求驳回，不能阻止主权国家对他们认为来自其管辖范围的收入征税。仅因为数字服务税是未经美国同意的单边措施而将其妖魔化，是不合理的。美国或许可以考虑采用抵免的方法防止因来源国征收数字服务税而引发的双重征税问题。而近几十年来，美国在税收领域采取的单边行动也未寻求他国的同意，如外国税收抵免、受控外国公司等。

崔威教授是数字服务税强有力的支持者，他从经济学的视角为数字服务税正名。与大多数学者和实践者普遍认为的"价值创造"语义不清和难以衡量不同，崔威教授认为对用户价值创造进行精确解释是有可能的，可以将价值创造视为是确定生产者或消费者剩余的特定地点来源的问题，并加以解释。数字服务税可以看作是一种针对地域性特殊平台租的税，他认为作为一种针对地域性特殊租（LSR）的税的概念是很有用的，而非政策制定者将数字服务税仅视为临时的过渡措施或者是在 OECD/G20 主导的"支柱一"方案中获取更多利益的筹码。同时，崔威教授还认为，对于处在"技术匮乏者"地位的国家，通过征收数字服务税等措施增加收入可能是合理的。即使数字平台技术主要是在美国发明的，通过在世界其他地方部署此类技术所赚取的租金也可以被一致合理地视为在其他地方产生的。[2] 地域性特殊租（Location-Specific Rent，LSR）概念的提出，为实施数字服务税提案提供了强有力的理论支持；目前的数字服务税提案所涉及的必然的征税范围

---

[1]　Reuven S. Avi-Yonah，"The New International Tax Framework：Evolution or Revolution？" *ASIL Insights* 11（2021），https：//www. asil. org/insights/volume/25/issue/11.

[2]　崔威、刘奇超、肖畅：《行将实施的数字服务税》，《财政科学》2020 年第 8 期。

不仅有充分务实的理由，而且在税收政策规则的各个领域中均有大量先例。①

纽约大学法学院的 Daniel Shaviro 教授②同样认为，数字服务税预示着一个新时代的开始，在企业层面税收准确地聚焦于具有相对非流动性的消费者和地域性租金，这有助于减轻几十年来在理论和语义上对所得和价值创造"真正"的来源之争。

2. 反方——数字服务税带有政治色彩，缺乏理论依据

数字服务税自诞生之日起便颇具争议。数字服务税的反对声音主要来自美国政府以及美国高科技跨国企业集团。美国国会研究服务（Congressional Research Service）《数字服务税：政策和经济分析》③ 报告认为，可以将数字服务税看作是类似特定活动征收的消费税，分析其消费税的特征，而征收数字服务税的主要目的是增加政府收入。数字服务税是对销售额征收而非对企业利润所征的"税"，对于消费者和企业来讲都有失公平。数字服务税的征收会使得该管辖区市场价格提高、供应量和投资减少。不同于所得税针对高收入投资者，数字服务税会影响到更为广泛的商品和服务的消费者。数字服务税会造成公司之间的不公平待遇，增加行政管理的复杂性。

美国向来不承认消费者所在的税收管辖区对所得拥有征税权，对欧洲国家提出的消费者创造价值的理论予以驳斥，认为在数字化企业价值创造的源泉是其创新以及自身拥有的资产，而非消费者的行为，单个孤

---

① 崔威、刘奇超、沈涛：《数字服务税：一种概念上的辩护》，《经济研究参考》2020 年第 19 期。

② Shaviro, D., "Digital Services Taxes and the Broader Shift From Determining the Source of Income to Taxing Location-Specific Rents," NYU Law and Economics Research Paper, https://ssrn.com/abstract = 3448070 or http://dx.doi.org/10.2139/ssrn.3448070.

③ "Digital Services Taxes (DSTs): Policy and Economic Analysis," Congressional Research Service, https://sgp.fas.org/crs/misc/R45532.pdf#: ~: text = SUMMARY%20Digital%20Services%20Taxes%20%28DSTs%29%3A%20Policy%20and%20Economic, linked%20to%20the%20user-based%20activity%20of%20their%20residents.

立的消费者的数据是没有任何市场价值的；同时，消费者的行为已通过获取免费的数字服务得到了补偿。因此，作为消费者所在的市场管辖区没有对数字化企业所得进行征税的权利，征收数字服务税是没有理论依据的，是一项极具政治性的政策措施。

（三）数字服务税是否会销声匿迹

美国政府和美国跨国企业是征收数字服务税的主要反对者，随着各国开始实施数字服务税，美国政府举起"301调查"的大棒，试图阻止数字服务税的实施及在全球的蔓延。以对法国实施数字服务税为例，美国贸易代表办公室发布公告，认为法国的数字服务税是对美国跨国企业集团采取的歧视性行为；法国的数字服务税设置的追溯期，没有给美国公司留有准备时间，有失公平；法国的数字服务税针对销售收入（营业额）征税，突破了现有国际税制中税收管辖权的界定。有鉴于此，随即对法国展开"301调查"。

国际税收规则是构建稳定国际税收秩序的基础，是在各国税收利益激烈博弈后而达成的均衡状态。经济数字化进程打破了原有国家利益之间的平衡，各国开始新的国家税收利益博弈。美国启动"301调查"来对待自己的盟国，除了表面意义上的国家税收利益博弈，更深层次的考量是为了维护其税基安全。可以预见，美法甚至美欧之间的利益博弈必将给国际税收秩序带来巨大影响。[①]

美国拜登政府恢复对"支柱一"方案的谈判，其主要目的之一是在全球范围内消除数字服务税对美国跨国企业集团的负面影响，使其能获得税收的确定性，尽管这样做会让渡部分征税权给市场国。《金额A多边公约》明确指出"支柱一"方案一旦实施，签署协议的包容性框架成员有责任废除本国（地区）的数字服务税和其他类似的单

---

① 励贺林、姚丽：《法国数字服务税与美国"301调查"：经济数字化挑战下国家税收利益的博弈》，《财政科学》2019年第7期。

边措施。

美国对开征数字服务税的国家开展"301调查"，"支柱一"方案逐步由愿景变为现实，数字服务税也会随之销声匿迹了吗？2021年10月21日，美国财政部在其官方网站发布消息，美国与奥地利、法国、意大利、西班牙和英国（以下简称"欧洲五国"）发表联合声明，就"从现有单边税收措施向'支柱一'生效实施的过渡期安排"达成一致协议。这标志着美欧之间就以数字服务税为典型代表的单边税收措施的争端，可能暂告一段落。①

2021年11月4日，141个包容性框架成员中有137个成员加入协议，意味着"支柱一"方案得到了包容性框架成员的广泛认可，具有里程碑的意义。此后不久，2021年12月14日，加拿大联邦政府公布了实施数字服务税的立法草案，加拿大非但没有放弃征收数字服务税，而是在数字服务税立法程序上又前进了一步，这一举动引来美国政府的不满与强烈批评。无论如何评价数字服务税，对于推行数字服务税的国家来说，不能排除以数字服务税作为博弈的工具，在国际税改中讨价还价获取更多税收利益的意图。② 无独有偶，欧盟一直没有停止设计"支柱一"方案的替代方案的决心。2022年8月26日，欧洲议会经济和货币事务委员会（ECON委员会）发布一份意见草案，提议如果"支柱一"方案的实施没有取得任何进展或者到2025年12月31日，大多数国家仍未能批准实施"支柱一"方案的《金额A多边公约》，则欧盟将开征数字税。"支柱一"方案的实施虽然渐行渐近，但仍具有不确定性。可见，近期内数字服务税或类似单边措施不会马上销声匿迹，各国也都在积极准备，且从未停止过。

---

① 励贺林、姚丽：《美国与欧洲五国达成协议：数字服务税会否销声匿迹》，《第一财经日报》2021年10月第11版。

② 励贺林、姚丽：《加拿大推动数字服务税，美国"很不高兴"》，《第一财经日报》2022年1月第11版。

二　联合国主导的双边措施及多边方案

为应对经济数字化带来的跨国企业集团在来源国数字化业务通过无物理存在的方式进行，而无从征税的困境，联合国国际税务专家委员会于 2020 年 10 月提出了一个通过双边措施解决上述问题的方案。在联合国《税收协定范本》2021 年更新版本中增加第 12B 条款，该提议于 2021 年 4 月 19 日经联合国税务委员会批准通过。12B 条款的提出，为应对经济数字化税收挑战提供了新思路。

12B 条款第 2 段规定赋予缔约国一方（来源国）额外的征税权，允许缔约国一方向缔约国另一方的付款征收预提所得税（以下简称"预提税"）。该付款是产生于缔约国一方的自动化服务（ADS）的所得，征收比例应不超过缔约双方在协定中设定的比例（建议为 3% 或 4%）。通过 12B 条款，来源国就拥有了部分征税权，从而弥补了现有国际税收规则中必须有以物理存在（常设机构）为联结度的征税权标准。尽管 12B 条款突破了现有联结度判定标准，但是在符合现有常设机构的应用场景下，常设机构条款依旧有效。

与此同时，12B 条款还赋予来源国在缴税方式上的选择空间，即预提税的可替代选择——年度净利润法。12B 条款第 3 段规定：如果自动化服务（ADS）所得产生于缔约国一方，该所得的受益所有人为缔约国另一方的税收居民，则该受益所有人可以选择要求缔约国一方采用年度净利润法来计算税基，以缔约国另一方国内税法规定的适用税率来确定纳税金额。如果纳税人选择年度净利润法，则 12B 条款第 2 段规定的预提税规则将不再适用。年度净利润法的税基被定义为合格利润，为受益所有人自动化服务（ADS）利润率与产生于缔约国一方的自动化服务（ADS）年营业收入总额乘积的 30%，计算公式为：受益所有人 ADS 利润率×来源于缔约国一方 ADS 的年营业收入总额×30%。如果 ADS 利润率无法准确获取的话，则年度净利润法不适用，仍旧适用 12B 条款第 2 段的预提税规则。

12B 条款的适用范围仅仅是跨国企业集团的自动化数字服务（ADS）。12B 条款对 ADS 的定义是，通过互联网或其他电子网络提供、需要服务提供方最低限度人为参与的任何服务，具体包括在线广告服务、提供用户数据、在线搜索引擎、在线中介平台服务、社交媒体平台、数字内容服务、在线游戏、云计算服务和标准化在线教育服务等。这与 OECD《支柱一蓝图报告》中界定的自动化数字服务（ADS）的范围基本相同。

联合国 12B 条款的突破主要体现在以双边的模式为解决经济数字化征税权和利润分配难题提供了新的思路，具体表现为：12B 条款依托付款环节所设计的预提税；向支付国分配征税权；采用年度净利润法的公式分配利润。12B 条款虽然在征税权的分配上有所突破，但受限于传统国际税收规则的基本概念和框架，仅能解决部分问题，因此应谨慎观察这种双边模式带来的新问题。①

联合国一直努力在国际税改中发挥更重要作用，争夺话语权。在上述联合国 2021 年版本的《税收协定范本》中增加"第 12B"条款，赋予来源国对自动化数字业务一定程度的征税权。2022 年 11 月 23 日，第 77 届联合国大会通过决议，授权联合国监督、评估以及确定全球税收规则，并支持建立一个全球税收机构。② 联合国是维护和践行真正的多边主义核心机制和全球治理的主要平台，③ 我们要维护多边主义的全球税收治理，进一步深入参与在联合国、G20、OECD 等多边平台的关键

---

① 励贺林、骆亭宇、姚丽：《联合国协定范本 12B 条款的突破与局限》，《国际税收》2021 年第 8 期。
② 《多位人权专家支持制订联合国税收条约》，联合国，2022 年 11 月 29 日，https://news. un. org/zh/story/2022/11/1112872。
③ 王帆：《完善全球治理，践行真正的多边主义：学习〈习近平谈治国理政〉第四卷》，《红旗文稿》2022 年第 19 期。

性工作，促进全球税收治理在促进国内国际要素有序流动、资源高效配置和市场深度融合等方面的重要作用。[①]

三 单边、双边及多边解决方案的比较

各国以数字服务税为代表的单边措施，联合国《税收协定范本》12B 条款的双边措施，以及 OECD/G20 主导的"支柱一"方案的多边治理措施，其主要目的都是解决经济数字化下国际税收面临的挑战。上述解决方案虽然各不相同，但有一个共同点是，试图赋予市场国（来源国）更多的征税权。对于什么是市场国，牛津大学团队[②]给市场国下了一个广义的定义：商品或服务的直接或间接购买者（购买者可以是企业或个人）的所在地，或某些数字平台的用户所在地。

单边、双边和多边三种不同的措施具有明显的不同，主要体现在如下几个方面。

第一，适用范围不同。数字服务税的征税对象多数为跨国企业集团数字化核心业务和服务。[③] 以法国数字服务税为例，法国以年全球销售收入（营业额）7.5 亿欧元以上且来源于法国的年销售收入（营业额）2500 万欧元以上的企业为数字服务税的征税对象，就企业在法国提供的数字服务或以法国消费者为目标客户所获得的销售收入（营业额）的 3%征收数字服务税，数字服务包括网络平台服务和根据用户数据进行的线上广告的投放等。

联合国《税收协定范本》12B 条款则明确征税范围为自动化数字服

---

① 励贺林：《更好参与全球税收治理 助力中国式现代化》，《税务研究》2023 年第 4 期。

② Richard Collier, Devereux Michael, John Vella, "Comparing Proposals to Tax Some Profit in the Market Country," https://oxfordtax. sbs. ox. ac. uk/files/comparing-proposals-tax-some-profit-market-country-collier-devereux-vella-may-2021pdf.

③ 由于各国的数字服务税的差异，其适用的服务范围也有所差异。如印度针对线上广告和电子商务服务征收平衡税，土耳其针对线上广告和网络平台征收数字服务税等。

务（ADS），即通过互联网或其他电子网络提供、需要服务提供方最低限度人为参与的任何服务，具体包括：在线广告服务、提供用户数据、在线搜索引擎、在线中介平台服务、社交媒体平台、数字内容服务、在线游戏、云计算服务和标准化在线教育服务。

OECD/G20"支柱一"方案的适用范围最为广泛，涉及所有行业提供的商品和服务，既包括数字化企业，也包括传统企业。《7月声明》指出涵盖在"支柱一"方案范围内的公司是：全球营业额超过200亿欧元并且利润率（税前利润 PBT/收入）超过10%的跨国企业集团。采掘业和受监管的金融服务不包括在"支柱一"的范围内。"支柱一"方案的适用范围是多方政治妥协的结果，由最初的只包含自动化数字服务（ADS）到《支柱一蓝图报告》中扩充到自动化数字服务（ADS）和面向消费者业务（CFB），直至《7月声明》扩展到所有业务领域。适用范围的逐步扩大充分满足了美国的诉求，将"支柱一"方案精准打击美国高科技跨国企业集团到所有的跨国企业集团，只要符合大而富的门槛，都被划入"支柱一"方案的适用范围（采掘业和受监管的服务业除外）。

第二，对现有的国际税收基础规则改革力度不同。数字服务税、联合国《税收协定范本》12B 条款和"支柱一"方案对现有国际税收规则的改革力度是逐步递增的，其中"支柱一"方案的改革力度最大。数字服务税只针对跨国企业集团数字化业务的销售收入（营业额）的一定比例征收的一种税，既不同于所得税，也不同于流转税，遵从现有的常设机构和独立交易原则，只是提出了构建虚拟常设机构或数字常设机构的设想。联合国《税收协定范本》12B 条款和"支柱一"方案对跨国企业集团的数字化业务突破了现有常设机构的概念，联合国《税收协定范本》12B 条款仅局限在非居民企业通过远程方式销售商品或服务获取所得的情形，而无意改变现有的国际税收常设机构的基本规则，希望尽量减少对现有规则的改变。"支柱一"方案则是构建了量化的新联结度规则赋予市场国新征税权，是对现有国际税收规则极具创新性的变革。联合国《税收协定范本》12B 条款除了设计支付国对支付的自动数字服务（ADS）有权征收预提税外，还设计了一个替代性的公式化的年度净利润的利润分配方法，这与"支柱一"方案金额 A 的利润分配方法有相似之处，同样突破了现有国际税收规则中的独立交易原则。"支柱一"方案基于销售额的剩余利润公式化分配方法则更为大胆和彻底，不仅突破了独立交易原则，还突破了独立实体原则。

第三，设计和实施的复杂程度不同。数字服务税由于其简便易行的特点，在国内法层面上就能施行，因此，各国纷纷落地开征数字服务税。联合国《税收协定范本》12B 条款设计了对来源国赋予特别征税权以及分配利润的方案，对自动化数字服务（ADS）的所得付款环节设计了预提税，但并没有为付款金额设定阈值门槛，体现了简化的原则，为纳税人减轻了税收遵从负担，同时也为税务主管机关减轻征管成本。联合国《税收协定范本》12B 条款是对现有国际税收规则的局部变革，部分地解决了经济数字化商业模式下征税权和利润分配问题，国际税收仍依据现有的基本概念和框架运行，具有一定局限性，且固定比例预提税的合理性存疑。

"支柱一"方案旨在解决 BEPS 第一项行动计划关于应对经济数字化带来的税收挑战。从 2013 年酝酿开始，截至 2023 年 12 月 15 日，145 个包容性框架成员中已经有 140 个成员加入该协议。① "支柱一"方案历经艰难的谈判和协商，在多边框架下予以实施，是三个措施中最复杂和最难以达成一致的方案。美国两党博弈是"双支柱"方案的重大变数。

---

① "Outcome Statement on the Two-Pillar Solution to Address the Tax Challenges Arising from the Digitalisation of the Economy – 11 July 2023," OECD, https://www.oecd.org/tax/beps/outcome-statement-on-the-two-pillar-solution-to-address-the-tax-challenges-arising-from-the-digitalisation-of-the-economy-july-2023.htm.

　　总之，无论是单边、双边，还是多边的措施，都是对现有国际税收基本规则的再思考和创新，都为全球应对经济数字化国际税收挑战而做出努力，推动了百年国际税收规则的演化和新的国际税收征管机制的形成。①

---

① 张志勇：《近期国际税收规则的演化——回顾、分析与展望》，《国际税收》2020 年第 1 期。

第十章　中国作为经济数字化潜在市场国的分析与应对

美国和中国是全球数字经济的两个大国，但两个国家数字经济的内部结构存在差异。美国的跨国企业集团极力向全球输出其数字化服务，在全球范围内获取巨额财富。中国数字经济发展存在供应端和需求端发展不匹配的结构性问题，具体来讲，供应端的数字化发展远远落后于需求端。中国拥有数字经济的巨大市场，在某些领域有可能成为美国等跨国企业集团的市场国。本章在分析中国与美国第一阶段经贸协议的基础上，探讨中国成为数字经济市场国的可能领域及由此对本国税收带来的影响和应对措施。

中美两国于 2020 年 1 月签署了第一阶段经贸协议，预计在未来两年内大幅增加美国向中国的服务贸易出口，其中最主要的部分是数字经济相关的服务，并且通过在市场国以无物理存在的远程跨境方式提供，这不仅会加大中国数字经济市场的竞争，而且会使中国面临与欧盟国家类似的税收挑战，使得维护中国数字经济税收利益更具迫切性。本章在对此进行系统阐释和分析的基础上，建议我国应适时考虑将数字服务税作为重要工具选项，更加积极地参与和推动国际税收规则的基础性重构，从维护国家税收利益的高度争取话语权和政策能力，使其与我国的数字经济大国地位和发展需要相匹配。

2020 年 1 月 15 日，中国和美国在华盛顿签署《中华人民共和国政府和美利坚合众国政府经济贸易协议》（以下简称《协议》）。①《协议》的第六章"扩大贸易"提到，在未来的两年（2020年和2021年）中国会扩大对美国服务贸易进口的规模，即以2017年为基数，中国在2020年增加对美国服务贸易的进口规模不少于128亿美元，2021年增加额不少于251亿美元，两年的增加额总计不少于379亿美元。《协议》中提及的服务包括知识产权使用费、商务旅行和旅游、金融服务和保险、其他服务、云和相关服务等五大类。需要特别注意是，《协议》明确指出知识产权使用费、商务旅行和旅游以及其他服务将通过跨境的方式提供，金融服务和保险、云服务将通过跨境和商业存在两种方式提供，②尽管《协议》未提及服务贸易两种输出模式的比例。不通过商业存在，而采用跨境方式提供服务贸易，意味着美国将主要通过以信息与通信技术（ICT）为工具的数字化手段实现服务贸易向中国的输出。美国和中国是全球数字经济的领导者，但是两国数字经济的特点各有不同。美国数字经济不仅注重其国内市场，更重视海外市场的开发，其主要海外市场分布于北美和欧洲；中国数字经济的市场目前还主要在国内。随着《协议》的签署和执行，可以预见未来中国数字化企业将面临美国数字化企业的激烈竞争，中国可能成为美国数字经济的重要海外市场。

在欧盟"数字经济公平课税方案"的鼓励下，2019年，英、法、意等国率先出台以数字服务税为主要内容的单边征税措施，而美国则针锋相对地启动"301调查"予以反制，以国家税收利益为核心诉求的数字经济征税权竞争与博弈愈演愈烈。③因此，在中美签订经贸协议的背

---

① 《中华人民共和国政府和美利坚合众国政府经济贸易协议》，商务部，2020年1月1日，http://images.mofcom.gov.cn/www/202001/20200116104122611.pdf。

② 跨境方式和商业存在方式是世贸组织服务贸易总协定（GATS）中明确的服务贸易四种交付方式中的模式1和模式3。

③ 励贺林、姚丽：《法国数字服务税与美国"301调查"：经济数字化挑战下国家税收利益的博弈》，《财政科学》2019年第7期。

景下，除了在立法层面即国内法适用性需要调整外，① 在跨境税收领域的策略和工具选择上也需提早谋划。结合数字经济征税权竞争导致的国际税收规则基础性重构，探讨、阐释维护国家税收利益的迫切性，对于有效应对《协议》给我国数字经济带来的挑战和影响，加快我国税制改革、提升我国税制竞争力，具有重要的理论意义和实践指导价值。

一　中美数字经济的特征与比较

联合国贸易与发展会议发布的《2019 年数字经济报告》指出，全球数字经济一直由作为发达国家的美国和仍处于发展中国家的中国共同领导，数字经济的经济地理没有显示出传统的南北鸿沟。中美两国占全球 70 个最大数字平台市值的 90%，占全球区块链技术相关专利的 75%、占全球物联网支出的 50%、占全球公共云计算市场的 75% 以上，全球七大"超级平台"依次为微软、苹果、亚马逊、谷歌、脸书、腾讯和阿里巴巴。② 中国信息通信研究院的数据显示，2018 年美国数字经济规模继续蝉联全球第一，达到 12.34 万亿美元，中国紧随其后，依然保持全球第二大数字经济体地位，数字经济规模达到 4.73 万亿美元。③

美国是全球最早布局数字经济的国家，在 20 世纪 90 年代就启动了"信息高速公路"战略，之后在《新兴的数字经济》（1999）等报告的指引下，数字经济快速发展，奠定其全球数字经济领头羊的地位，成为数字经济大国和强国。美国数字经济的最大特征是外向型，2018 年美国数字服务出口 4667.2 亿美元，占当年全球数字服务市场的 15.92%，位列

---

① 王中美：《中美第一阶段经贸协议在中国国内的效力与适用研究》，《亚太经济》2020年第 3 期。

② "The Digital Economy Report 2019-Value Creation and Capture：Implications for Developing Countries，" United Nations，https：//unctad.org/en/pages/PublicationWebflyer.aspx？publicationid＝2466.

③ 《全球数字经济新图景：加速腾飞，重塑增长》，中国信息通信研究院，2019 年 10月，http：//www.caict.ac.cn/kxyj/qwfb/bps/201910/P020191011314794846790.pdf。

各国第一。① 近年来，美国进一步聚焦前沿科学技术和高端制造业，加快数字经济的发展步伐。美国重视以科技创新引领和驱动的数字经济快速发展，制定一系列战略计划，瞄准大数据和人工智能，构建数字数据驱动的国家战略体系，并基于大数据分析、信息提取及决策支持能力激发联邦机构和国家整体的新潜能，促进机器智能，以巩固美国的绝对领先地位。美国努力保持智能制造持续占据高价值制造业的领导地位，依托新一代信息技术、新材料、新能源等创新技术，打造智能制造的产业竞争力，保持美国的经济实力、国家安全和竞争优势。为实现以数字经济支撑高质量就业和可持续增长，美国不断升级数字经济产业政策，将创新政策提升到国家创新能力的高度，构建国家创新系统和创新网络，全力促进数字经济发展。

中国高度重视数字经济的发展，党的十九大报告明确提出推动互联网、大数据、人工智能和实体经济的深度融合，不断出台产业政策，推动数字经济的快速健康发展。中国数字经济选择产业生态化的发展道路，这主要是基于中国拥有独特的数字经济消费者群体，不仅数量在全球最多，而且数字应用渗透率位居世界前列，数字消费者指数排名全球第一。② 中国数字化企业采用独特的产业生态战略，依托海量数字化消费者的独特应用场景，创造性地探索解决方案，直击消费者痛点，使用社会化的方式完成产品、服务的生产和提供，抓住跨越式发展机会，实现快速增长。由此可见，中国数字经济的最大特征是市场主要在国内。2018 年，中国数字服务出口 1314.5 亿美元，占当年全球数字服务市场的 4.48%，与美国相比存在巨大差距。③ 2019 年 12 月，中共

---

① 《数字贸易发展与影响白皮书（2019 年）》，中国信息通信研究院，2019 年 12 月，http://www.caict.ac.cn/kxyj/qwfb/bps/201912/P020191226585408287738.pdf。
② 《2018 年全球数字经济发展指数》，阿里研究院和毕马威（KPMG），2019 年 12 月，http://www.aliresearch.com/Blog/Article/detail/id/21560.html。
③ 《数字贸易发展与影响白皮书（2019 年）》，中国信息通信研究院，2019 年 12 月 1 日，http://www.caict.ac.cn/kxyj/qwfb/bps/201912/P020191226585408287738.pdf。

中央经济工作会议提出"要大力发展数字经济",既要加快传统产业数字化、智能化、拓宽经济发展空间,又要加快推动数字产业化,依靠信息通信技术创新驱动,不断催生新产业、新业态、新模式,用新动能推动新发展。

二　中美经贸协议加大中国数字经济市场竞争

随着中美双边投资协定谈判的深入,中美之间的双边投资将会大幅增加。[①]中美签订的第一阶段经贸协议规定,以 2017 年为基数,在未来两年内（2020 年和 2021 年）美国对中国的服务出口分别增加至少 128 亿美元和 251 亿美元。如采用《协议》提及的美国商务部经济分析局（BEA）的统计口径,《协议》第 6.2 条第一款第四项确定的 2017 年美国对中国的服务出口金额为 555.8 亿美元,[②] 那么,2020 年和 2021 年美国对中国的服务出口至少要分别达到 683.8 亿美元和 806.8 亿美元。

2019 年,中国国内生产总值中第三产业（服务业）增加值为 534233 亿元,[③]《协议》中规定的服务贸易进口额相对这个规模而言,比例是很小的,但是我们必须警醒的是,其不仅在于数量,更在于美国向中国服务出口的结构和内容。如表 10-1 所示,2017 年美国向中国的服务出口总额中商务旅行和旅游为 328.28 亿美元,占向中国出口总额的59.06%;而数字经济涵盖的知识产权使用费,数据托管处理和相关服

---

① 陈继勇、陈大波:《特朗普经贸保护政策对中美经贸关系的影响》,《经济学家》2017 年第 10 期。

② 《协议》英文版附录 6.1（Annex 6.1）的附注（Attachment）明确列示,以美国商务部经济分析局（BEA）的统计口径作为以 2017 年为基年美国向中国出口服务的类别和范围。有鉴于此,以 2017 年美国商务部经济分析局统计报告相应数据进行计算,得出《协议》规定的 2017 年美国向中国的服务出口为 555.8 亿美元。资料来源:"International Services Tables," BEA, https://apps.bea.gov/scb/2019/10-october/pdf/1019-international-services-tables.pdf。

③ 《2019 年四季度和全年国内生产总值（GDP）初步核算结果》,国家统计局,2019 年 12 月,http://www.stats.gov.cn/tjsj/zxfb/202001/t20200117_1723591.html。

务，电信、计算机和信息服务几项合计仅为 85.14 亿美元，仅占向中国出口总额的 15.32%，而这正是美国在经贸协议谈判中一再坚持要求向中国增加出口的服务内容。如果 2021 年美国向中国的服务贸易出口额达到协议中的 806.8 亿美元，以美国 2017 年全球服务贸易出口额测算，中国市场占其全球市场的份额将达到 10.14%，届时中国将成为美国重要的服务贸易海外市场。一直以来，美国向中国出口商务旅行和旅游服务没有障碍。尽管在《协议》中没有明确未来两年服务贸易出口的结构比例，仍可预见美国会在未来增大对中国的数字经济服务贸易出口，占领中国的数字经济市场。

以表 10-1 中显示的云和相关服务做进一步分析。2017 年，美国向中国的出口额仅占美国云和相关服务全球市场份额的 1.58%（其中数据托管、处理和相关服务仅占 0.15%），而当年英国市场占到 14.31%，法国市场占到 3.8%，因此美国认为中国具有巨大市场空间和潜力。另外，美国数字经济具有强大的国际竞争力，美国跨国企业在云计算服务领域占据绝对领先优势，全球五大云计算服务供应商依次为亚马逊、微软、谷歌、IBM 和阿里巴巴，其中亚马逊占据全球云计算服务市场份额的三分之一以上，是全球云计算服务的绝对领导者，云计算服务为亚马逊带来的收益已经超过其线上销售平台。[①] 因此，云计算服务已经成为数字平台最有价值的竞争性资产。从业务地理分布上来看，美国云计算服务供应商布局全球市场，除了美国本土外，北美和欧洲是其主要海外市场。我国云计算服务供应商阿里巴巴和腾讯等公司主要服务于亚太地区，尤其是中国本土市场，美国增加向中国的数字经济服务贸易出口，中国将成为美国另一个重要的数字经济服务贸易出口的海外市场，《协议》加大了中国数字经济市场的竞争。

---

① "Fourth Quarter Growth in Cloud Services Tops off a Banner Year for Cloud Providers," Synergy Research Group, https://www.srgresearch.com/articles/fourth-quarter-growth-cloud-services-tops-banneryear-cloud-providers.

表 10-1　2017 年美国服务贸易出口一览

单位：百万美元，%

项目		全球	中国		欧洲		英国		法国	
		金额	金额	占比	金额	占比	金额	占比	金额	占比
知识产权使用费		126523	7590	6.00	65084	51.44	10000	7.90	3070	2.43
商务旅行和旅游		210655	32828	15.58	47343	22.47	12427	5.90	4923	2.34
金融服务和保险		127218	4208	3.31	43230	33.98	19255	15.14	1759	1.38
其他服务		272907	10030	3.68	124365	45.57	23036	8.44	8701	3.19
云和相关服务	小计	58509	924	1.58	26122	44.65	8372	14.31	2221	3.80
	数据托管、处理和相关服务	16508	24	0.15	9764	59.15	3309	20.04	1188	7.20
	电信、计算机和信息服务	42001	900	2.14	16358	38.95	5063	12.05	1033	2.46
总计		795812	55580	6.98	306144	38.47	73090	9.18	20674	2.60

注：本表数据来自《协议》英文版和美国经济分析局（BEA）。知识产权使用费包括：工业过程、计算机软件、商标、加盟费、视听及相关产品、其他知识产权；其他服务包括：维护和修理、运输、研究与开发、专业和管理咨询、技术、与贸易相关的及其他商业服务。

三　征税权竞争改变数字经济税收利益分配格局

OECD 在 2018 年发布的《应对数字经济税收挑战中期报告》将数字经济的重要特征表述为，无实体跨境经营、高度依赖无形资产、数据和用户参与价值创造，[①] 现行国际税收规则已难以适应数字经济及其商业模式。出于利己主义的考量，近年来部分国家不断出台单边税收措施，既为获得现实的税收收入，更为在规则重构进程中争得政策主导权和话语权，而主要的数字经济市场国家则表现得更加积极。欧盟国家是

[①]　"Tax Challenges Arising from Digitalization-Interim Report 2018: Inclusive Framework on BEPS," OECD, http://dx.doi.org/10.1787/9789264293083-en.

全球数字经济的主要市场，① 尤其是美国数字经济的主要海外市场，2017 年美国出口欧盟国家市场的云和相关服务占美国该服务出口全球市场份额的 44.65%。但是，在数字经济商业模式下，跨国企业集团无需在市场国构成基于物理形式的商业存在（也称物理存在），以跨境远程形式实现在市场国的销售收入和利润，依据现行国际税收规则无法对其实施有效征税，因此出现跨国企业集团相关数字化业务的双重不征税情形。这一税收挑战引起广泛的国际重视，由 G20 背书，OECD 领导的应对税基侵蚀和利润转移（BEPS）行动计划将数字经济的税收挑战列为首要工作。但由于商业模式的复杂程度和技术上的难度，OECD 在2015 年发布的 BEPS 行动计划最终成果报告有关数字经济税收挑战的部分其实并没有最终完成。

在相应规则缺位的情形下，欧盟委员会为了维护欧盟统一共同市场的规模与优势及欧盟国家的税收利益，于 2018 年 3 月发布欧盟的数字经济税收官方指引——欧盟数字经济公平课税方案（Fair Taxation of the Digital Economy），② 迈出了改变税收利益分配格局的重要一步。在欧盟的鼓励和默许下，英、法、德、意等国陆续出台数字服务税的单边征税措施。以法国为例，2019 年 7 月 11 日法国议会通过议案，将自 2019 年1 月 1 日起对年全球收入超过 7.5 亿欧元且源自法国的年收入超过 2500万欧元的企业征收数字服务税，税率为在法国提供的数字服务或以法国消费者为目标用户而获得的销售收入的 3%，应税范围主要包括数字界面服务和定向广告两大类服务。如果该税种实施，预计将自 2019 年每年至少增加 5 亿欧元的税收收入。美国坚决反对征收数字服务税，并且认为设立这项税收是为美国数字化跨国企业集团量身定制的，是对美国

---

① "Measuring the Digital Economy," IMF, https://www.imf.org/en/Publications/Policy-Papers/Issues/2018/04/03/022818-measuring-the-digital-economy.

② "Fair Taxation of the Digital Economy," European Commission, https://www.europoral.europa.eu/RegData/etudes/ATAG/2018/630327/EPRS ATA（2018）630327 EN. pdf.

企业的"歧视"。美国依据其国内法《1974 年贸易法》针对性开启"301 调查",美国贸易代表办公室举行听证会,[①] 并以加征关税等措施予以反制。

2020 年 1 月,美法两国总统达成暂时搁置争议,争取 2020 年底在 OECD 框架内达成广泛共识解决方案的一致意见,[②] 以避免争端的进一步升级。暂缓征税是法国做出的妥协和让步,美国凭借强大的经济实力,推行"美国优先"的执政理念,[③] 是不允许其他国家对美国跨国企业集团征税的,这是美国的"奶酪"。外表的"冷却"挡不住"暗战"的升温,英、法、德等国在包容性框架内提出用户参与提案,主张数字经济市场国具有征税权,市场国的用户参与和数字数据构成价值创造的贡献要素,可以对跨国企业集团的跨境销售活动征税,而不必局限于现行国际税收规则基于物理存在联结度的限制。而美国则提出营销型无形资产提案,虽然与用户参与提案在超越基于物理存在联结度等方面有相同或相近之处,但更多的是考虑保护美国的征税权和税基。美法两国之间就数字服务税的分歧与争议,显示以国家税收利益为核心诉求的数字经济征税权竞争与博弈愈演愈烈,加速国际税收规则的基础性重构,并且改变国家间税收利益分配格局。

四 数字经济加速国际税收规则基础性重构

由于 2015 年 OECD 应对 BEPS 行动计划最终成果报告没有形成对

---

① "USTR Announces Initiation of Section 301 Investigation into France's Digital Services Tax," USTR, https://ustr.gov/about-us/policy-offices/press-office/press-releases/2019/july/ustr-announces-initiation-section-301.

② "US and France Move to Avoid Trade War in Digital Service Tax," Telecompaper, https://www.telecompaper.com/news/us-and-france-move-to-avoid-trade-war-in-digital-service-tax-dispute-1323488.

③ 励贺林、邵钰舒:《特朗普"美国优先"执政理念评析——以"买美国货,雇美国人"的行政令为例》,《中国发展观察》2017 年第 15 期。

数字经济税收挑战的解决方案,① 在 G20 的支持和推动下，OECD 加快了相关工作的进程。

（一） 加快制定数字经济税收挑战解决方案

应对数字经济税收挑战的困难不仅来自政策技术层面，还来自国家税收利益，甚至是政治上的分歧。② 因此，G20/OECD 在 2016 年创设包容性框架机制（Inclusive Framework），意在获得最广泛的共识和支持。在包容性框架下，相关工作在加速推进。OECD/G20 BEPS 包容性框架在 2018 年 3 月提交《数字化带来的税收挑战—2018 中期报告》,③ 2019 年 1 月发布包容性框架政策文件,④ 2019 年 2 月发布公众咨询文件,⑤ 2019 年 3 月发布公众对咨询文件的评论汇编。⑥ 在这一系列工作的基础上，2019 年 6 月 8 日，在日本福冈举行的 G20 财长和央行行长会议批准了 OECD 呈报的《工作计划》。⑦ 作为一项标志性的工作成果，这一雄心勃勃的《工作计划》包括"两大支柱"提案，计划在 2020 年

---

① "Addressing the Tax Challenges of the Digital Economy, Action 1 – 2015 Final Report," OECD, https://doi.org/10.1787/9789264241046-en.

② 张志勇：《近期国际税收规则的演化——回顾、分析与展望》，《国际税收》2020 年第 1 期。

③ "Tax Challenges Arising from Digitalization-Interim Report 2018: Inclusive Framework on BEPS," OECD, http://dx.doi.org/10.1787/9789264293083-en.

④ "Addressing the Tax Challenges of the Digitalisation of the Economy-Policy Note," OECD, http://www.oecd.org/tax/beps/policy-note-beps-inclusive-framework-addressing-tax-challengesdigitalisation.pdf.

⑤ "Public Consultation Document, Addressing the Tax Challenges of the Digitalisation of the E-conomy," OECD, https://www.oecd.org/tax/beps/public-consultationdocument-addressing-the-tax-challenges-of-the-digitalisation-of-the-economy.pdf.

⑥ "Public Comments Received on the Possible Solutions to the Tax Challenges of Digitalisati-on," OECD, http://www.oecd.org/tax/beps/public-comments-received-on-the-possible-so-lutions-to-the-taxchallenges-of-digitalisation.htm.

⑦ "Programme of Work to Develop a Consensus Solution to the Tax Challenges Arising from the Digitalisation of the Economy," OECD, https://www.oecd.org/tax/beps/programme-of-work-to-develop-aconsensus-solution-to-the-tax-challenges-arising-from-the-digitalisation-of-the-economy.htm.

对一个全新的国际税收体系结构达成一致，并在形成基于共识性解决方案的基础上构建一个新的"公平、可持续和现代化的国际税制体系"，其实质是对国际税收规则的基础性重构。

2019 年 10 月 9 日，OECD 就《工作计划》第一大支柱方案进一步提出"统一方法"的秘书处建议（以下简称《咨询文件》）。① 2020 年 1 月 29 日至 30 日，包容性框架会议讨论并同意对"统一方法"的进一步修改。OECD 随后发布《双支柱声明》，②重申在 2020 年底之前重点解决经济数字化挑战关键问题的工作任务，包括联结度规则、利润分配规则和向市场国划分征税权等关键性、基础性问题，并在包容性框架下达成共识，找出不带偏见的解决方案。

（二）给予数字经济市场国新征税权

已经公布的解决方案由两大支柱性规则构成，"支柱一"方案聚焦解决数字经济的税收挑战，"支柱二"方案聚焦解决与数字经济相关的、BEPS 剩余的税收问题。"支柱一"方案包括三大提案，分别是：主要由英国提出的用户参与提案、主要由美国提出的营销型无形资产提案和主要由印度提出的显著经济存在提案。OECD 透过《咨询文件》和《双支柱声明》，将三大提案集合、折中、改造成"统一方法"。OECD 在《双支柱声明》中明确指出，包容性框架各成员国承诺并同意以"支柱一"方案下"统一方法"的总体框架作为谈判基础，在 2020 年底之前达成共识性解决方案，包括高效和有约束力的争端预防与解决机制。G20 和 OECD 正在以"统一方法"为底本对现行国际税收规则进行

---

① "Public Consultation Document, Secretariat Proposal for a 'Unified Approach' under Pillar One," OECD, https://www.oecd.org/tax/beps/public-consultation-document-secretariat-proposal-unified-approach-pillar-one.pdf.

② "Statement by the OECD/G20 Inclusive Framework on BEPS on the Two-Pillar Approach to Address the Tax Challenges Arising from the Digitalisation of the Economy," OECD, http://www.oecd.org/tax/beps/statement-by-the-oecd-g20-inclusive-framework-on-beps-january-2020.pdf.

基础性重构，数字经济市场国的征税权及相关税收利益正处于规则框架设计和技术细节打磨之中，"统一方法"会在以下三个方面影响数字经济市场国的税收利益。

首先，"统一方法"将面向消费者业务（CFB）和自动化数字服务（ADS）（以下简称两类服务）确定为适用范围。面向消费者业务（CFB）指通过销售商品或服务来获取收入的业务，具体包括个人用计算产品（如智能手机、软件等）、衣服、化妆品、奢侈品、品牌食品和茶点、汽车，并且将通过授予特许经营权（如饭店或酒店）获取收入的业务也纳入适用范围。[①] 自动化数字服务指在标准化基础上向多个跨境国家市场的大量客户或用户提供自动化数字服务而取得收入的业务，具体包括线上搜索引擎服务、社交媒体平台服务、数字内容流服务、线上游戏服务、云计算服务、线上广告服务和线上中介平台服务。自动化数字服务不仅包括直接提供给消费者的服务（B2C），也包括云服务这样提供给企业的服务（B2B）。[②] 可见，两类服务涵盖了中美签订的《协议》中关于未来两年美国向中国增加出口的服务贸易内容，特别是《协议》中明确列举的知识产权使用费和云和相关服务。

其次，"统一方法"放弃了现行国际税收规则基于物理存在的联结度，而创设新联结度。对于跨国企业集团在"统一方法"适用范围内的业务，如果在市场国有显著且持续参与，那么就可以确定跨国企业集团在市场国构成新联结度。新联结度不再关注跨国企业集团是否在另一国市场有实体经营、有当地雇员或经营场所这样的定性标准，转而寻求定量标准。如果一家跨国企业集团符合"统一方法"适用范围的业务在市场国的销售额达到规定的阈值门槛，则认为该集团存在显著且持续参与该国市场，该集团在该国构成新联结度，"统一方法"因此

---

① 采掘业、金融业、船运和航空运输等因其行业特性和复杂程度而未被纳入适用范围。

② 法律、会计、工程和咨询等专业服务因其需要高度的人工干预和判断而未被纳入适用范围。

而授予该市场国以新征税权，可以就适用范围内的经营业务收入利润进行征税。

再次，"统一方法"融合公式分配法和独立交易原则，创设三段式利润分配法[①]进行利润分配，而不再全面坚持现行国际税收规则对利润划分的两大基石性原则——独立实体原则和独立交易原则。"统一方法"完全放弃独立实体原则，不再关心公司实体层面的利润（包括常设机构），而是将跨国企业集团的合并利润作为利润分配计算的逻辑起点。三段式利润分配法将合并利润中因执行基础性分销和营销功能活动（Baseline Distribution and Marketing Activities）应获得的回报确定为金额B，将超过基础性功能回报的金额确定为金额C，金额B和金额C仍要坚持独立交易原则来确定。合并利润减除金额B和金额C之后的部分，被"统一方法"定义为剩余利润，三段式利润分配法采用公式分配法将剩余利润的一部分确定为金额A，金额A即为市场国获得的新征税权，各市场国之间再按照确定的分配要素进行利润分配。由此可见，金额A的确定以及对金额A进行再分配的要素确定，是实现"统一方法"对市场国给予新征税权有效性的关键，是市场国税收利益的重要体现。

五　维护中国税收利益的迫切性和建议

（一）维护中国税收利益的迫切性

中美签订经贸协议，不仅意味着我国更大规模地扩大从美国的进口，而且意味着我国将更大限度地扩大开放，这与我国坚持经济全球化、维护多边主义和自由贸易的立场是一致的。但是随着美国服务贸易向中国的增量出口，以及其他国家的仿效与跟进，在加大我国数字经济

[①]　张志勇：《近期国际税收规则的演化——回顾、分析与展望》，《国际税收》2020年第1期。

市场竞争的同时，也亟须思考维护我国数字经济税收利益的迫切性。在数字经济商业模式下，跨国企业集团无需在中国形成商业存在，即可实现在中国的业务销售、获取利润。《协议》明确美国向中国增加服务贸易出口将通过跨境方式或商业存在两种方式提供。不通过商业存在方式而采用跨境方式向中国市场的用户提供服务（如云和相关服务），正是数字经济的第一大特征，跨境无实体经营意味着美国跨国企业集团向中国远程提供服务贸易，从中国取得销售收入并获取利润，但因为没有在中国设立公司甚至没有构成常设机构（即没有商业存在），中国无法对其征税。这正是英、法、德、意等国作为美国数字经济市场国正在面临的挑战和难题，也是这些国家急切启动单边征税措施、征收数字服务税的根本原因，同样也是中国亟待重视更好维护国家税收利益的原因，而中美签订经贸协议加大了解决这一重要问题的迫切性。

（二）适时制定中国的数字服务税

中国数字经济市场面对更为激烈的竞争、面对数字经济征税权国际竞争加剧的态势、处于国际税收规则正在基础性重构的进程中，我们应该思考采取更为积极的应对策略，包括适时制定我国的数字服务税，将其作为我国国际税收政策的重要工具选项，这不仅是为了获取税收收入，更是从维护国家税收利益的高度争取在数字经济国际税收规则基础性重构中的话语权和政策能力，与我国的数字经济大国地位和发展需要相匹配。

中国的数字服务税应充分考虑本国数字经济市场的特征，并借鉴英、法等国数字服务税方案的优点。首先，以跨国企业集团在中国数字经济市场取得的营业额（销售额）为征税对象，对适用范围内的业务进行征税，税率可考虑在 2%～3%。[①] 其次，业务适用范围可以考虑 OECD《双支柱声明》"统一方法"的适用范围，如果 G20/OECD 在包

---

① 英国 DST 税率为 2%，法国 DST 税率为 3%，中国可考虑选择中间值。

容性框架下于 2020 年能够达成共识性解决方案，可以与该方案实现顺利对接和过渡。再次，对于中国市场用户的认定，可以考虑付款是否来自中国用户，或者是否由中国用户承担成本费用进行界定。最后，纳税申报可采用允许跨国企业集团指定集团内的某一关联子公司代为履行纳税义务，被指定的子公司负责该跨国企业集团整体的纳税申报。如果跨国企业集团在中国没有设立任何关联公司，也未构成常设机构，可提供专门的税收登记系统，与外汇支付系统结合，参照我国对预提所得税的管理方式进行税款征收。

（三）积极推动达成共识，更好维护中国税收利益

中国是数字经济大国，2018 年中国数字经济总量达到 31.3 万亿元，占当年 GDP 的 34.8%。随着数字经济市场的进一步开放，中国更加迫切地需要积极参与国际税收治理体系的建设。应对数字经济税收挑战的唯一路径是达成基于多边共识的解决方案，面对国家间税收利益分配格局的调整，更需要各国间的包容、信任、支持，甚至是让步。如果数字经济因缺乏权威有效的国际税收规则而受阻，将在全球范围内影响各国的经济发展，没有绝对的赢家。多边共识解决方案应该成为数字经济国际税收治理新格局的底色。[1]

在数字经济征税权竞争加剧、国际税收规则基础性重构步伐加快的背景下，应充分考虑中国数字经济的特征、规模和需求，深刻认识维护国家税收利益的迫切性，充分利用已有国际共识，根据数字经济价值创造和价值捕获的关键环节，提出应对经济数字化税收挑战的中国方案，将数字服务税作为中国应对措施工具的选项，从规则制定层面增强中国的话语权和主导权，更好维护国家税收利益。

---

[1] 励贺林：《积极有为地参与数字经济全球税收治理》，《天津日报》2020 年第 8 期。

第十一章　"支柱二"全球最低税

"双支柱"方案中的"支柱一"方案主要解决的是在全球化和数字化背景下，国际税收面临的新挑战新问题，其核心是赋予市场国以新的征税权并使用公式分配法对部分超额利润在市场管辖区进行再分配。而"支柱二"方案则是对跨国企业集团规定最低税率，避免不同税收管辖区间的逐底竞争，是对 BEPS 遗留问题的应对与解决。

一　"支柱二"方案的历史演进

美国密歇根大学鲁文·阿维-约纳教授认为，"支柱二"方案的理论源于 20 世纪初期提出的单一税制原则（Single Tax Principle）。从实践上看，"支柱二"方案借鉴了 2017 年由特朗普政府提出的《减税和就业法案》中的全球无形低税所得（Global Intangible Low-taxed Income，GILTI）以及税基侵蚀和反滥用税（Base Erosion and Anti-abuse Tax，BEAT）。

2021 年 12 月 20 日，OECD/G20 包容性框架发布了《应对经济数字化税收挑战——支柱二全球反税基侵蚀规则立法模板》[*Tax Challenges Arising from the Digitalisation of the Economy-global Anti-base Erosion Model Rules（Pillar Two）*]① （以下简称《支柱二立法模板》），意味着对

---

① "Tax Challenges Arising from the Digitalisation of the Economy—Global Anti-base Erosion Model Rules（Pillar Two）: Inclusive Framework on BEPS," OECD, https://www. oecd-ilibrary. org/docserver/782bac33 - en. pdf? expires = 1732448394&id = id&accname = guest&checksum = D37598DDAFDADE71E567B4D6F7C13038.

"支柱二"方案的设计基本完成。2022 年 3 月 14 日，OECD/G20 包容性框架发布了《应对经济数字化税收挑战——支柱二全球反税基侵蚀规则立法模板注释》① ［*Tax Challenges Arising from the Digitalisation of the Economy-commentary to the Global Anti-base Erosion Model Rules（Pillar Two）*］（以下简称《支柱二立法模板注释》），以及《应对经济数字化税收挑战——支柱二全球反税基侵蚀规则立法模板说明性示例》② ［*Tax Challenges Arising from the Digitalisation of the Economy-global Anti-base Erosion Model Rules（Pillar Two）Examples*］（以下简称《支柱二立法模板示例》）。《支柱二立法模板》《支柱二立法模板注释》和《支柱二立法模板示例》的颁布，意味着"支柱二"方案全球最低税的解决方法逐步向实质性实施迈进。美国拜登政府致力于终结世界范围内的税率逐底游戏。拜登政府认为各国争相降低本国所得税税率以吸引外部投资的行为是有害的，为此，美国支持在 G20/OECD 包容性框架下达成全球最低税规则。③ 在美国强有力地推动和支持下，"支柱二"方案的进程要快于"支柱一"方案，这为"支柱二"方案的优先落地创造了条件。

2023 年 2 月 2 日，OECD 发布《应对经济数字化税收挑战——支柱二 GloBE 规则立法模板的征管指南》（以下简称《支柱二征管指南》），④ 并于 2023 年 7 月 17 日就《支柱二征管指南》补充发布若干文件。这标志着全球最低税最后的技术细节设计几近完成，全球最低税即

---

① "Tax Challenges Arising from the Digitalisation of the Economy—Commentary to the Global Anti-base Erosion Model Rules（Pillar Two），" OECD, https：//www. oecd. org/tax/beps/tax-challenges-arising-from-the-digitalisation-of-the-economy-global-anti-base-erosion-model-rules-pillar-two-commentary. pdf.

② "Tax Challenges Arising from the Digitalisation of the Economy-Global Anti-base Erosion Model Rules（Pillar Two），" OECD, https：//www. oecd-ilibrary. org/docserver/782bac33 - en. pdf? expires = 1732448394&id = id&accname = guest&checksum = D37598DDAFDADE 71E567B4D6F7C13038.

③ 励贺林、姚丽：《"拜登税改"的动向和影响》，《中国财政》2021 年第 19 期。

④ "Tax Challenges Arising from the Digitalisation of the Economy Administrative Guidance on the Global Anti-base Erosion Model Rules（Pillar Two），" OECD, https：//www. oecd. org/tax/beps/agreed-administrative-guidance-for-the-pillar-two-globe-rules. pdf.

将从愿景走进现实。

二 "支柱二"方案的适用范围与规则逻辑

"支柱二"方案旨在确保全球年营业收入达到 7.5 亿欧元门槛的跨国企业集团，在其经营业务的辖区最低有效税率不低于 15%，否则其集团最终母公司（UPE）的所在国（母国）有权征收补足税。

"支柱二"方案由两部分组成：一是由收入纳入规则（Income Inclusion Rule，IIR）和低税支付规则（Undertaxed Payment Rule，UTPR）这两个相互关联的规则构成的全球反税基侵蚀（Global Anti-base Erosion，GloBE），也称为全球最低税规则（Global Minimum Tax Rule，GMTR）。二是基于协定的应税规则（Subject to Tax Rule，STTR）。应税规则（STTR）是一项需要修订税收协定才可以实施的规则，而收入纳入规则和低税支付规则需修改国内法来实施。应税规则（STTR）优先于全球反税基侵蚀（GloBE）规则，来源国依据应税规则征收的税款可以作为全球反税基侵蚀规则有效税额的组成部分，来计算有效税率和补足税。应税规则（STTR）赋予来源国对特定款项有优先且有限（最低税率 9%）的征税权，是对发展中国家（一般来讲发展中国家是来源国）赋予的一项重要税收权力。"支柱二"方案的规则逻辑如图 11-1 所示。

应税规则（STTR）是一项基于双边税收协定实施的规则，该规则允许所得来源国对适用税率低于 9% 的某些特定项目的关联支付进行优先且有限的征税。所谓优先是指应税规则（STTR）的适用顺序优先于 GloBE 规则。这既是"支柱二"在规则架构上的技术要求，也是其依赖于税收协定予以实施的国际法优先于国内法的法理逻辑。所得来源国适用应税规则（STTR）缴纳的税款可以计入 GloBE 规则下的有效税额，用于计算有效税率。有限是指 STTR 规则的适用范围仅包括利息、特许权使用费等有限项目的支付，并且 STTR 规则的最低税率设定为 9%，

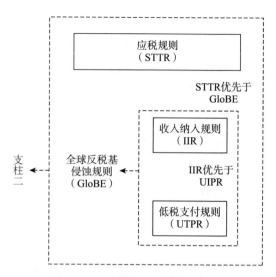

图 11-1 "支柱二"方案规则逻辑

资料来源：依据 OECD"支柱二"方案整理。

征税空间有限。应税规则（STTR）规则不是"支柱二"的关键或核心，仅是对发展中国家所作的让步。

全球反税基侵蚀规则中的收入纳入规则（IIR）是"支柱二"的核心，是全球最低税的灵魂，是此次国际税收体系改革中各国利益博弈的焦点。[①] 同"支柱一"方案，收入纳入规则（IIR）亦采用"自上而下"的方式确定征税主体，由范围内的跨国企业集团最终控股母公司（UPE）或次级控股公司向其所在的税收管辖区的税务机关缴纳补足税。也就是说，如果一个跨国企业集团的境外成员实体在某一司法管辖区的有效税率低于全球最低税15%，那么该跨国企业集团的最终控股母公司（UPE）所在司法管辖区的税务机关有权向母公司补征税款至15%最低税水平。由于跨国企业集团的最终控股母公司（UPE）通常位于发达国家，可见收入纳入规则（IIR）将补足税的征税权更多地赋予了居民国。

---

① 励贺林、于红、姚丽：《支柱二全球最低税的规则竞争性认识》，《税务研究》2022 年第 3 期。

补足税的确认包括五个步骤：①识别、确认符合 GloBE 规则的跨国企业集团及集团内每一成员实体的所在辖区；②确定每一成员实体的 GloBE 所得或亏损；③确定归属于每一成员实体所得的有效税额；④为每一辖区计算确定该辖区的有效税率；⑤适用收入纳入规则（IIR）规则和低税支付规则（UTPR）实现补足税的征收缴纳。

第一步，GloBE 规则适用于全球年营业收入 7.5 亿欧元以上的跨国企业集团。这里的全球年营业收入 7.5 亿欧元以上，是指在受测财年之前的四个财年中，集团最终母公司的合并财务报告至少有两个财年的合并营业总收入不低于 7.5 亿欧元。需要明确的是，合并财务报告是最终母公司依据可接受财务会计准则编制的集团合并财务报告，这个报告不仅是确定集团全球营业收入的基础，也是确定集团 GloBE 所得或亏损的基础。可见，GloBE 规则的实施有赖于更具全球趋同效应的会计准则及准则执行下的会计信息。[①]

第二步，确定每一成员实体的 GloBE 所得或亏损。成员实体的 GloBE 所得或亏损的计算起点是最终母公司编制集团合并财务报告时该成员实体的财务会计净所得或亏损，并且是对集团内部交易进行任何调整抵销之前的财务会计净所得或亏损，以此为基础进行调整得到 GloBE 所得或亏损。

第三步，确定归属于每一成员实体所得的有效税额。计算确认有效税额的起点是成员实体在受测财年计算确认财务会计净所得（或亏损）时依据可接受财务会计准则（递延所得税法）计提的"当期所得税费用"，并需对其进行若干项目的有限调整，得到经调整的有效税额，调整项目主要集中在时间性的税务会计差异方面。

第四步，为每一辖区计算确定该辖区的有效税率（Effective Tax Rate，ETR），并计算确定低税辖区的补足税。辖区有效税率是以辖区

---

① 姚丽：《国内最低补足税：规则设计与国家税收利益防线》，《税务研究》2024 年第 2 期。

内所有成员实体有效税额的总和除以该辖区的净 GloBE 所得得到的比率。

第五步，适用收入纳入规则（IIR）和低税支付规则（UTPR）实现补足税的征收缴纳。适用 IIR 规则要遵循自上而下的原则来选择集团持股架构中的母公司，最终母公司拥有排他性的绝对优先权。在最终母公司所属辖区不实施 IIR 规则的情况下，中间母公司（Intermediate Parent Entity，IPE）可以适用 IIR 规则实现补足税的缴纳。此外，满足条件的部分持股母公司（Partially Owned Parent Entity，POPE）也可以适用 IIR 规则，但需要处理对同一低税成员实体补足税的消除重复征税问题。如果适用 IIR 规则仍有剩余补足税未实现缴纳，则需要适用 UTPR 规则，将跨国企业集团在所有辖区的补足税加总（UTPR 补足税总额），以各辖区的员工人数和有形资产净额为分配要素，赋予等额的权重（50%），向各 UTPR 辖区进行分配，由 UTPR 辖区内的成员实体通过拒绝扣除等额调整的方式实现补足税的缴纳。

为平衡低税辖区（补足税的来源国）的税收利益诉求，全球最低税规则设计合格国内最低补足税（Qualified Domestic Minimum Top-up Tax，QDMTT），低税辖区可以自行选择征收，并且该合格国内最低补足税优先于母国和其他税收辖区实施。这是全球最低税规则的核心，而合格国内最低补足税则是计算补足税的一个关键部分。[①]

依据《立法模板》第 10.1 条的术语定义，合格国内最低补足税（QDMTT）是指一个辖区国内法中包含的最低税。所谓"合格"，需满足以下三个条件：第一，以与 GloBE 规则等效的方式确定辖区内成员实体的超额所得（国内超额所得）。低税辖区也要确定辖区内所有成员实体的超额所得，所依据的辖区国内法要与 GloBE 规则的相应内容等效。第二，将成员实体国内超额所得的国内纳税义务提高到最低税率。低税

---

① 姚丽：《国内最低补足税：规则设计与国家税收利益防线》，《税务研究》2024 年第 2 期。

辖区应以国内超额所得乘以全球最低税税率（15%）与辖区有效税率之差，计算确认国内最低补足税，确保其低税辖区的有效税率能够提高至全球最低税的税率水平。第三，执行和管理方式与 GloBE 规则相关规定一致，前提是此类辖区不提供与此类规则有关的任何利益。这要求低税辖区在国内法中采用与 GloBE 规则一致的管理方式，并且不得再为国内最低补足税提供任何税收优惠。具体计算公式如下[①]：

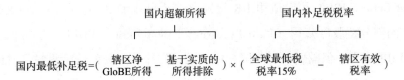

$$\text{国内最低补足税}=\left(\underbrace{\begin{array}{l}\text{辖区净}\\\text{GloBE所得}\end{array}-\begin{array}{l}\text{基于实质的}\\\text{所得排除}\end{array}}_{\text{国内超额所得}}\right)\times\left(\underbrace{\begin{array}{l}\text{全球最低税}\\\text{税率15\%}\end{array}-\begin{array}{l}\text{辖区有效}\\\text{税率}\end{array}}_{\text{国内补足税税率}}\right)$$

三 "支柱二"方案对居民国和来源国的影响

鲁文·阿维–约纳教授认为，"支柱二"方案相当复杂且存在缺陷。[②]"支柱二"方案赋予居民国至高无上的地位，因为来源国的税收只有在居住国选择不征税的情况下才适用。全球最低税的初衷是避免各司法管辖区的逐底竞争，打击低税收管辖区尤其是税收天堂的有害税收竞争，避免税基被侵蚀。但是对于依靠税收优惠吸引外资的来源国（一般是发展中国家）来讲，可能会丧失其对外资的吸引力，造成外资向居民国（发达国家）回流的风险，特别值得警惕和思考。尽管应税规则考虑到了发展中国家的诉求，但是有限的优先征税权也限制其影响力。

具体来讲，"支柱二"方案对居民国和来源国的影响主要表现在：一是，收入来源国制定税收优惠政策主权空间受到挤压。美国是"支柱

[①] 依据《支柱二立法模板》第5.2.3条，国内最低补足税是辖区补足税计算公式的抵减项。《支柱二立法模板》第10.1条对合格国内最低补足税给出了定义。依据《支柱二立法模板》的规则逻辑，如无特别说明，国内最低补足税均满足合格国内最低补足税定义中的各项要求。

[②] Reuven S. Avi-Yonah, "The New International Tax Framework: Evolution or Revolution?" *ASIL Insights* 11 (2021), https://www.asil.org/insights/volume/25/issue/11.

二"方案的主要推动者,其目的之一是通过推动全球最低税的实施,来更好地保障拜登政府提出的在美国国内加税的目标的实现。[①] 但是对于作为来源国的发展中国家而言,全球最低税挤压了其国内税收优惠的主权空间,发展中国家不得不考虑重新调整其税收优惠政策,进一步削弱了发展中国家的税收竞争力。

二是,收入来源国税收利益空间受到挤压。收入纳入规则采用自上而下的方式确定缴纳补足税的实体及征收补足税的税收管辖区。收入纳入规则规定跨国企业集团最终控股母公司所在的税收管辖区拥有对补足税的征税权,只有在其选择不适用收入纳入规则的情况下,集团持股架构中的中间母公司依自上而下的顺序执行收入纳入规则。一般而言,跨国企业集团的最终控股母公司所在的税收管辖区都不会放弃对补足税的征税权,这就造成了来源国(发展中国家)给跨国企业集团提供的税收优惠获取的利益,被跨国企业集团的最终控股母公司所在的居民国(发达国家)攫取。可见,"支柱二"方案的收入纳入规则明显偏向于居民国。

三是,税收优惠技术处理空间受到挤压。同"支柱一"方案,"支柱二"方案以可接受的会计准则为基础编制的最终控股母公司的合并财务报告是成员实体的净所得(或净亏损)作为计算税基的基础,使得全球税基趋向统一。同时,《立法模板》也具体规定了有效税率的计算方法以及何为有效税额。可见,未来各管辖区的税收优惠的技术性处理空间将越来越小。

四是,各管辖区的税收主权受到限制。可以预见,未来"支柱二"方案的实施有可能引入具有强制性且有约束力的多边治理机制,这会使得各司法管辖区跨境交易的税收主权进一步受到挤压和限制。

---

① 励贺林、姚丽:《"拜登税改"的动向和影响》,《中国财政》2021年第19期。

第十二章　中国应对经济数字化国际税改的对策建议

习近平总书记在 2020 年 4 月 10 日中央财经委员会第七次会议上的讲话指出:"我国线上经济全球领先……我们要乘势而上,加快数字经济、数字社会、数字政府建设,推动各领域数字化优化升级,积极参与数字货币、数字税等国际规则制定,塑造新的竞争优势。"①

在全球化和数字化的背景下,实行了百年的国际税收规则亟待变革。近年来,OECD/G20、联合国和各个国家不断探索数字税的改革并提出不同的解决方案,其中,单边的数字税收措施已经在一些国家落地实施,现有国际税收规则迎来百年未有的大变局。前面几个章节深入分析了现有国际税收的基本规则及其在经济数字化下面临的挑战;重点研究了 OECD/G20 BEPS 包容性框架提出的"双支柱"多边解决方案、联合国《税收协定范本》12B 条款的双边措施以及以数字服务税为代表的单边措施等方案的理论渊源、演进过程、总体框架及细节设计、立法模板、并对各个方案的实质及目的进行了剖析;运用数据价值链理论分析了用户/数据要素在价值创造和实现过程中的价值贡献及在"支柱一"方案中利润分配过程中面临的难题;对中国成为经济数字化下潜在市场国的情形进行了分析并提出应对措施。在对上述经济数字化国际税收面

---

① 习近平:《国家中长期经济社会发展战略若干重大问题》,《求是》2020 年第 21 期。

临的挑战进行全面分析和研究的基础上，本章在评价国际税改的全球影响后，针对"双支柱"方案、数字服务税等国际税改新动向，分别从国家层面和企业层面提出对策建议。特别值得一提的是，笔者在 2021 年至 2022 年，以个人名义向 OECD 税收政策和管理中心提交了 3 份"双支柱"方案的咨询建议，为全球化、数字化国际税收改革和规则制定，维护国家税收利益，发挥了积极作用，发出中国声音。

一 向 OECD/G20 提交"双支柱"的咨询建议

2021 年 10 月 18 日，习近平总书记在中共中央政治局第三十四次集体学习时强调，把握数字经济发展趋势和规律，推动我国数字经济健康发展。2022 年第 2 期《求是》杂志刊发习近平总书记题为《不断做强做优做大我国数字经济》的文章。文章指出："积极参与数字经济国际合作。要密切观察、主动作为，主动参与国际组织数字经济议题谈判，开展双多边数字治理合作，维护和完善多边数字经济治理机制，及时提出中国方案，发出中国声音。"

本文笔者紧跟国际税收改革的动态，对 OECD/G20 BEPS 包容性框架提出的"双支柱"多边方案、联合国《税收协定范本》12B 条款的双边措施以及以数字服务税为代表的单边措施分别作了深入的研究。从 2019 年 1 月，OECD/G20 BEPS 包容性框架发布《应对经济数字化税收挑战——政策说明》，首次提出了应用"双支柱方法"来应对经济数字化带来的税收挑战的设想，到 2022 年方案设计逐步成型。OCED 多次向全球发布公众咨询报告，以便凝聚共识，不断完善方案设计。为积极响应习近平总书记强调的"维护和完善多边数字经济治理机制，及时提出中国方案，发出中国声音"的要求，在 OECD/G20 发布有关"双支柱"方案的公众咨询期间，笔者以个人名义向 OECD 税收政策和管理中心提交了三份咨询建议，分别为《支柱一和支柱二蓝图报告的建议》

《支柱一联结度和收入来源规则的建议》《支柱一税基确定的建议》。在《支柱一和支柱二蓝图报告的建议》中，就《支柱一蓝图报告》定义金额 A 适用范围的活动测试，以及金额 A 是否要在细分的层面上计算税基等技术细节设计上提出了意见和建议。在《支柱一联结度和收入来源规则的建议》中，就收入来源规则中范围内跨国企业集团指定分配因子如何确切定义合理的步骤，如何澄清"功能等同"这一"支柱一"方案下的特定概念等 8 个问题提出了自己的关切和设想建议。在《支柱一税基确定的建议》中，就税基确定中的会税调整、亏损合格的前溯期如何设定等给出了建议。

二 "双支柱"方案的总体影响及实施面临的挑战

（一）"双支柱"方案的总体影响

OECD/G20 BEPS 包容性框架提出的"双支柱"方案对于重塑公平、合理的国际税收秩序具有十分重要的现实影响和深远的历史意义。正如 20 世纪 20 年代至 30 年代确立的现有国际税收规则，决定和影响了近百年的国际税收秩序和税收利益分配格局。无论"双支柱"方案能否落地实施，各国多年的努力也会在今后的几十年间影响国际税收格局，对全球的政治和经济具有长期而深远的影响，我们必须高度重视，密切关注其演变路径，并适时采取合适的行动。

对于"双支柱"方案取得的成果，中国国际税收研究会会长张志勇认为，国际税收多边共治格局已现雏形，国际税法的强制性和约束力得到强化，凝聚了广泛的国际共识。[1] 更应该清醒地意识到，"双支柱"方案属于深度全球化范畴，参与多边深度共治的国家将失去部分国内立

---

① 韩霖、高阳、邓汝宇：《数字经济国际税改"双支柱"方案的历史意义与现实应对——专访中国国际税收研究会会长张志勇及国家税务总局国际税务司长蒙玉英》，《国际税收》2022 年第 2 期。

法空间和经济政策主权。[①]"双支柱"方案创新性构建的具有强制性且有约束力的国际税收多边机制成为"双支柱"方案核心的和重要的政治产出，值得我们给予足够的重视和关注。

从企业微观层面上来看，《7 月声明》将"支柱一"方案的适用范围由 ADS 和 CFB 业务扩展到所有行业（采掘业和受监管的服务业除外），也就是说"支柱一"方案面对的不仅仅是数字化企业，而是所有行业的企业。作为世界上商品和服务的主要输入国和输出国市场，金额 A 的实施预计将对中国及其跨国企业集团产生重要且潜在的影响。

"支柱二"方案的全球反税基侵蚀（GloBE）规则，对目前实施的补贴与税收优惠制度在未来有可能会产生重大影响。这主要体现在对高科技公司实行的税收优惠、以海南为代表的自由贸易区的优惠政策制定以及香港的税制竞争力的维护上等诸多方面。[②]

（二）"双支柱"方案技术层面上的影响及实施面临的挑战

1. 对于税收征管能力提出了更高的要求

与现有构建在独立实体原则下的自下而上的国际税收规则不同的是，以跨国企业集团总利润作为分配起点的自上而下的"支柱一"下新的征税方式，对各国的税收征管提出了新的要求。对于我国来讲，如何协调地方税务局和国税总局的关系，对加强税收集中化征管提出了更高的要求。未来，可能需要国税总局在国家层面进行统筹安排。"双支柱"方案设计复杂，执行难度高，对发展中国家的税收征管能力提出了极高的要求。"支柱一"方案下的《金额 A 多边公约》，也对税收征管提出了新的要求。同时，由于"双支柱"方案需要在全球多边框架下进行国际税收合作和涉税信息共享，对税收主管部门智慧化税收征管和

---

① 廖体忠：《公平和现代化的国际税收体系：回顾与探索》，《国际税收》2019 年第 11 期。
② 励贺林、陈新月：《离岸所得税改与地域征税原则——基于香港税制国际竞争力的分析》，《财会月刊》2022 年第 20 期。

税制设计的优化也提出了更高的要求。

2. 对加快国际税收人才培养提出了挑战

由于数字经济本身的复杂性以及各国税收利益的争夺，使得"双支柱"方案在设计上极具复杂性，实施起来也颇有难度，对于税收技术以及税收征管能力较弱的国家来讲，具有很大的挑战。"双支柱"方案需要中国的跨国企业集团加大对其系统自动化建设的投入，以及提升其内部控制和风险管理能力。

"支柱一"方案的复杂性具体表现在：确定税基的会计准则如何选择；如何弥补不同会计准则之间产生的巨大差异；如何处理亏损合并财务报告的层级与分拆等。特别地，金额 A 确定性突出了审核流程中独立专家的重要性，中国亟须培养和甄选此领域的独立专家来提升未来国际税收事务上的话语权，维护全球化背景下的国家税收利益。

三　中国应对"双支柱"方案的对策建议

（一）应对"支柱一"方案的对策建议

1. 更加积极有为地参与全球税收多边共治

构建具有强制性且有约束力的多边税收治理体系是"双支柱"方案最重要的政治产出，将影响未来"双支柱"方案落地实施的最终成效。

为了更有效地实施"支柱一"方案，包容性框架推出了《金额 A 多边公约》来处理与金额 A 相关的事项及税收争议的解决，从而确保"支柱一"方案的一致性和确定性。"支柱一"方案设计构建了一个包括审核小组和裁决小组在内的代表小组机制，金额 A 的实施和争议解决依靠该机制运行与保障。"支柱一"方案采用新的具有强制性且有约束力的《金额 A 多边公约》来处理有关新征税权和利润分配相关的事项及争议。《金额 A 多边公约》有可能以具有强制约束力的硬法①的方式，部分取代现有具有软法性质的《税收协定范本》。相较于新征税权及利润分配等技术细节的变革，OECD 创新性地构建代表小组机制和开发新的《金额 A 多边公约》，或将是"双支柱"方案对现有国际税收规则更大的突破，影响更加重大而深远。这一新的《金额 A 多边公约》或将使得国家丧失部分税收主权，对于新的《金额 A 多边公约》条款如何制定、新的多边国际税收组织如何组成和运作，将直接影响未来全球税收利益的再布局和不同经济体的话语权，值得我们密切关注与应对。

自 2013 年 BEPS 行动计划启动以来，中国全程参与了此轮国际税改谈判，为国际税改最终协议的达成，做出了重要的贡献。在过渡条款设计、特殊情况排除等方案的细节设计上提出了中国方案，贡献了中国智慧。对于多边税收治理机制，无论是规则制定还是工作机制的构建，都需要中国进一步积极参与，更好地维护国家税收利益。

2. 为"支柱一"方案的实施做好国内立法准备

尽管"支柱一"方案是否能够落地实施，尚存思念，但 OECD 依然致力于推进《金额 A 多边公约》尽快签署，并承诺在国际税收事务上与联合国特设委员会进行有建设性的讨论。② 为此，有必要思考和设计"支柱一"方案与国内法的衔接问题，适时而动，提前做好应对准备。"支柱一"方案的实施对国内税法相关条款的修正提出了新的要求，主要考虑以下几个方面。

首先，需要创建符合金额 A 设计要求的国内征税权。为了配合金额 A 的实施，国内税法应首先制定对于金额 A 征税权相关要素的规则，包括如何识别和确定纳税人、征税对象（支付实体），如何确定税基、

---

① 崔晓静：《全球税收治理中的软法治理》，《中外法学》2015 年第 5 期。

② "Communique：Third G20 Finance Ministers and central Bank Governors lueeting," OECD, https：//www. oecd. org/en/about/news/press-releases/2024/07/statement-by-the-oecd-secretary-general-g20-tax-declaration. html.

纳税期间和税率等。其次，消除双重征税。国内税法应制定金额 A 下如何减少双重征税相关规则，包括授权消除双重征税以及使用的特定方法。再次，设计金额 A 新征税权和避免双重征税的实施程序，包括促进集中化和简化的管理体系的措施以及制定金额 A 税收确定性的流程。最后，确定金额 A 外其他税收确定性流程，包括改进金额 A 外税收确定性的相关流程，特别是通过提供有效的争议预防和解决机制。

2022 年 2 月 4 日，OECD 秘书处发布了《联结度和收入来源立法模板》的公众咨询文件；2022 年 2 月 18 日，发布了《税基确定立法模板》的公众咨询文件；2022 年 4 月 4 日，发布了《适用范围立法模板草案》等示范性文件；2023 年 10 月 11 日，数字经济工作组批准发布《金额 A 多边公约》和《解释性声明》，为各个国家和地区修改其国内法相应条款提供统一的立法模板遵循。"支柱一"方案的实施是以各个国家修改其相关的国内法为基础的，我国的法律部门应密切观察其他税收管辖区有关"支柱一"方案的最新进展，结合自身情况，密切研判，为我国修正相应的国内法条款做好准备。

（二）应对"支柱二"方案的对策建议

2021 年 12 月 20 日，OECD/G20 BEPS 包容性框架发布《应对经济数字化税收挑战——支柱二全球反税基侵蚀规则立法模板》（以下简称《支柱二立法模板》），意味着税率为 15% 的"支柱二"全球最低税的设计基本完成并进入实施准备阶段。2021 年 12 月 22 日，欧盟发布实施全球最低税的指令草案。2022 年 1 月 11 日，英国专门为实施"支柱二"全球最低税发布公众征询意见，[①] 希望在 2022 年内完成相应立法程序，以确保在 2023 年实施"支柱二"。截至 2022 年底，包括美国、新加坡、中国香港、新西兰、泽西岛、澳大利亚、加拿大、爱沙尼亚等 20 多个

---

① 姚丽：《从程序效率到实质赋能 持续优化我国税收营商环境——兼论"2019 年世界纳税报告"》，《国际税收》2019 年第 6 期。

国家和地区分别以立法、发布公众咨询文件、预算提案和新闻发布等方式响应"支柱二"方案。"支柱二"方案明显加速，有望在"支柱一"方案前落地实施。中国作为发展中国家，应对此高度重视，提早谋划。中国税务部门建设性地参与"双支柱"方案技术细节的研究和法律工具的开发，推动其落地实施。[①] 从以下几方面提出对"支柱二"方案的对策建议，以便更好地维护中国的税收主权和税收利益。[②]

1. 提高对"支柱二"全球最低税的规则竞争性的认识

全球最低税为所有辖区本来由国内法确定的有效税率设定 15% 的最低线，这一极具规则竞争性的标尺迫使所有辖区不得不重新考虑和调整本辖区的税收优惠政策，使得本属于国家税收主权而自由设定的税收优惠政策，受到全球最低税的竞争性限制。在全球范围内，如果发展中国家不能够完全自主地根据本国实际情况和需要，通过让渡部分税收利益来增强本国税制竞争力、更好吸引外部投资，那么就意味着发展中国家将在很大程度上无法再以税收优惠作为政策工具与发达国家进行全球竞争，发达国家在金融资本、科学技术、法治规则、基础设施、人力资源等方面的优势将被放大。

2. 考虑选择适用收入纳入规则（IIR）

中国既是引进外资大国，同时也是对外投资大国，2021 年中国全行业对外直接投资达到 9366.9 亿元，[③] 对外投资流量稳居全球前三位。[④] 为此，中国应考虑借鉴 GILTI 规则和 GloBE 规则有利于资本输出国征税

① 韩霖、高阳、邓汝宇：《数字经济国际税改"双支柱"方案的历史意义与现实应对——专访中国国际税收研究会会长张志勇及国家税务总局国际税务司司长蒙玉英》，《国际税收》2022 年第 2 期。
② 励贺林、姚丽：《法国数字服务税与美国"301 调查"：经济数字化挑战下国家税收利益的博弈》，《财政科学》2019 年第 7 期。
③ 《商务部召开例行新闻发布会》，商务部，2022 年 1 月 21 日，https://video.mofcom.gov.cw/xwfb/2022/1/57a3a75a00004fc5af4c22558a21f5b7920.html。
④ 《我国开放事业取得历史性成就：货物+服务贸易总额已连续多年居全球第一》，商务部，2022 年 5 月 12 日，http://chiuauto.mofcom.gov.cn/artide/ap/p/202205/20220503311778.shtml。

权划分的规则逻辑，从资本输出国的角度设计本国的最低税制度，选择实施 IIR 原则，采用自上而下原则确定补足税的纳税主体及征税辖区，做好应对规则竞争的准备。建议中国考虑适用收入纳入规则（IIR），原因有三：一是由于中国是全球主要资本的输出国[①]，选择适用收入纳入规则（IIR），有利于保护税基，有利于最终控股母公司将源自低税辖区的补足税征收到中国；二是收入纳入规则（IIR）采用自上而下原则对补足税的征税权进行划分，有利于资本输出的居民国；三是选择实施收入纳入规则（IIR），有利于打击利用无形资产和转让定价等方法向境外低税地转移利润的避税行为，更好维护征税权和税收利益。

3. 引入国内最低补足税

中国应借鉴其他国家的经验和做法，积极考虑并充分利用《支柱二立法模板》给出的政策空间，在国内法中引入 GloBE 规则的同时引入国内最低补足税（QDMTD），将其作为维护国家税收利益的重要防线。[②]

中国应在全面分析的基础上，谨慎把握政策选项和时机，平衡好对接国际税收规则与实现既定财税改革目标的关系，[③] 稳妥推动全球最低税在中国落地。同时，可以在国内法中引入国内最低补足税作为突破口，考虑建立中国的最低税制度。借鉴英国、新西兰、欧盟和爱尔兰等的做法，适时引入国内最低补足税规则，作为中国应对全球最低税规则竞争性的对冲工具。

4. 中国相关企业应重新审视和考虑全球投资组织架构及价值链布局

中国企业应分析"支柱二"方案各项规则对企业的战略性影响和

---

① 根据商务部、国家统计局和国家外汇管理局联合发布的《2020 年度中国对外直接投资统计公报》，2020 年中国对外直接投资 1537.1 亿美元，同比增长 12.3%，流量规模首次位居全球第一。

② 姚丽、张靓雅、赵振方：《支柱二全球最低税的实施策略观察——以英国为例》，《国际税收》2022 年第 7 期。

③ 韩霖、高阳、邓汝宇：《数字经济国际税改"双支柱"方案的历史意义与现实应对——专访中国国际税收研究会会长张志勇及国家税务总局国际税务司司长蒙玉英》，《国际税收》2022 年第 2 期。

现实性影响，以及对合规方面的影响。"支柱二"方案不仅会带来纳税义务的改变，更会带来全球产业链、价值链布局的改变，引发全球市场竞争环境的改变。中国相关企业不仅要适应这样的改变，更要充分利用这样的改变，进行必要的调整。① 另外，还要特别重视新规则对合规方面提出的新要求，在信息数据的收集处理、内部系统的功能设置、会计财务流程的调整等诸多方面为"双支柱"方案的实施做好准备。

5. 完善受控外国公司（CFC）规则

为有效应对"支柱二"方案全球反税基侵蚀（GloBE）规则竞争性，建议从如下方面完善中国的受控外国公司规则。

第一，坚持受控外国公司（CFC）规则的国内法属性，将"实际税负明显偏低"设定为"实际税负低于15%"，与 GloBE 及中国境内最低补足税保持一致，避免因实际税负在 12.5%~15% 的情况没有被认定为受控外国公司（CFC），而导致无法征收税款的情况出现。

第二，进一步完善受控外国公司（CFC）规则中对"控制"的界定。建议考虑仅由中国居民个人控制的情形，并全面规范中国居民企业的认定标准，全面执行依据实际管理机构将境外注册企业认定为中国居民企业的相关规定；建议在股份比例之外考虑企业市值，并以此作为控制的标准。

第三，由于某些原因，我国对外投资企业的股息、利息、特许权使用费等海外利润存在未汇回缴税、长期堆积在低税地的情况。② 因此，建议在受控外国公司（CFC）规则中进一步明确合理经营需要、主要取得积极经营所得等豁免情形③。可以借鉴"支柱二"的做法，制定中国

---

① 宁琦、励贺林：《苹果公司避税案例研究和中国应对 BEPS 的紧迫性分析及策略建议》，《中国注册会计师》2014 年第 2 期。

② 姜跃生：《透视全球最低税的六个角度》，《国际税收》2021 年第 8 期。

③ "合理经营需要"豁免情形详见《中华人民共和国企业所得税法》第四十五条；"主要取得积极经营所得"见《国家税务总局关于印发〈特别纳税调整实施办法（试行）〉的通知》（国税发〔2009〕2 号）。

受控外国公司（CFC）的安全港规则。总之，既要促使滞留海外的未税利润向中国缴税，在全球最低税规则下保护本国税基；又要考虑中国税制的国际竞争力，支持对外投资企业将利润投资于实质性生产经营等活动，在全球市场中获得并保持竞争优势。

第四，建立中国自己的全球最低税规则，综合考虑、整体谋划。应综合考虑税制改革的实际需要，以中国的最低税制度提升税制竞争力、优化国际税收营商环境。《财政部 税务总局关于海南自由贸易港企业所得税优惠政策的通知》（财税〔2020〕31号）开启了中国参股免税的有益探索，是中国从现行的"全球税制"朝着"属地税制"迈出的重要一步。"属地税制"是提升中国国际税制竞争力的重要基础制度，在此基础上需要结合中国受控外国公司（CFC）、一般反避税等规则统筹考虑设计中国的最低税制，维护中国税收主权利税收利益。中国还应出台更多积极的税制改革措施以对冲全球最低税的不利影响，以更优质的税制结构、更便捷的征管流程推动形成更具吸引力的税收营商环境，支持在科技创新、人才聚集、治理效能、基础设施等方面形成中国参与全球竞争的新优势。

四 数字服务税对中国的启示与对策建议

法国开征数字服务税（DST）后，美国随即对法国展开了"301调查"。这一事件说明在"支柱一"方案悬而未决的今天，在国家税收利益面前单边主义仍然是发达国家的优先选项，以"先下手为强"的行动来获取规则制定的主导权和话语权，仍居于重要性的优先级别。至于数字服务税具体方案是否合理是可以让步的，对其他国家和现行国际税收秩序究竟带来哪些影响更不是发达国家优先考虑的。

透过这一事件，应更加深刻意识到维护税基安全攸关国家税收利益。应对经济数字化带来的税收挑战，美国对于国家间税收管辖权的重新划分仍持有消极的保守态度。美国建立在世界头号经济强国地位上的"长臂管辖",迫使其他国家不得不接受"301调查"以及后续制裁。美国正是洞悉自己的优势地位,动辄以国内法超越国际税制规则,对数字服务税启动贸易公平调查。透过现象看本质,美国是为维护其国家税基安全做长远谋划,是为了在税收利益博弈中占据有利地位。

"支柱一"方案的有效实施是废除数字服务税等单边措施的前提,但"支柱一"方案是否能有效实施,仍有待观察。如果"支柱一"方案最终没能有效执行,各国又将重启数字服务税,重回各方争执的状态,不排除未来数字服务税被"重新唤醒"的可能。"双支柱"方案在谈判时历尽艰难,在执行时更不会一帆风顺,需要所有利益相关方从全局高度推动全球税收治理的实质性前行,否则税收争端将会扩大至贸易争端,阻碍全球经济的发展。

随着美国服务贸易,尤其是数字服务贸易对中国市场的渗透,中国有可能在未来成为数字经济潜在的市场国。如何防止中国的税款流失,也需要对数字服务税等单边措施进行设计,做到未雨绸缪。

目前,在欧洲和东南亚的一些国家都相继通过国内立法开征数字服务税。我国对数字服务税的研究多停留在理论层面,尚缺乏可供执行的类似数字服务税的具体解决方案。对此,建议采取如下措施。

首先,深入开展数字服务税的理论和政策研究。习近平总书记指出:"要加强数字经济发展的理论研究,就涉及数字技术和数字经济发展的问题提出对策建议。"① 数字服务税作为部分国家和地区与美国之间税收利益博弈的工具,值得我们谨慎观察和借鉴。在国际税收领域,建议对类似数字服务税等创新性的数字税收治理措施进行深入的理论和政策研究,探寻其经济学原理,为更有力地参与数字经济国际税收多边

---

① 《习近平在中共中央政治局第三十四次集体学习时强调 把握数字经济发展趋势和规律 推动我国数字经济健康发展》,新华网,2021年10月19日,http://www.news.cn/2021-10/19/c_1127973979.htm。

谈判，及时提出中国方案，发出中国声音，做好理论和政策的储备。

其次，设计符合中国税收利益的类数字服务税的技术解决方案，为未来相关数字税收立法做准备。习近平总书记在《求是》上发表署名文章《不断做强做优做大我国数字经济》中指出，"完善数字经济治理体系，要健全法律法规和政策制度"。①欧盟委员提出的数字课税（A Digital Levy）可以视为数字服务税的替代方案。对此，建议我国设计符合中国利益的类数字服务税的技术解决方案，作为后期政策和立法的备选方案，来应对国际国内数字经济引发的税收问题。此建议基于下面三方面考量：①各国纷纷采用数字服务税增加财政收入。作为全球数字经济的大国，中国也应对此采取积极行动，避免由此而导致的税基侵蚀。②为解决国内类似征税问题提供思路。数字经济国际税收层面存在的问题，同样体现在国内层面，由于数字经济总部所在地（实际业务控制地）和消费地的错位，导致各地税收不均，有失税收公平的原则，使得市场所在地的地方财政受损。③应对国际税收竞争的需要。面对全球越来越多的国家征收数字服务税或类似措施，中国也应该积极采取行动，维护其应有的税收利益。

再次，充分发挥企业的作用，建立数字税收长效组织保障。对于数字服务税理论和政策的研究，要扎根企业。企业是数字服务税的征收对象，对数字服务税的征收和遵从有切身的感受，应充分发挥企业在数字服务税理论和政策研究以及方案设计中建言献策的作用。建立企业专业人士、政策制定者、专家学者、行业顾问为一体的组织保障长效机制。

数字服务税的征收不仅是多征些税款的问题，更是在国际税收大变局中维护国家自身税收利益，增加谈判话语权的有效武器。应该对数字服务税进行深入的理论和政策研究，设计出符合中国利益的类数字服务税的技术解决方案，为相应的立法和实践做准备，做到有备无患。

---

① 习近平：《不断做强做优做大我国数字经济》，《求是》2022年第2期。

总　结

在经济数字化背景下，全球税收利益的平衡被打破，现有的国际税收的基本规则和机制受到挑战，以"双支柱"方案为代表的多边国际税收改革和治理机制逐步形成，全球税制体系改革的大幕已经开启。

此次改革对于国际经济秩序具有重要的现实意义和深远的历史意义，有可能影响未来几十年国际税收的体系和机制的建立。"双支柱"方案革命性地改变了现行国际税收规则，在以下两个重要方面重塑了所得税国际规则。一是"支柱一"方案放弃基于物理存在的常设机构的定性联结度，转而采用基于营业收入的定量联结度；放弃独立实体原则和独立交易原则下的利润分配原则，采用公式分配法将跨国企业集团剩余利润/超额利润的一部分作为金额 A，分配给市场国，以此作为市场国的新征税权。二是"支柱二"方案为跨国企业集团在全球范围内建立起一道最低税底线，表面上是为了终结税率逐底的有害税收竞争，而客观上迫使国家间对于资源的竞争提升到全球最低税的 15% 税率水平之上，以税收优惠为特征的税制竞争力失去吸引力，使税收优惠之外的竞争优势（如土地、人力、法治、教育、科技、创新等）的地位和作用凸显出来，全球竞争格局将随之而改变。"双支柱"方案的渐行渐近，也推动中国国内税法有关跨境交易条款的更新实践，为此要未雨绸缪，积极做好准备和应对。

特别值得引起重视的是，本次税改引发的全球税收治理模式将发生重大变化，国家间的税收争议不再囿于双边基础的协商解决机制，而是转向具有强制性且有约束力的多边国际税收征管合作机制来解决。中国一贯支持并努力推动达成多边共识方案，以有效应对经济数字化税收挑战。在未来的工作中，我们应该进一步在 G20 和 OECD 的框架或联合国平台下发挥积极作用，秉持多边主义精神和开放合作的态度，参与"双支柱"方案和联合国税改计划的具体技术设计和后续磋商，尤其是要积极参与具有强制性且有约束力的多边税收征管机制的建设工作，推动国际税收体系向更加公平、更加稳定、更可持续的方向发展。

主要中英文词汇表

英文缩写	英文全称	中文全称
APA	Advance Pricing Arrangement	预约定价安排
	Allocation Keys	分配因子
ALP	Arm's Length Principle	独立交易原则
ADS	Automated Digital Services	自动化数字服务
BEAT	Base Erosion and Anti-abuse Tax	税基侵蚀和反滥用税
BEPS IF	BEPS Inclusive Framework	BEPS 包容性框架
	Book-to-book Adjustments	会计调整
	Book-to-tax Adjustments	会税调整
	Check-the-box Rules	打钩规则
CCCTB	Common Consolidated Corporate Tax Base	共同统一公司税基方案
	Consolidated Financial Statements	合并财务报表
	Constituent Entities	组成实体
CFB	Consumer Facing Businesses	面向消费者业务
	Co-ordinating Entity	协调实体
	Cross-jurisdictional Scale without Mass	无实体的跨境经营
DRP	Deemed Residual Profit	默认剩余利润
DBRPA	Destination-based Residual Profit Allocation	基于目的地的剩余利润分配法
	Determination Panel	裁决小组
DST	DigitalService Tax	数字服务税
	Distribution Entity	分销实体
	Doctrine of Economic Allegiance	经济忠诚学说
	Earn-out Mechanism	或有对价机制

续表

英文缩写	英文全称	中文全称
	Economic Allegiance	经济忠诚
	Equalization Levy	均衡税
FA	Formulary Apportionment	公式分配法
	Fractional Apportionment Method	部分分配法
GLoBE	Global Anti-base Erosion	全球反税基侵蚀
GILTI	Global Intangible Low-taxed Income	全球无形低税所得
IIR	Income Inclusion Rule	所得纳入规则
ICT	Information and Communication Technologies	信息与通信技术
IP	Intellectual Property	知识产权
ICAP	International Compliance Assurance Program	国际税收遵从保障项目
IFRS	International Financial Reporting Standards	国际财务报告准则
	Knock-out Rule	剔除规则
	Lead Tax Administration	牵头国税务机关
LSR	Location-Specific Rent	地域性特殊租
	Marketing and Distribution Profits Safe Harbor	营销和分销利润安全港
	Marketing Intangible Proposal	营销型无形资产提案
MRPS	Modified Residual Profit Split Method	修正的剩余利润分割法
MLC	Multilateral Convention	多边公约
MAP	Mutual Agreement Procedure	相互协商程序
	Non-routine Profit	非常规利润
	Paying Entity	支付实体
PE	Permanent Establishment	常设机构
PBT	Profit Before Tax	税前利润
	Profit Split Method	利润分割法
	Residual Profit	剩余利润
RPA-I	Residual Profit Allocation by Income	基于所得的剩余利润分配法
	Revenue Sourcing Rules	收入来源规则
	Review Panel	审核小组
	Routine Profit	常规利润

英文缩写	英文全称	中文全称
	Safe Harbor	安全港
	Segmentation Hallmarks	细分特征
SAP	Separate Accounting Principle	独立会计原则
	Separate Entity Principle	独立实体原则
	Significant Economic Presence	显著经济存在
STTR	Subject to Tax Rule	应税规则
	Transaction-by-Transaction	逐笔交易
UPE	Ultimate Parent Entity	最终母公司
UTPR	Undertaxed Paymentrule	低税支付规则
	Unified Approach	统一方法
	Unitary Business	单一企业
	Unitary Regime	单一制度
	User Participation Proposal	用户参与提案

图书在版编目（CIP）数据

国际税收规则重构：缘起演进与挑战应对 / 励贺林，
姚丽著 . --北京：社会科学文献出版社，2025.1.
ISBN 978-7-5228-3980-6

Ⅰ . F810.42；F812.422

中国国家版本馆 CIP 数据核字第 2024MR8975 号

国际税收规则重构：缘起演进与挑战应对

著　　者／励贺林　姚　丽

出 版 人／冀祥德
责任编辑／石银凤　路　红
责任印制／岳　阳

出　　版／社会科学文献出版社·皮书分社（010）59367127
　　　　　地址：北京市北三环中路甲 29 号院华龙大厦　邮编：100029
　　　　　网址：www.ssap.com.cn
发　　行／社会科学文献出版社（010）59367028
印　　装／三河市龙林印务有限公司

规　　格／开　本：787mm×1092mm　1/16
　　　　　印　张：15.25　字　数：210 千字
版　　次／2025 年 1 月第 1 版　2025 年 1 月第 1 次印刷
书　　号／ISBN 978-7-5228-3980-6
定　　价／108.00 元

读者服务电话：4008918866